設問 でスタートする
会社法

高橋英治 編

法律文化社

はしがき

　法学部に入って会社法の講義を通して勉強を始めた学部生が最も苦労するのは期末試験対策である。大学での会社法の講義は通常体系的な各制度の解説という形式をとるが，学期末，各学生は事例式問題を解かなければならない。通常の講義では，事例式問題の解き方までは先生は教えてくれない。本書を企画した動機は，日本の法学教育における体系的講義と，その最後に学生が突破しなければならない期末試験における事例式問題という矛盾に着目して，これを解決する新しいタイプの教科書をつくりたいということであった。

　本書は，初めて会社法を学習する学部生等が，設問を解きながら，会社法の全体像を理解するという全く新しいコンセプトの教科書である。日本の会社法については，類書は存在しない。

　本書では最初に数行で「設問」が示される。設問は事例問題を中心とし会社法の前提知識がない学部生でもその内容を理解できるような問題である。設問の中には説明問題も含まれているが，これも学部の期末試験で出題されると予想される問題を中心としている。設問でその項目について問題意識をもってもらい，その後に続く一般的な説明を，読者は問題意識をもって一気に読み進めることができる。最後に設問の答えが提示される。本書はこのような「問題的思考」に立った，学生のための，新しい画期的な教科書である。読者の方々が本書で勉強したことがきっかけになって会社法がよくわかるようになり，会社法が得意な分野となれば，執筆者としても大変うれしく思う。

　本書の説明は基本的には，判例・通説に沿ったスタンダードな叙述となっている。説明にあたっては，各執筆者は初学者である読み手の立場に立ちわかりやすい叙述を心がけた。本書で勉強すれば，学部生は期末試験を優秀な成績で突破でき，またロースクール志望者は，ロースクール入学試験に優秀な成績で合格できるであろう。また，本書は，公認会計士試験，公務員試験，法学検定

i

試験など各種資格試験にも対応している。これまで会社法を勉強したことがなかったロースクール未修者にとっても，司法試験へ向けた準備の第一歩の勉強を始める上で理想的な教科書である。また，すでに他のテキストで勉強を始めている学部生の方も，本書をサブテキストとして利用して頂ければ，期末試験対策としては万全なものとなるであろう。

　本書は，会社法を専門に大学で教鞭をとる学者と会社法の実務に携わっている優秀な弁護士との共同作業の中から生まれた。我々は，2年近くかけて，研究会を何度も開き，お互いの原稿を批判的に読み合わせた。本書の内容については，読者は大いに信頼してほしい。

　最後に本書の刊行に多大な御配慮を頂いた法律文化社編集部の舟木和久氏に，心から深く感謝する。

　　2015年12月吉日

執筆者を代表して

高橋英治

目　　次

はしがき

第1編　会社法総論

第1章　会社法の概念 …………………………………………………… 2
第2章　会社法の歴史 …………………………………………………… 3
第3章　会社の概念 ……………………………………………………… 5
第1節　会社の営利性 ………………………………………………… 5
第2節　会社の社団性 ………………………………………………… 7
第3節　会社の法人性 ………………………………………………… 7
第4節　法人格否認の法理 …………………………………………… 8
第5節　会社の権利能力の制限 …………………………………… 12
第6節　特別な会社概念 ……………………………………………… 15

第2編　株式会社

第1章　株式会社の基本概念 ………………………………………… 18
第2章　設　　立 ………………………………………………………… 22
第3章　株式（自己株式の取得を含む） ………………………… 36
第4章　会社の機関 …………………………………………………… 54
第1節　総　　論 ……………………………………………………… 54
第2節　株主総会 ……………………………………………………… 60
　Ⅰ　株主総会の権限　60
　Ⅱ　株主総会の招集　61

iii

Ⅲ　議決権　68

Ⅳ　株主総会の議事・決議　75

第3節　取締役および取締役会 …………………………………… 85

第4節　監査役および監査役会 …………………………………… 122

第5節　会計参与 …………………………………………………… 130

第6節　指名委員会等設置会社 …………………………………… 133

第7節　監査等委員会設置会社 …………………………………… 137

第8節　会計監査人 ………………………………………………… 140

第9節　検査役 ……………………………………………………… 144

第5章　計算等 ………………………………………………………… 147

第1節　総　論 ……………………………………………………… 147

第2節　会計帳簿 …………………………………………………… 148

第3節　計算書類 …………………………………………………… 151

第4節　決算手続 …………………………………………………… 154

第5節　資本金・準備金の額の増加・減少 …………………… 156

第6節　剰余金の配当 ……………………………………………… 159

第6章　資金調達 ……………………………………………………… 164

第1節　総　説 ……………………………………………………… 164

第2節　新株発行 …………………………………………………… 165

第3節　新株予約権 ………………………………………………… 174

第4節　社　債 ……………………………………………………… 179

第5節　新株予約権付社債 ………………………………………… 181

第7章　定款変更 ……………………………………………………… 183

第8章　事業譲渡等 …………………………………………………… 185

第9章　組織再編 ……………………………………………………… 188

第1節　組織再編の意義と機能 …………………………………… 188

第2節　組織再編の原則的手続と効力の発生 ………………… 192

第3節　組織再編の手続（略式再編と簡易再編）……………… 201

第4節　会社分割と債権者保護 …………………………………… 203

第5節　組織再編の無効 …………………………………………… 207

第10章　企業結合 ……………………………………………………… 211

目　次

第11章　解散および清算 ……………………………………… 214
　第1節　解　散 ……………………………………………… 214
　第2節　清　算 ……………………………………………… 216

第3編　持分会社

　第1節　総　説 ……………………………………………… 224
　第2節　持分の譲渡および退社 …………………………… 226
　第3節　社員の責任，業務執行 …………………………… 229

第4編　外国会社

　第1節　総　説 ……………………………………………… 236

　事項索引
　判例索引

v

凡　　例

1　法令
法令については，以下のように略記した。

会社法⇒会

民法⇒民

商法⇒商

会社法施行規則⇒会社施規

会社計算規則⇒計算規

電子公告規則⇒電子公告規

商法施行規則⇒商施規

会社更生法⇒会更

商業登記法⇒商登

財務諸表等の用語，様式及び作成方法に関する規則⇒財規

会社法の施行に伴う関係法律の整備等に関する法律⇒整備法

社債，株式等の振替に関する法律⇒振替

金融商品取引法⇒金商

担保付社債信託法⇒担信

私的独占の禁止及び公正取引の確保に関する法律⇒独禁

民事訴訟法⇒民訴

民事再生法⇒民再

破産法⇒破

非訟事件手続法⇒非訟

2　判例（判決・決定）
引用した判例については，以下の略語を用いた。

大審院⇒大　　最高裁判所⇒最　　高等裁判所⇒高

地方裁判所⇒地　　大法廷判決は〔大〕　判決⇒判　　決定⇒決

大審院民事判決録⇒民録　　大審院民事判例集⇒民集

最高裁判所民事判例集⇒民集　　大審院刑事判例集⇒刑集

最高裁判所判例集⇒刑集　　下級裁判所民事判例集⇒下民集

最高裁判所裁判集民事⇒集民　　金融・商事判例⇒金判

判例時報⇒判時　　判例タイムズ⇒判タ

3　判例百選
本文で重要な判例を挙げる場合，「会社法判例百選（第2版）」（有斐閣ジュリスト別冊〔No.205〕2011年）の判例番号〈XX〉と「会社法判例百選（第3版）」（有斐閣，2016年4月現在，未刊行）の判例番号〈XX〉を出典末尾に挿入。たとえば，最決平22・12・7民集64巻8号2003頁〈百選17〉（百選17）。

第1編

会社法総論

第1章　会社法の概念

> **設問1** 日本において会社法とは何か，およびその各種形態について説明しなさい。

　会社法には，形式的意義の会社法と実質的意義の会社法とがある。日本における形式的意義の会社法とは，平成17年7月26日に成立した「会社法」という法律を指す（以下「会社法」という）。会社法1条は，会社法を「会社の設立，組織，運営および管理」に関する法律であるとしている。

　実質的意義の会社法は，法律に限らず，会社に関するすべての規範を指す。日本における実質的意義の会社法としては，以下の形態が区別される。すなわち，法律としては「社債，株式等の振替に関する法律」があり，法務省令としては，計算について定める「会社計算規則」，会社法による委任に基づき計算以外の細則を定める「会社法施行規則」等がある。ソフトロー（従う法律上の義務はないが，従うべき基準として設定されたルール）としては，経済産業省と法務省の指針（「企業価値・株主共同の利益の確保又は向上のための買収防衛策に関する指針」）等がある。

　会社法は，最も典型的な企業である会社に関する法律であり，企業法としての商法の中心に位置づけられる。

第2章　会社法の歴史

> **設問❷** 日本の会社法はいかなる過程を経て発展してきたかについて説明しなさい。

　かつて日本の会社法は，商法典の一部であった。日本の近代的商法典は，ドイツ人ヘルマン・ロェスレルによりドイツ語で起草された。

　明治23年，ロェスレル草案を基にした旧商法が成立し，明治32年，よりドイツ法に忠実な新商法が成立した。戦前の日本の商法典は，ドイツ法系であったといってよい。戦前の商法の大改正としては，明治44年および昭和13年の改正があり，昭和13年には有限会社法も制定された。商法典の成立・改正は，戦前の日本を世界有数の商工業国とするのに寄与した。

　昭和20年，日本は敗戦とともに，連合国の支配下に入った。ＧＨＱとの交渉の下，商法の大改正が行われ，昭和25年改正により，会社法上，取締役会や株主代表訴訟等の，英米法を基にした制度が導入された。これにより，日本の会社法はドイツ法系の制度に英米法上の制度が接合された独自の規制となった。昭和25年改正に始まる戦後の商法改正は，戦後の日本の経済成長に法律上の基礎を与えたが，成長のための改革を総括する改正が昭和56年商法改正であり，大会社の監査体制の強化，株主の権利の強化等が行われた。

　平成２年のバブル崩壊後，会社の競争力向上を目指した構造改革の一環としての会社法改正が行われた。バブル崩壊以後，日本経済は低迷を続けていたため，会社法改正により経済を立て直すことが求められた。日本経済の先行きに危機感を持った国会議員によりストック・オプションの制度が提案され，議員立法という手段により平成９年に導入された。企業再編を促進するため，平成11年に株式交換・株式移転制度が，また平成12年に会社分割の制度が導入された。平成13年と14年には合計４回の商法改正が行われ，自己株式取得の原則自

3

第1編　会社法総論

由化（金庫株の解禁）・取締役の責任の軽減等が実現された。会社の競争力向上のための改革の総仕上げが，平成17年の「会社法」という従来の商法から独立した法典の制定であり，有限会社法の廃止・合同会社の創設・株式会社の機関設計の柔軟化・会計参与の導入・合併対価の柔軟化等，多岐にわたる改革がなされた。平成26年には最初の本格的な会社法の改正があり，監査等委員会設置会社の導入等のコーポレート・ガバナンス規制の整備（詳細は第2編第4章参照）や多重代表訴訟の導入等の企業結合規制の整備がなされた。

第3章　会社の概念

> **設問3**　会社とは何かについて，簡潔に説明しなさい。

　会社とは「営利社団法人」である。「会社法」が成立する以前の平成17年前においては，会社を営利社団法人であると定義する規定が存在した（平成17年改正前商法52条・54条，旧有限会社法1条）。平成17年に成立した「会社法」は，会社につきこれを「法人」とするという規定を置くにすぎないが（会社3条），会社が営利社団法人であることには変更がない。

第1節　会社の営利性

> **設問4**　レストランや駐車場も経営する公益社団法人は「会社」であるか。また，組合員数1万名の協同組合形態を採った「大学生協」は「会社」であるか。

　会社は営利団体であり「対外的活動によって獲得した利益を社員に分配する」ことを目的とするという点で，公益法人や協同組合と区別される。一般的な語義からすると営利性とは収益活動を行うことを指すが，会社の属性としての営利性はかかる一般的な意味での営利性とは異なる。公益社団法人は，その公益事業の実施に要する適切な費用を補うため，収益を生む事業を行うことができる（公益社団法人及び公益財団法人の認定等に関する法律14条）。したがって，公益社団法人は収益事業も行うことができるのであり，収益活動を行うことができるか否かは，会社と公益社団法人を区別する相違点にはならない。公益法人では，公益事業に要する費用を補うためにのみ収益事業を行うことが認められている点が，収益事業により獲得した利益を社員に分配することを目的とする会

第1編　会社法総論

社との違いである。一般社団法人では，社員に剰余金または残余財産の分配を受ける権利を与える旨の定款規定は無効である（一般社団及び一般財団法人に関する法律11条2項）。これに対し株式会社の定款が，株主に剰余金の配当を受ける権利および残余財産の分配を受ける権利のどちらも与えない旨定める場合，かかる定款規定は無効である（会社105条2項）。すなわち，株式会社では株主が上記いずれかの権利を有することが会社存立の条件とされており，これにより株式会社が「営利性」の要件を具備しなければならないことが法律上明確になっている。会社法105条2項では，収益活動により得た利益を構成員に帰属させる権利が与えられていることが，株式会社の存立の要件とされている。

　設問4のレストランや駐車場を営む公益社団法人も対外的営利活動を行っているが，この公益法人は，対外的営利活動を公益法人本来の公益事業の費用を補うために行っており，対外的営利活動によって得た利益を構成員に分配することまでは目的としていないため，会社の属性である営利性とは異なる。設問4のレストランや駐車場を営む公益社団法人は，会社の属性である「営利性」を有しないため，会社ではない。

　設問4の大学生協は，対外的活動を目的とせず，団体の内部活動により構成員に直接利益を与えることを目的とする点で，会社とは異なる。たとえば，大学生協の場合，構成員が大学生協等で食事をするあるいは文房具を買う等大学生協を利用することによって利益を得ると同時に，協同組合は収益を上げている。この意味で大学生協の営利活動は構成員に向けた「対内的」なものであり，構成員以外の第三者に向けられた「対外的」なものではないため，会社の属性としての「営利性」を有するとはいえず，「会社」とはいえない。なお，組合員が多数存在していても，協同組合は「会社」とならない。

第3章　会社の概念

第2節　会社の社団性

> **設問5** A社は株式会社であり，B，CおよびDの3名の株主から構成されていた。CおよびDが，その株式をBに譲渡して，A社の株主はBだけとなった。A社は「会社」といえるのか。

　会社が「社団」であるとは会社が複数人の結合体であるという意味である。社団性との関係では，社員が1名である会社である「一人会社（いちにんかいしゃ）」が認められるかが問題となる。会社法の下では，会社の性質上理論的に有限責任社員と無限責任社員との両者が存在しなければならない合資会社の場合を除いて，株式会社においても，また持分会社においても，一人会社の設立および存続が認められている。合資会社は，その無限責任社員が1名となった場合には，合名会社となり（会社639条1項），有限責任社員が1名となった場合には，合同会社となる（同条2項）。

　設問5のような社員または株主が1名となった会社を「一人会社」という。一人会社においても一人社員ないし一人株主が有している持分ないし株式の一部を他者に譲渡すればいつでも複数名の社員ないし株主から構成される社団となりうる。この意味で一人会社は「潜在的社団」であり，会社としての性質を失わない。

第3節　会社の法人性

> **設問6** AはB株式会社の株主である。Aは銀行Cから数億円の借金をしていた。Cは，Aにもはや支払能力がないことを知り，B社に対して請求したいと考えている。これは可能か。

　会社法3条は，会社は「法人」であるとする。何をもって法人の属性とするのかについては，学説上の争いがある。ここでは一応「法人」とは「権利義務

7

第1編　会社法総論

の主体となす能力を有するもの」という意味と解しておく。すなわち，会社法
3条における「法人」とは自然人以外で権利能力を有する主体という意味であ
ると考える。

　会社とその構成員たる社員または株主が独自の法人格を有することにより，
社員または株主の債務に対して会社は責任を負わないという「分離原則」が基
礎づけられる。

　設問6では，銀行Cは，株主Aの債務について債権者となっている。法人の
分離原則により，法人として株主からは独立した存在であるB社は，その株主
であるAが個人的に負った債務に対しては，責任を負わない。したがって，銀
行CはB社に対して請求できない。

第4節　法人格否認の法理

> 設問 **7**　Aは資産家であり，B株式会社の取締役である。AはB社のすべての
> 株式を保有していた。B社は，Aの個人企業を法人化したものであ
> り，取締役はAだけであった。B社は会計帳簿や計算書類をほとんど作成しておら
> ず，AのポケットマネーとB社に属すべき金銭とは区別がなされていなかった上，
> B社の株主総会も1度も開催されていなかった。Aは，ギャンブルに使うため，知
> 人CからB社名義で，100万円を借りた。Cが借金の返済をAに迫ると，Aは「金
> を借りたのはB社であり，B社には財産がない。私は資産家であり，金には不自由
> していないが，本消費貸借契約はB社名義で行われたものであり，私には関係な
> い」と答えた。Cは，Aに貸金の返済を請求したいと思っているが，できるか。

◁ **法人格否認の法理とは何か**　　会社とその構成員たる社員が独自の法人格を
有することにより，社員の債務に対して会社
は責任を負わないという原則（分離原則）が基礎づけられる。さらに会社独自
の法人格により株式会社や合同会社においては会社の債務に対し社員は責任を
負わないという原則（有限責任原則）も基礎づけられる。法人格否認の法理と
は，かかる法人格の一機能である分離原則または有限責任原則を，当該事案限
りで否定する法理である。

8

第3章　会社の概念

　実質的には個人企業である小規模閉鎖会社や親会社の一部門が子会社化したものについて，その法形式のみを重視しこれを常に法人として取り扱うことは，第三者との関係で正義・公平に反する場合がある。法人格否認の法理とは，かかる場合，裁判所が特定の事案限りで，会社と支配株主・社員とを同一視することにより妥当な結論を導く法理である。法人の設立が不法の目的に基づいてなされたとき，裁判所は会社の解散を命ずることができるが（会社824条1項1号），法人格の否認の法理は，かかる会社の解散命令と異なり，会社の法人格を全面的に剥奪するのではなく，法人格の属性の一部である分離原則や有限責任原則を当該事案に限りにおいて否認する法的技術であり，その法的根拠は，会社を法人とする会社法3条の目的論的解釈に求められる。

　最高裁によると，法人格が否認される場合としては，法人格の形骸化事例と法人格の濫用事例の2つの類型がある（最判昭44・2・27民集23巻2号511頁〈百選3〉〔山世志商会事件〕，最判昭48・10・26民集27巻9号1240頁）。それぞれについて，以下検討したい。

> ### 法人格の形骸化

法人格の形骸化とは，広義の一人会社の場合のように株主・社員と会社とが実質的に同一であるのみならず，会社が会社として守るべき手続や規定を遵守していない場合をいう。たとえば，①会社と社員間における財産の混同，②会社の会計が区別されていないこと，③営業活動の混同，④株主総会や取締役会を開催していない等会社の運営に関する規定を遵守していないこと等が積み重なり，法人格形骸化が認められる。法人格形骸化については，濫用の意図の立証は必要でない。

　裁判上認められた法人格形骸化の代表的事例としては，前掲・最判昭和44年2月27日がある。本件店舗の所有者であるXはY会社と本件店舗の賃貸借契約を締結した。Y会社は電器具類販売業を営んでいたが，税金対策上株式会社組織を用いていたにすぎず，実質的には，その代表取締役Aの個人企業であり，Xとしては，電気屋が会社組織か個人組織か明確に認識せずに要するに電気屋のAと契約したものであった。昭和41年の初頭，XはAに対して本件店舗を明け渡すように申し入れたところ，Aは同年8月19日までに明け渡す旨の念書をXに差し入れた。期日を過ぎてもAが本件店舗を明け渡さないため，XはAを

9

第1編　会社法総論

被告として店舗明渡訴訟を提起した。この訴訟の係属中，ＸＡ間で，本件店舗を明け渡す等の和解が成立した。しかし，Ａが和解成立後，和解の当事者はＡであり，会社の使用している部分は明け渡さないと主張したため，ＸはＹ会社を被告として本件建物の明け渡し等を求める本件訴訟を提起した。最高裁は，「株式会社は準則主義によって容易に設立され得，かつ，いわゆる一人会社すら可能であるため，株式会社形態がいわば単なる藁人形に過ぎず，会社即個人であって，その実質が全く個人企業と認められるが如き場合を生じるのであって，このような場合，これと取引する相手方としては，その取引がはたして会社としてなされたか，または個人としてなされたか判然しないことすら多く，相手方の保護を必要とする……このような場合，会社という法的形態の背後に存在する実体たる個人に迫る必要を生じるときは，会社名義でなされた取引であっても，相手方は会社という法人格を否認して恰も法人格のないのと同様，その取引をば背後の個人の行為であると認めて，その責任を追求（ママ）することを得，そして，また個人名義でなされた行為であっても，相手方は敢えて商法504条を俟つまでもなく，直ちにその行為を会社の行為であると認めうるのである……今，本件についてみるに，……Ｙ会社は株式会社形態を採るにせよ，その実体は背後に存するＡ個人に外ならないのであるから，ＸはＡ個人に対して右店舗の賃料を請求し得，また，その明け渡し請求の訴訟を提起し得るのであって，ＸとＡとの間に成立した前示裁判上の和解は，Ａ個人の名義にてなされたにせよ，その行為はＹ会社の行為と解し得るのである」と判示した。

> ### 法人格の濫用

法人格の濫用の要件としては，社員が会社を支配していること（支配の要件），および会社形態が法秩序からみて是認されない目的で濫用されていること（濫用の要件）が必要である。これには，法律上あるいは契約上の義務を回避するために会社制度を濫用する場合がある。

最高裁が法人格濫用を認めた代表的事例としては，最判昭和48年10月26日民集27巻9号1240頁〔日本築土開発事件〕がある。本件は契約上の義務の回避の事例である。日本築土開発株式会社という商号の株式会社が，Ｘから借りている建物の一室について，賃貸料を支払わなかったために，賃貸借契約を解除さ

れた。この株式会社の代表取締役Aは、本件居室の明渡および延滞賃料支払債務の履行手続を誤らせ時間と費用を浪費させるための手段として、商号を日本築土開発株式会社から「石川地所株式会社」に変更して、その登記をし、同時に、「日本築土開発株式会社」という商号をもち、代表取締役、監査役、本店所在地、営業所、什器備品および従業員が、石川地所株式会社と同一である株式会社を新たに設立した。しかし、商号変更と新会社設立の事実は、賃貸人Xに通知しなかった。これにより、形式的には、本件居室の明渡・延滞賃料支払債務は、石川地所株式会社に帰属し、「日本築土開発株式会社」は新会社であるがゆえに上記債務は帰属しないこととなった。この事実を知らなかったXは、日本築土開発株式会社を相手方として、居室の明渡、延滞賃料支払を求める訴訟を提起した。Aは、原審における約1年にわたる審理の期間中も、商号変更および新会社設立の事実についてなんら主張せず、また「日本築土開発株式会社」が、本件居室を賃貸し、賃貸借契約解除の通知を受けていたことをそれぞれ認めていたにもかかわらず、いったん口頭弁論が終結された後、弁論の再開を申請し、その再開後はじめて、「日本築土開発株式会社」が新会社であることを明らかにし、前記自白は事実に反するとしてこれを撤回し、「日本築土開発株式会社」の債務について「石川地所株式会社」が責任を負ういわれはないと主張した。最高裁判所は、「株式会社が商法の規定に準拠して比較的容易に設立されることに乗じ、取引の相手方からの債務履行請求手続を誤まらせ時間と費用を浪費させる手段として、旧会社の営業財産をそのまま流用し、商号、代表取締役、営業目的、従業員等が旧会社のそれと同一の新会社を設立したような場合には、形式的には新会社の設立登記がなされていても、新旧両会社の実質は前後同一であり、新会社の設立は旧会社の債務の免脱を目的としてなされた会社制度の濫用であって、このような場合、会社は右取引の相手方に対し、信義則上、新旧両会社が別人格であることを主張することができず、相手方は新旧両会社のいずれに対しても右債務についてその責任を追求（ママ）することができるものと解するのが相当である」と判示した。

　法人格否認の法理は内容の確定していない法理であり、私法上の解釈の手段が尽きた場合に援用されるべきものであると考えられており、これを適用して

第1編　会社法総論

法人格を否認することに裁判所は極めて慎重である。

> **設問に対する解答**

設問7の事例は法人格の形骸化の事例と考えられる。AはB社の一人株主であり，しかもB社の業務執行を行うことができるのはAのみである。これに加えて，B社は株主総会を開催しておらず，法律上作成義務のある会計帳簿等も作成していないため，B社は会社法の要求する手続を守っていない。さらに，B社は，会計上，A個人と区別されていない。法人格形骸化に必要な複数の重要な要素は累積的に存在する。設問7の事例においては，裁判所がAの主張を認め，法人格の形骸化を認める可能性はある。

第5節　会社の権利能力の制限

> **設問8**　A社の定款上の目的は，雑誌の制作・販売である。なお，A社は公開会社ではなく，取締役会および監査役を置いていない。A社の取締役Bは，利益を会社の資金に充てるため，投機目的でCから土地を購入し代金も支払った。しかし，この土地の地価が下落したため，Bは，Cに対し，A社の目的は雑誌の制作・販売であるが，本件土地取引は，明らかにA社の目的の範囲外の行為であるから，A社はこれを行う能力はなく，本件土地取引は無効であり，A社に土地の代金を返還してほしいと主張した。この主張は認められるか。

　会社の権利能力（法人格）は，法によって与えられたものである以上，法による制限を受ける。判例・学説上，争点となっているのが，会社の権利能力が定款所定の目的によって制限されるか，という問題である。出発点となるのが，民法34条であり，「法人は，法令の規定に従い，定款その他の基本約款で定められた目的の範囲内において，権利を有し，義務を負う」と規定する。判例・通説は，民法34条は，法人に関する一般的通則規定であり，営利法人に対しても適用されると解する。その根拠は，第1に，会社は一定の目的を持った団体であるから，その権利能力が目的によって制限されると考えるのが自然である，第2に，定款所定の目的に従って会社が業務活動を行うことを前提に社員は出資しているから，出資者たる社員（株主）の期待を保護しなければなら

ない，第3に，会社の目的は登記されるから（会社911条3項1号参照），会社の権利能力が定款所定の目的によって制限されると解しても，会社の取引相手の利益を害するおそれは少ない，等にある。

　現在，最高裁は，定款の目的の範囲内の行為とは，定款に明示された目的自体に関する行為に限局されるものではなく，目的を遂行するうえで直接または間接に必要な行為も含まれるとし，目的に必要であるか否かは，当該行為が目的遂行上現実に必要であったか否かによるのではなく，行為の客観的な性質に即し，抽象的に判断されなければならないという立場を採る（最大判昭45・6・24民集24巻6号625頁〈百選2〉〔百選2〕〔八幡製鉄政治献金事件〕）。

　かつて会社の目的による権利能力の制限を定める民法上の規定の会社への適用可能性に関する学説の見解は，分かれていた。しかし，現在では，平成16年改正民法34条が，規定の文言上「法人」に適用されると明言しており，この法人には営利法人が含まれると解さざるを得ないから（民33条2項），会社の権利能力が定款所定の目的により制限されないと解することは，現行法上は極めて困難である。現行法の下では，法人の権利能力について定める民法34条は，当然に「営利社団法人」である「会社」に直接適用されると解すべきである。

　かかる論理をもって，設問8をみる。最高裁判例は，ある会社の行為が定款の目的の範囲内にあるか否かの判断をするに当たり，非常に緩和化された基準を用いる。すなわち，目的遂行のために直接的あるいは間接的に必要な行為も目的の範囲内の行為であり，しかも，目的の範囲か否かは客観的・抽象的に判断される。第二次大戦後の日本の裁判例で，会社の行為が目的の範囲外であるという理由で無効と判断されたものは存在しない。日本の下級審裁判例は，新聞社がグアム島の200ヘクタールの土地を転売することを，裁判所は目的の範囲内の行為であると解している（東京地判昭52・2・22判時857号110頁）。能力外理論（会社の定款の目的外の行為を無効とする法理）は，日本においても裁判所が採用している緩和化された基準とその運用により，事実上廃棄されているともいわれている。

　このように能力外理論が後退している理由は，この法理は，会社の投資家の期待を保護する法理であるが，会社の取引相手である会社債権者の利益と比較

第1編　会社法総論

考量した場合，社員（株主）の会社の事業目的への期待をもって，会社の取引を無効にし，会社債権者の利益を害することは許されないと考えられるからである。本問においても，結論からすると，本件土地取引を有効として，会社債権者であるCの利益を保護する必要性は，高い。

　設問8では，民法34条が直接適用され，会社の定款の目的外の行為は無効となる。ただし，判例の基準により，目的達成に間接的に必要な行為も目的の範囲内となり，目的の範囲内か否かの判断は客観的・抽象的に行われる。この緩和化された判例の基準により，雑誌の制作・販売を定款上の目的としたA社の土地の投機取引は，本業を継続的に行うための資金調達のために必要であった，すなわち，定款上の目的達成のために間接的に必要な行為であると客観的・抽象的に判断されるため，民法34条の直接的適用にもかかわらず，本件土地取引はA社の定款の目的の範囲内であり，有効であると解される。したがって，Bの主張は認められない。

> **設問❾**　設問8の事例で，土地の取引成立前に，土地取引が行われようとしている事実を知ったA社の株主Dはいかなる措置を採ることができるか。

　会社法360条2項は，取締役が<u>目的の範囲外の行為</u>その他法令若しくは定款に違反する行為をし，またはこれらの行為をしようとするおそれがある場合において，当該行為によって当該株式会社に著しい損害が生じるおそれがあるときは，当該会社の株主は，当該行為の差止を請求することができる旨規定する。本条の目的の範囲の基準は，民法34条違反にかかる目的の範囲の判断基準と同一である必要はない（法概念の相対性）。なぜなら，民法34条違反については，債権者保護の見地から目的の範囲を広く解し，会社の行った取引を有効とする必要があったからである。会社法360条においては，取引は未だ成立していないため，取引の相手方の利益を考慮する必要性は低く，定款の目的の範囲を広く解する必要性は相対的に低いからである。会社法360条における会社の目的の範囲は株主保護の見地から狭く解するべきである。本件土地取引によりA社に著しい損害が生じるおそれがある場合，本件土地取引は会社法360条の

第3章　会社の概念

「目的の範囲外の行為」と判断され，Dは，本件土地取引によりA社に「著しい損害」が生じるおそれがあると認められる場合，本件土地取引の差止を裁判所に請求することができる。

第6節　特別な会社概念

> **設問10** 会社法上，「公開会社」とは何か。それは上場会社と異なるか。条文の定義に基づきわかりやすく説明しなさい。

　「公開会社」とは，①すべての株式につき譲渡制限がない株式会社，および②株式の一部について譲渡制限がある株式会社を指す（会社2条5号）。それ以外の株式会社，すなわち，株式の全部について譲渡制限がある株式会社は，講学上「非公開会社」あるいは「全株式譲渡制限会社」等と呼ばれる。

　公開会社とは，一般社会では上場会社を指す用語として用いられているが，会社法上，公開会社は上場会社を意味しない。会社法は，「上場会社」という用語を用いていないが，「金融商品取引法24条1項の規定により発行する株式について有価証券報告書を内閣総理大臣に提出しなければならない株式会社」を事実上「上場会社」として，それに適用される特別の条文を置いている（会社327条の2等）。

> **設問11** 会社法は，株式会社の財産状態等に着目して，どのように株式会社を区分しているか。

　会社法には，「大会社」という概念がある。これは，資本金が5億円以上または負債の合計額が200億円以上の株式会社を指す（会社2条6号）。大会社では，機関に関する法律上の強制が存在する（詳細は第2編第4章第1節参照）。

15

第1編　会社法総論

> **設問12** 会社法は，会社の支配従属関係に着目して，どのような特別な会社および自然人の概念を認めているか。

　会社法上，会社の支配従属関係に着目した概念は，子会社および親会社という概念である。「子会社」とは，会社はその総株主の議決権の過半数を有する株式会社その他の当該会社がその経営を支配する法人として法務省令（会社施規3条）で定めるものをいう（会社2条3号）。「完全子会社」とは，子会社の特殊形態であり，株式会社がその株式または持分の全部を有する会社を指す（会社847条の3第2項2号かっこ書参照）。

　「親会社」とは，株式会社を子会社とする法人として法務省令（会社施規3条）で定めるものをいう（会社2条4号）。「完全親会社」とは，親会社の特殊形態であり，特定の株式会社の発行株式のすべてを有する株式会社その他これと同等のものとして法務省令（会社施規218条の3）で定める株式会社を指す（会社847条の2第1項柱書かっこ書）。「最終完全親会社」とは「当該親会社の完全親会社であってその完全親会社等がないもの」を指す（会社847条の3第1項かっこ書参照）。具体的には，最終完全親会社は，完全親会社を完全子会社とする完全親会社がある等の状況で，かかる会社の多重的な完全親子会社関係の頂点に立つ完全親会社を指す。

　「特別支配会社」とは単独であるいは完全子会社など（会社施規136条参照）と合わせて株式会社の議決権の90％以上を有する会社を指す（会社468条1項）。

　会社法施行規則3条は，子会社および親会社の具体的範囲に関する詳細な基準を設けている。

　「親会社等」とは，親会社または株式会社の経営を支配する者（法人であるものを除く）として法務省令（会社施規3条の2第2項・3項）で定める者を指す。親会社等には総議決権の過半数を有する自然人である大株主のような会社に対する経営支配が可能な自然人が含まれる。

第2編

株式会社

第1章　株式会社の基本概念

> **設問1**　A社は鉄道による旅客運送業を営む株式会社であり、Bはその株主である。A社は鉄道事故を起こし、この事故でCは重傷を負った。CはBへの責任追及を考えているが、これは可能か。A社が合名会社であり、Bがその社員であった場合にはどうか。

　株式会社の特徴は、「株式」と「株主有限責任」に求められる。株式会社では、その構成員すなわちその社員は「株主」と呼ばれ、その地位を「株式」という割合的単位としている。株主は、各自の株式の引受価額を限度とする「有限責任」を負う。これを株主有限責任の原則という。すなわち、株式会社の株主は、会社債権者に対しては何らの責任も負わず、単に会社に対して一定額の出資義務を負担するにすぎない（会社104条）。株主の有限責任は株式会社にとって不可欠なものであって、定款または株主総会の決議によっても、この原則を破り、引受義務以外に義務を課すことができないと解されている。したがって、現行法上、会社に対する追加出資義務を株主に課すことはできない。

　有限責任制度から派生する特徴として「資本金」という制度も株式会社には存在する。株主は会社債権者に対して何らの責任も負わないわけだから、会社債権者の保護のためには、会社に一定の金額の財産が確保されていることが必要になる。株式会社における資本金とは、株主の有限責任（会社104条）の結果として必要となる会社財産を確保するために基準となる一定の金額を意味する。

　会社財産と資本金とは概念上区別されなければならない。資本金とは会社財産の確保を目的とした抽象的数値である。これに対して会社財産は、現実に会社が保有している財産であり、会社の経営状態により変動する。

　平成17年会社法前においては、株式会社の最低資本金は1000万円と定められていたが（平成17年改正前商法168条ノ4）、会社法は最低資本金の制度を撤廃し

た。ただし，株式会社の純資産額が300万円を下回る場合には，会社は株主に対し剰余金の配当等財産の分配をすることができない（会社458条）。会社法上，剰余金の分配に関しては，300万円の最低資本金額が法定されているのに等しい。

株式会社における，細分化された割合的単位の形式をとる社員の地位を株式という。株式会社において社員の地位が割合的単位となっているからこそ，投資家は安心して株式会社に投資することができ，株式市場の形成も可能となる。個々の社員ごとに違った内容の社員の地位が定められているならば，上場株式会社のような多数の社員が参加する団体では内部関係を適切に処理できず，また社員の地位の円滑な譲渡も困難になる。ただし，公開会社でない株式会社では，剰余金の配当を受ける権利，残余財産の分配を受ける権利および株主総会における議決権に関し社員ごとに内容の異なった社員権を定めることができるが（会社109条2項），これは旧有限会社法の規制が反映したためであり，人的会社の要素が株式会社に反映されている。

鉄道のような，危険な大規模事業が可能になったのも，株主有限責任の原則により，株主が事業から生じる危険を負担しなくてもよくなっているためである。これとともに株式会社においては，その持分が「株式」というかたちで「割合的単位」となっている。これによって株式会社においてはその持分である株式を金融商品として流通させる制度基盤が築かれている。株式会社が金融商品取引所を利用する場合（株式会社の上場），大衆からの小規模資本を吸引し，大規模な資金調達が可能となる。これも株式会社が大規模な企業の法形態として発達した理由である。

設問1では，A社に過失が認められる場合，A社はCに対して不法行為責任（民709条）を負う。これによりA社はCに対して債務を負うが，Bは株主有限責任の原則を享受でき（会社104条），A社の負う債務に対して責任を負わない。A社が合名会社であった場合，合名会社社員は，その会社に対する持分の割合がいかに小さくとも，会社の債務に対して無限の連帯責任を負うため（会社580条1項），BはA社の負う不法行為を原因とする損害賠償債務につき，無限の連帯責任を負う。

第2編　株式会社

> **設問2** 資本の三原則について説明しなさい。

　資本金に関しては，「資本の三原則」と呼ばれる原則があるといわれている（争いあり）。すなわち，資本充実・維持の原則，資本不変の原則および資本確定の原則である。

　資本充実・維持の原則とは，資本金の額に相当する財産が現実に拠出され，かつ保有されなければならないという原則である。これは2つの内容を有する。まず，第1に，出資が確実に履行され，資本金額がそれを裏付ける財産によって実質的に充足されることが要求される（資本充実原則）。発行価額の全額払込または現物出資の全部履行の要求（会社34条1項），現物出資の厳格な調査（会社33条）等は，資本充実原則の現れである。第2に，資本金額に相当する財産が現実に維持されることが要求される（資本維持原則）。純資産額から資本金および準備金を控除した後でなければ剰余金の配当を許さず（会社446条・461条），かつ，剰余金の配当の際に資本準備金または利益準備金を積み立てることを義務づけているのは（会社445条4項），資本維持原則の現れである。以上のように，資本充実・維持の原則は，資本金として定めた数値まで会社財産が充足されていること，会社財産を株主に分配するには資本金の額に法定準備金の額だけ高くした数値を超えた部分に限られること，の2つの側面がある。

　資本不変の原則とは，いったん定められた資本金額はその自由な減少を禁じられるという原則である。しかし，資本不変の原則は資本金額の自由な減少を禁じるだけであって，資本金額の減少も法定の厳格な手続をとれば認められる（会社447条1項・449条5項）。これは，資本金額の減少を望む会社の要望を考慮し，他方でいたずらな資本金額の減少によって会社債権者が損害を受けないように配慮したものである。

　資本確定の原則とは，定款所定の資本金額に相当する株式の引受がなされ，それにつき資本金の拠出者が確定することを要求する原則である。この原則は，予定された資本金の拠出者が得られない限り，設立または増資の効力を否認して，無責任な設立または増資の企てを防止しようとするものである。昭和

25年改正前には，この原則が採用されていた。現行会社法は，授権資本制度を採用しているため，定款に記載される「株式会社が発行することができる株式の総数」（会社37条1項）の全部を設立にあたり発行することは必要でなく，単にその一部を発行すればよい。しかし会社法は，定款に「設立に際して出資される財産の価額又はその最低額」を記載させ（会社27条4号），その額の出資がなされることを要求している。これは，従来の資本確定の原則を修正して，授権資本制度の下でその趣旨を生かしたものである。しかし，会社法は，会社設立後において新株発行する場合にはこのような厳格な要求を貫く必要はないと考え，この場合には引受が発行予定数の全部に達しないときでも，その引受および払込があった限度で新株発行の効力が生じるものとしている（打切発行。会社208条5項）。要するに，資本確定の原則は，現行法の下では設立の際には修正され部分的に認められているが，新株発行の際には全く認められていない。

第2章　設　立

> **設問 1**　株式会社が成立を認められるためにすべき手続について述べなさい。また，準則主義について，他の設立認可主義と比較しながら説明しなさい。

◁ **会社の設立手続**　　会社は自然人のように生身の肉体を持つわけではないから，実体を形成するために，さまざまな法定の手続を履践する必要がある。もともと存在する会社を前提として，新設合併（会社753条），新設分割（会社763条），株式移転（会社773条）のような設立方法もあるが，ここでは一般的な，新規に会社の実体を形成する設立手続について説明する。

第1に，定款の作成である（会社26条以下）。定款（設問6で詳述する）とは，会社の最高内部規則として，発起人（詳細は設問3にゆずるが，端的には設立事務を担当する者）により作成・署名（または記名押印。定款が電磁的記録（会社施規224条）により作成される場合は，電子署名（会社施規225条））されるものである。株式会社は社員（出資者）が多数存在しうるから，後日の紛争防止目的で，比較的詳細な記載が必要とされる。定款は，公証人の認証があって初めて効力を生じる（会社30条1項）。

第2に，社員の確定である。ただし，持分会社と異なり社員が多数存在しうることから，現物出資者（設問4・設問7参照）を除き，定款外で，株式の引受・出資の履行によって確定される。なお，株主（正確には株式引受人）の出資は，設立段階で引受けたすべてを履行する必要がある（会社34条1項・63条1項）。株主の責任が間接有限責任であるためである。出資される目的物は，金銭など財産に限られる（労務・信用の出資は不可）。発起人は，1株以上必ず引き受けなければならない（会社25条2項）。

第3に，機関の具備である。株式会社においては，株主とは別に，取締役等

会社の機関を選任する必要がある。株式会社は，（公開会社でない会社は格別）一般的には取締役の資格を株主に限定することができない（会社331条2項）ことからも，持分会社のような自己機関（社員とりわけ無限責任社員がそのまま会社の経営機関であること）ではないことがわかる。また，従前，株式会社は3名以上の取締役による取締役会と，監査役の設置が強制されていたが，会社法のもとでは，機関は柔軟に設置することができるようになり，公開会社（会社2条5号）でない会社にあっては取締役会の設置は任意である（1名以上の取締役がいればよい。会社326条1項）ほか，監査役の設置も任意であるなど，従前の有限会社と類似する形態も認められる。反面，公開会社であり大会社（会社2条6号）である場合は，取締役会，監査役会，会計監査人が設置される従来型の株式会社形態，（従来型形態の監査役会に代えて）監査等委員会を置く監査等委員会設置会社（第2編第4章第7節），または指名委員会等設置会社（第2編第4章第6節）のいずれかの形態しか認められない（会社2条10号・11号の2・12号・327条・328条1項）。このような機関設計の柔軟性に鑑みて，会社法では，取締役会を任意に設置しまたは会社法上設置が義務付けられる会社を取締役会設置会社，（監査権限を会計に限定しない）監査役を任意に設置しまたは会社法上設置を義務付けられる会社を監査役設置会社，監査役会を任意に設置しまたは会社法上設置を義務付けられる会社を監査役会設置会社というように，設置される機関ごとにそれぞれ定義規定を置いている（会社2条7号・9号・10号など）。

　これらの設立手続は，発起人のみで行う発起設立（会社25条1項1号）と，発起人以外にも出資者を募る募集設立（同条同項2号）で若干異なる。前者では創立総会は不要であるが，後者は必要である。発起設立にあっては設立時取締役等（設立時の取締役，会計参与，監査役または会計監査人）の選解任は発起人相互間で決するが，募集設立にあっては創立総会で決する（会社38条〜45条・88条〜92条）。なお，設立する会社が指名委員会等設置会社である場合は，設立時取締役により，各委員の選定および設立の際の執行役の選任がなされなければならない（会社48条1項）。

　払込取扱場所に発行してもらう証明は，発起設立では払込があったことの証明で足りる（端的には，口座の通帳の写しでも可）ところ，募集設立では払込取扱

第2編　株式会社

場所による払込金の保管証明が必要である（商登47条2項5号）。ここでいう払込取扱場所とは，銀行などの金融機関であり，株式に対する出資の払込が確実になされることを担保するために，第三者としての金融機関を関与させるものである。

　創立総会（設問2参照）は，成立後の会社でいう株主総会であり，設立事項のチェックや前述の設立時取締役等の選解任等が主な権限である（会社66条）。種類株式を発行する予定の会社に関する種類創立総会の規定もある（会社85条・86条・90条・92条）。

　これらの設立手続につき，設立時取締役等は，調査の責任を負う（会社46条・93条）。募集設立において設立時取締役または設立時監査役の全部または一部が発起人である場合は，創立総会が調査義務者を選任することができる（会社94条）。

　株式会社は，その本店所在地において設立登記をすることによって成立する（会社49条）。

> **準則主義**　会社の設立については，歴史的な流れの中で，勅許主義，特許主義，許認可主義などが見られた。すなわち，国王，国，国の所管機関等による許可があって初めて設立が認められた。公的なお墨付きを得るものだけが会社であると厳格に解され会社の公正性を担保する面もあるが，経済活動が活発になるにつれ，「会社のようなもの」が乱立した。それでは，信用のない経済団体が会社のように振る舞い会社制度そのものの信用も損なわれかねない。そこでそのようなものにも会社であることを認めつつ会社法制の網をかけるため，現在多くの国で準則主義が採用される。準則主義とは，法定の手続をすべて履践すれば会社として認めるとする設立主義である。わが国においても，前述のように会社法，商業登記法や，法の委任する法務省令等に定められた手続を経れば，会社として認められる。

> **持分会社の設立**　最後に，持分会社の設立について株式会社のそれと比較して述べておくと，持分会社の定款は，社員になろうとする者全員で作成する（会社575条1項）。社員も，定款に氏名を記載することで確定される（会社576条1項4号）。株式会社では多数の社員がおり，社員

第2章　設　立

の変更が頻繁である可能性が高いため定款で社員を確定することは困難であり要求されない。一方で社員の個性および相互の信頼関係が重要な持分会社にあっては，定款で確定しても特に問題はない。

定款には，社員の出資の目的およびその価額または評価の標準を記載しなければならない（会社576条1項5号）。有限責任社員にあっては金銭等に限られるが，合同会社を除き，設立時に社員の出資の目的の全部を払込・給付する必要はない（会社578条）。合同会社以外では無限責任社員が存在するからである。合同会社にあっても，その社員となろうとする者全員の同意があれば，登記，登録その他権利の設定または移転を第三者に対抗するために必要な行為は，合同会社の成立後にすることを妨げない（同条ただし書）。持分会社の成立は，株式会社と同様に，本店所在地における設立登記による（会社579条）。

（設問2）　創立総会の権限について説明しなさい。

創立総会とは，募集設立において，発起人を含むすべての株式引受人（設立時株主）による決議機関であり，会社成立後の株主総会と同等の組織体である。招集手続や決議方法も，株主総会とほぼ同様に定められている。異なる点としては，その権限が，設立に関する事項，設立の廃止，創立総会の終結その他設立関連事項に限定され（会社66条），発起人の設立経過報告（会社87条），設立時取締役等の選任（会社88条），設立時取締役等による設立事項の調査義務（会社93条）という流れになっていること，および，決議要件が株主総会の普通決議（会社309条1項）よりは厳格に，原則として設立時株主の議決権の過半数であって，出席した当該設立時株主の議決権の3分の2以上であることである（会社73条）。

創立総会の権限として議論の余地があるのが，定款変更の範囲である。会社法96条は，定款認証後であっても，創立総会の決議により定款の変更をすることが可能であるとする。その一方で，変態設立事項にあっては，その変更につき，裁判所および検査役の調査報告を必要としており，これとは別に創立総会によって定款の内容を変更することができるのか。

第2編　株式会社

創立総会にあっては，その決議事項について，招集通知に記載・記録して設立時株主に知らせる必要がある（会社68条1項・3項・4項）。議題（総会の目的たる事項）をみて総会への出欠を決する設立時株主も考えられ，大きく外れることは認められるべきではない。平成17年改正前商法のもとでは，このことを前提としてか，変態設立事項の変更は，縮小または削除のみに限定されるものと解していた（最判昭41・12・23民集20巻10号2227頁）。

しかしながら，会社法のもとにおいては，創立総会において変態設立事項を変更する決議がなされた場合には，その変更に反対した設立時株主は，当該決議後2週間以内に限り，その設立時発行株式の引受の意思表示を取り消すことができるものとされており（会社97条），このことから，定款規定の追加・拡大も可能であるとの解釈が学説において多数を占めるものと思われる。とはいえ，変更に反対できるのが創立総会時に限定されていることから，欠席した設立時株主に不利益が生じるおそれもある。そのため，現行会社法においても，縮小または削除に限定されるべきという見解も有力である。その場合，追加・拡大部分の変更は，検査役が検査し，裁判所へ報告し，裁判所による変更決定がなく，創立総会で全会一致での変更決議がなされるときは，変更が認められる余地があると解される。

> **設問3**　発起人・発起人組合の権限および責任について論じなさい。

発起人とは，会社の設立義務を負う者であり，その定義は，定款に署名または記名押印した者（会社26条参照。電磁的記録によるときは電子署名）というように，形式的に決まる（大判昭7・6・29民集11巻1257頁）。発起人は1名でもよい（なお，株式募集の書面や設立賛助広告に氏名等記載・記録されることを承諾した者は，発起人とみなされる＝擬似発起人。会社103条4項）。発起人が複数いる場合は，明示・黙示にかかわらず，会社の設立を目的とする組合契約（民667条以下）が成立しているものと解される。

発起人（組合）の権限は，設立事務所の設置，定款の作成，創立総会の招集，設立にかかる出資の募集など設立事務全般に及び，反面において会社としての

事業行為をしてはならないことについてはほぼ異論がない（罰則もある。会社979条）。見解が分かれるのは，開業準備行為である。

開業準備行為とは，会社成立後の事業開始に向けた，事務所・店舗の選定（購入または賃借）や開業の宣伝，従業員の求人，原材料や什器の購入等を指すが，会社成立後に財産を譲り受けることを約する財産引受が，変態設立事項（特殊な設立行為という意味でこのように称される）として会社法28条2号に規定されることとの関連で，発起人（組合）の権限か否かが，議論される。

最も狭くとらえる見解は，発起人（組合）は設立事務をつかさどる機関であって本来的に開業準備行為は権限外の行為であり，ただ開業のために必要な財産引受だけは，変態設立事項という厳格な要件のもとで発起人（組合）に権限を与えたものとする。

他方，最も広くとらえる見解は，そもそも会社は設立だけが目的ではなく，成立後に事業を行うことを目的とするものであるから，開業準備行為も認められるべきであり，ただ，財産引受は現物出資等の潜脱行為として濫用されるおそれがあるため，変態設立事項として厳格な要件を課したものであるとする。

多数説・判例（最判昭33・10・24民集12巻14号3328頁〈百選5〉〈百選5〉）は，前者の見解に立つが，後者の見解のように発起人のした開業準備行為すべてに成立後の会社が拘束されるとすると会社に不利益が及ぶかもしれず，また後述の設立費用との関連では，（後者の見解でも）開業準備行為の費用は含まれるべきではないと考えられ，基本的には，前者の見解が妥当であろう。もっとも，取引安全の見地から，取引の相手方保護を図る必要はある。この点は設問5にゆずる。

> **設問4** 株式会社が成立を認められる前後における，設立事務をつかさどる機関と，会社の成立前の組織と理解される団体との間の法的関係について論じなさい。

株式会社は，設立の登記があってはじめて成立する（会社49条）。それまでは，事業行為もできず，存在自体認められないはずである。この場合，設立に関する事務をつかさどる発起人（組合）からすれば，設立の主体である本人が

第2編　株式会社

いないことになり，その法的関係を構成することが困難である。たとえば，従来は，事務管理（民697条）の理論により，登記後に成立する会社のために，発起人（組合）は事務の管理をしているものと解釈したりしていた。

　しかし，設立事務の主体である本人が不在のままでの理論構成にはやや無理がある。そこで，会社成立前には，営利法人たる会社ではないが，それに類するものとして，「設立中の会社」を概念し，この性質は権利能力なき社団ととらえる見解が一般化している。すなわち，権利能力はなく，当然のことながら法人として存在を認められるものではないが，発起人（組合）は，この設立中の会社のために，設立事務を行っているものととらえるのである。

　また，この設立中の会社と，成立後の会社とを性質を異にするととらえるよりも，胎児と新生児のように同一のものととらえる方が，法的にも容易である。すなわち，会社成立前は設立中の会社が存在し，その成立に向けて発起人（組合）は設立事務を行う。そして，設立が認められれば，設立中の会社と同一性を有する会社が成立する（同一性説）。

設問5　設立を企図するＡ株式会社の発起人の1人であるＹは，設立登記未了の段階で，Ａ社の宣伝のために，Ａ社代表取締役Ｙ名義で，プロ球団を経営するＸとの間で興行試合の契約をした。Ｘは興行試合を開催したが，Ｙが契約代金を支払わないので，Ｘはその支払い請求のためにＹを相手取って提訴した。Ｘの請求は認められるか，論じなさい。

　前出の最高裁昭和33年10月24日判決を題材にした設問である。

　Ａ社は，設立登記未了であるから，事業行為をすることができず，設問の宣伝のための興行試合契約は，Ａ社の行為としては無効といわざるをえない。

　しかし，Ｘの保護やＡ社の便宜を考慮した場合，一概に無効とすべきでなく，いくつか検討すべき点がある。まず，Ｙの責任を追及できるかが設問の主たる部分である。興行試合の段階では本人たるＡ社が存在しないものの，Ｙの行為は無権代理に類似することから，通説・判例は，民法117条を類推適用し，Ｙの責任を認める。取引安全の見地からも妥当であろう。

　次に，成立後のＡ社が，成立前になされた事業行為につき追認（民119条）す

第2章　設　立

ることは可能であろうか。この点，財産引受に関しては会社にとって利益となる場合もあり認めてよいであろうが，それ以外の事業行為について追認を認めることは発起人の事実上の権限を広めることにもなり妥当ではない。

　なお，発起人（組合）が，設立事務を超えて発起人組合として事業行為をすること自体は，組合契約の内容に反しない限り，可能であろう。そのように解した方が，取引の安全に資するし，成立後の会社に不利益は生じない。

　ちなみに，複数の発起人がおり，発起人組合が認識される事例において，当該組合が，成立後の会社の事業目的として記載されている行為をした場合には，事業行為に積極的に関与していない発起人も含め全員がそのことによる責任を負うとした判例（最判昭35・12・9民集14巻13号2994頁）がある。組合内部の業務執行の意思決定にかかる議論であり詳細は省くが，これもまた取引の相手方保護に資する判断と言えよう。

> 設問❻　定款とは何か。また定款に記載すべき事項について述べなさい。

　定款とは，会社の最高内部規則であり，その作成は会社設立の手続に必須である。作成義務者は発起人であり，発起人全員がこれに署名または記名押印しなければならない（会社26条1項）。電磁的記録による作成も可能である（同条2項）。

　定款に記載すべき事項は，3種類に分類することができる。第1に，絶対的記載事項である。会社法27条を主として，当該事項を記載していなければ，定款としての効力が認められない。第2に，相対的記載事項である。これは，記載がなくても定款の効力に影響はないが，その事項自体を有効にするためには記載が必要なものである。とりわけ，会社法28条に定められている変態設立事項（詳細は設問7参照）のほか，種類株式発行（会社108条），単元株式（会社188条）など多数の事項がある。第3に，任意的記載事項である。これは，記載しなくても定款の効力にも，事項自体の効力にも影響がないが，その変更を慎重にする目的で記載するものである（定款変更は株主総会の特別決議が必要である（会社309条2項11号））。たとえば取締役の員数の上限や，取締役の役職（社長・副社長・

29

第2編　株式会社

専務・常務といった任意の役職）などがある。

設問 7　変態設立事項について，説明しなさい。

　変態設立事項とは，会社法28条に列挙されているものを指し，一般的に濫用のおそれが高い設立事項であるため，定款に記載することなど厳格な手続要件を課していると説明される。

　現物出資（同条1号）とは，金銭以外の財産を出資する場合であり，これは，当該財産の価値を適正よりも高く見積もる可能性があるため，変態設立事項に分類される。設立時の現物出資については，発起人のみ可能である（会社36条1項と63条1項を比較）。また，財産引受（会社28条2号）とは，ある（金銭以外の）財産を会社成立後に譲り受けることを約束することであり，これも当該財産を適正価格より高く見積もるおそれから，ここで規制されている。すなわち，現物出資は出資者が株式，財産引受は譲渡人が代価（現金）を受け取るという差があれど，経済的価値としては同様である。

　その他，発起人が受ける報酬や特別利益（会社28条3号）は，発起人のお手盛りの可能性があり，設立費用（同条4号）を制限なく自由に出費させることは，成立後の会社の資本の欠損を生ぜしめるおそれもあることから，やはり規制されている。もっとも，設立費用については，定款の認証手数料や，株金払込取扱機関への手数料等，明確な基準があり，会社に損害を与えるおそれがない場合は定款に定める必要はない（同条4号かっこ書，会社施規5条）。

　とりわけ現物出資や財産引受は，会社にとって有益な行為であるにもかかわらず，検査役の選任等が必要なため（会社33条），その手間とコストを嫌って，定款に定めないケースがしばしば見られるという。そこで，一定の場合には，そのような手続を省略してよいこととされている。第1に，現物出資および財産引受にかかる財産（以下「現物出資財産等」という）の総額として定款に記載された額が500万円を超えない場合である（同条10項1号）。金額的に少額であり濫用されるおそれが低いとの判断である。第2に，現物出資財産等のうち，市場価格ある有価証券につき，定款記載の価額が，市場価格として算定される

30

ものを超えない場合である（同2号）。市場価格は一般的に公正な価格と考えられ，それよりも記載価額が低い場合には濫用のおそれは低いからである。第3に，定款に記載された現物出資財産等の価額の相当性につき，弁護士，弁護士法人，公認会計士，監査法人，税理士または税理士法人の証明（当該財産が不動産の場合は不動産鑑定士の鑑定評価も必要）を受けた場合である（同3号）。いうまでもなく，専門家の証明を受けていることから，その正当性を担保できるとの判断である。

　なお，変態設立事項としての規制からは外れたが，従来，会社成立後2年以内になされる財産の取引については，「事後設立」として規制されていた。これも，現物出資および財産引受の潜脱行為として行われる可能性があるためと説明されていたが，現在は，会社成立後における事業譲渡・譲受等に類するものとして，会社法467条1項5号に定められている。これに該当する場合は，株主総会の特別決議を必要とする（会社309条2項12号，第2編第8章参照）。

設問❽　A株式会社は，定款に設立費用として100万円を計上しているが，発起人Bは（設立費用として）120万円を費消した。この場合，取引の相手方（債権者）Cに対して，A社とBのいずれが債務を弁済すべきか。

　発起人は会社の設立事務を担う者であり，設立事務は会社にとって必要不可欠な行為であるから，その費用負担は，会社自体がすべきである。しかし，発起人が際限なく設立費用を支出することは，成立後の会社に資本の欠損が生じるなど，不利益を与えるおそれがある。そのため，会社法は，設立費用を変態設立事項として，定款に定めなければならないものとしている（会社28条柱書・4号）。

　そうであるならば，定款に定められた設立費用の額までは成立後の会社が，それを超えた額については発起人が負担することでよいとも言えるが（株主募集の広告宣伝費を設立費用と認定し，設立費用として定款に定められた範囲内で会社が負担すべきであるとする大判昭2・7・4民集6巻428頁〈百選7〉（百選7）参照），それでは，取引の相手方としては，発起人に請求すべきか，成立後の会社に請求すべきか判然とせず，不利益を被る。そこで取引の安全の観点から，いくつ

第2編　株式会社

かの説が唱えられている。1つは，取引の相手方に，発起人に請求するか，会
社に請求するかの選択権を与えるものである。取引の安全に資する見解ではあ
るが，取引の相手方を過度に保護するものであり，その法的根拠に乏しい。2
つ目は，原則として会社が全額を負担し，設立費用として計上した額を超過し
た部分について，会社から発起人に対する求償権を認めるものである。3つ目
は，原則として発起人が全額を負担し，設立費用として計上した額の範囲内
で，会社に対する求償権を認めるものである。会社と発起人とが，設立事務に
関して連帯して責任を負うと解することは特段無理のない判断であるし，一義
的に費用負担すべきものが決せられるという点で2つ目と3つ目の見解は妥当
であるが，発起人が定款に定められた設立費用を超過して出費しているにもか
かわらず，会社からの求償に応えないような場合には，会社に不利益が生ずる
から，3つ目の説がより妥当であろう。実務的にも，発起人が費用負担し，取
引の相手方からは，発起人名義で領収書が発行されることが通例のようであ
る。もっとも，実務上は設立費用を定款に計上していないことが多い。

　このことを前提として設問を見れば，Cは，判例の立場では100万円はA
に，20万円はBに請求する必要があり，第1の説ではAとBのいずれにも請求
が可能であるが，第2の説ではAのみに，第3の説ではBのみに請求すること
になる。設問のように取引の相手方（債権者）が1名であるなら判例の立場も
さほど複雑ではないが，小口の10名が債権者であるとした場合，その1人1人
は，Aに請求すべきかBに請求すべきか判然としない。

設問❾　会社を設立しようとするAは，出資金の拠出にあたり，知人が責任者
として在籍する金融機関Bに依頼し，出資金相当額の金銭消費貸借を
し，Bを払込取扱場所とし，しかも，その払込までの間Bの口座から当該現金を引
き出すことができない旨の合意をしていた。このような出資の払込は合法か。ま
た，Bとは別にCから金銭を借り入れ，払込取扱場所であるBに払込み，会社成立
後それを引き出して即Cへの弁済にあてることはどうか。

　金銭が確実に会社に払い込まれることは，成立後の会社が事業を行うための
資金面で重要である。とりわけ株式会社は有限責任であり，出資金の確実な払

込が必要であり，出資の際に全額の払込・給付が求められる（会社36条・63条）。そこでいくつかの規制がなされている。設問に対する直接の解答からは外れるが，簡潔に２点，説明しておく。第１に，現物出資財産等につき，定款記載の価額から，実際の価額が著しく不足するときは，発起人および設立時取締役は当該不足額の支払義務があるのが原則である（会社52条１項。例外：同条２項）。第２に，民法93条ただし書および94条１項の規定は設立時発行株式の引受にかかる意思表示については適用されず，発起人は，会社成立後は錯誤・詐欺・強迫を理由とする無効取消はできない（会社51条）。

　これらのほか，設問に関連して，預合いや見せ金といった金銭の払込を仮装するケースに対処する規制がある。預合いとは，発起人が払込取扱機関との間で出資に利用する金銭を借り入れ，借入金を弁済するまでは，株式払込金の払戻請求をしないことを約する場合である。成立後の会社に一切金銭が払い込まれないことになり，預合い行為は刑事罰が課せられ（会社965条），民事上も無効であると解される。

　これに対して，見せ金とは，発起人が払込取扱機関以外の者から出資に利用する金銭を借り入れ，会社成立後株式払込金の払戻をした後すぐに弁済するものである。これも一切の金銭が会社に払い込まれていないことになり，原則的には預合いの潜脱行為として無効と解しうるが（刑事上は罪刑法定主義からも違法とは言えない），一概に無効と言えるか議論の余地はある。判例（最判昭38・12・６民集17巻12号1633頁）・通説は，会社成立後弁済までの期間の長短や，払込金が会社資金として運用された事実の有無，借入金の弁済が会社の資金関係に及ぼす影響の大きさ等を総合的に観察し，当初から真実の株式の払込として会社資金を確保する意図がなく，一時的な借入金をもって単に払込の外形を整えたにすぎないと判断される場合には，無効であるとする。

　そして，仮装払込をした発起人，株式引受人等関与者は，仮装払込にかかる金銭全額の支払（発起人のする現物出資にあっては当該財産全部の給付または同額の金銭の支払）につき義務を負う（会社52条の２・102条の２）。

　これらを設問に即して換言するならば，ＡとＢとの合意は明らかに預合いであり，刑事上違法であるだけでなく民事上も無効と解されるが，ＡとＣに関し

第2編　株式会社

ては，預合いの潜脱行為であると判断される可能性はあるとしても，諸般の事情を考慮した結果，有効である可能性も残される。

設問10 設立手続に瑕疵があった場合の規制について，説明しなさい。

> **設立に関する責任**

最低資本金制度がなくなった現在においても，当初予定される資本金が会社に確実に拠出されていることは，資本を元手に活動し，資本が信用の基盤となる会社にあっては重要である。それは出資者の（「この程度の規模の会社ができるはず」との）信頼を保護することでもある。

そのことにとりわけ責任を負うべきなのが発起人および設立時取締役である。両者は，会社成立時に現物出資財産等の価額が，定款に記載・記録された価額に著しく不足するときは，会社に対してその不足額を連帯して支払う義務を負う（会社52条1項）。ただし，現物出資または財産引受につき検査役の調査を経ている場合，発起人・設立時取締役がその職務を行うにつき注意を怠らなかったことを証明した場合はこの限りではない（現物出資をした者，財産引受の目的物を譲渡した者は免責されない。同条2項。さらに3項では，この証明者にも連帯責任を課している。なお，設立時発行株式を引き受ける者の募集をするときは，注意を怠らなかったことを証明しても責任は免除されない（会社103条1項））。

現金出資の際の払込または現物出資の際の給付の仮装については，発起人は，その全額払込または全部給付（会社が現物出資の目的物と同価値の現金を請求した場合は全額払込）をする義務を負う（会社52条の2第1項1号・2号）。また仮装払込に関与した発起人および設立時取締役は連帯して同様の義務を負う（同条2項・3項）。ここでいう責任を負う発起人・設立時取締役は会社法施行規則により規定され（会社施規7条の2），その職務を行うにつき注意を怠らなかったことを証明した場合は免責される（会社52条の2第2項ただし書）。

払込を仮装した設立時募集株式の引受人は，それに関与した発起人および設立時取締役（会社法施行規則18条の2に定める者。その職務を行うについて注意を怠らなかったことを証明した者を除く）と連帯して払込金額全額を支払う義務を負

い，義務を果たさない限り，権利を行使することができない（会社102条の2第1項・103条2項・102条3項）。この支払義務は，総株主の同意がないと免除されない（102条の2第2項・103条3項）。

発起人，設立時取締役および設立時監査役は，成立後の取締役らと同様，対会社責任および対第三者責任を負う（会社53条。連帯責任。54条）。この責任の免除は，株主全員の同意が必要である（会社55条）。

会社の不成立にあたっては，発起人は，連帯して会社の設立に関してした行為についてその責任を負い，その設立に関して支出した費用を負担する（会社56条）。

なお，株式引受人の募集をした場合において，当該募集の広告その他当該募集に関する書面または電磁的記録に自己の氏名または名称および株式会社の設

> **設立無効**

立を賛助する旨を記載・記録することを承諾した者は，発起人とみなされ，発起人と同等の責任を負う（会社103条4項。いわゆる擬似発起人）。

持分会社は，社員の個人的関係が重視されており，社員同士の感情的側面などの主観的無効原因に基づく，設立無効の訴えや設立の取消請求が認められているが（会社832条），株式会社にあっては，設立の無効の訴えの制度が定められている（会社828条1項1号）。提訴期間2年，原告適格の定め等一定の要件のもとでの訴えによってのみ無効主張が認められるのは，多くの関係者がいる株式会社にあって，容易に無効を認めることには不都合もあるからである。無効原因は解釈によるが，定款の絶対的記載事項が記載されていないなどの客観的無効原因に限定される。もっとも，瑕疵の度合いが著しく，会社の実体がないものと判断可能な場合は，会社不存在を（裁判外においても）主張することが可能であるとする見解もある。

設立無効判決が確定すると，将来に向かってその効力を失い（会社839条），会社は清算しなければならない（会社475条2号）。

第3章　株式（自己株式の取得を含む）

> ┌─────┐
> │設問1│ 株主の権利は，自益権と共益権とに，および，単独株主権と少数株主
> └─────┘ 権とに大別することができるとされているが，それぞれの権利につい
>   て説明しなさい。

◇ **自益権と共益権**　　　自益権は，株主が会社から直接に経済的利益を受ける
権利である。剰余金の配当を受ける権利（会社105条1
項1号・453条）の他に，残余財産の分配を受ける権利（会社105条1項2号・502条）
がある。もっとも，当該各権利は，会社が剰余金の配当などを決定して初めて
具体的な請求権となるものであるにすぎない。

　共益権は株主が会社経営に参与し，会社経営を監督・是正する権利である。
当該参与は，株主総会を通じて行われるから，株主総会における議決権（会社
105条1項3号・308条）が中心である。その他に当該議決権に関連するものとし
て，質問権（会社314条），株主提案権（会社303条～305条），総会招集権（会社297条）
などがある。

　会社経営を監督・是正する権利としては，総会決議の取消訴権（会社831条），
代表訴訟提起権（847条～847条の3）などがある。なお，特に計算書類・附属明
細書（会社442条3項），合併など関係書類（会社782条3項・794条3項・803条3項・
815条4項）のような各種書類の閲覧請求権は，監督などの目的でも行使される
が，株主の投資判断材料を得る目的などでも行使され，後者の場合には自益権
的な性格を持つ，とされる。

◇ **単独株主権と少数株主権**　　また，株主の権利は，単独株主権と少数株主権
とに大別することもできる。単独株主権は，1
株でも株式を保有する株主（単元未満株主等の例外がある）であれば行使できる
権利である（代表訴訟提起権のように一定期間の保有要件を課されるものもある）。少
数株主権とは，一定の議決権数，総株主の総議決権の一定割合または発行済株

36

式の一定割合を有する株主が行使できるものである。自益権はすべて単独株主権であるが，共益権には単独株主権と少数株主権とがある。ある共益権をいずれの権利にするのか，少数株主権にするとしてその行使要件をどれほど厳格にするのかは，政策判断による，とされる。

設問2 鉄道事業を営むY会社では，保有株式数1000株以上の株主に対して優待乗車券1枚（500円相当）を付与する，という株主優待制度が設けられている。100株（時価100万円相当）のみしかY社株式を保有していない株主Xは，自身に対しては優待乗車券を付与しないこととなる当該制度が株主平等の原則に違反する，と主張している。当該主張の当否について論じなさい。

株主優待制度

株主優待制度とは，上場会社が少しでも多くの一般の投資者を集めようとして，株主に特別な便益や利益を提供する制度である。インカムゲインとキャピタルゲインの他にも投資対象としての株式の魅力を増そうとして，各会社により自主的に用いられる。会社の事業に関連する便益などが多く，たとえば，鉄道会社が優待乗車券を付与するものなどがある。株主への贈与であって剰余金の配当（会社453条）ではないという扱いなので，株主総会の承認（会社454条）も得ることはない，とされる。

株主平等原則との関係

問題になるのは，たとえば，保有株式数1000株以上の株主に対しては優待乗車券1枚付与する，というように，一定数以上の株式を有する株主のみに便益などを提供する仕組みになっている場合に，それが株主平等原則に反しないのか，という点である。そもそも株主平等原則とは，株式会社は，株主を，その有する株式の内容および数に応じて平等に取り扱わなければならない（会社109条1項）というものである。したがって，当該原則を厳格に貫けば，前述の仕組みは当該原則に反する，ということになりそうである。しかし，学説の多くは，当該原則の下でも，優待取扱の程度が軽微であって，株主間に実質的不平等が生じていない，と評価できる程度のものであれば許容される，というような立場をとっている。

第2編　株式会社

> ### 設問に対する解答

当該立場に従えば，優待取扱の程度は軽微であると一応は言えそうである本問の場合には，当該原則に反しない，ということになろう。

> **設問❸**　A会社（対象会社）は，資本関係のないB会社から買収提案を受け，合意するに至った。そして，当該買収は，まずはB社がA社の支配権を取得できるだけの株式を取得するために公開買付けを一段階目とし，特別支配株主による株式等売渡請求を二段階目とする二段階買収の手法により行われることとなった。株式等売渡請求の概要と制度創設の理由とについて，これまで（平成26年会社法改正前）実務上用いられることが比較的多かった全部取得条項付種類株式の取得の手法と比較しながら説明しなさい。

> ### 特別支配株主による
> ### 株式等売渡請求の概要

株式等売渡請求は，株式会社の総株主の議決権の10分の9以上を有する株主が，他の株主の全員に対して，その有する当該株式会社の株式の全部を売り渡すことを請求することを可能にする制度である。当該請求を「株式売渡請求」と，当該請求をすることができる株主を「特別支配株主」と，売渡しの対象となる株式を発行する株式会社を「対象会社」ということとされている（会社179条1項・2項）。（なお，特別支配株主には株式売渡請求に併せて新株予約権や新株予約権付社債についても売渡請求をすることが認められているが（会社179条2項・3項），以上の請求を総称して「株式等売渡請求」ということとされている（会社179条の3第1項）。）具体的には，当該制度は，特別支配株主が，対象会社の株主総会決議を要することなく，いわゆるキャッシュ・アウトを行うことを可能とするものである。キャッシュ・アウトとは，支配株主が，少数株主の有する株式の全部を，少数株主の個別の承諾を得ることなく，金銭を対価として取得することであり，そのメリットとして，たとえば，長期的視野に立った柔軟な経営の実現，株主総会に関する手続の省略による意思決定の迅速化，株主管理コストの制限が挙げられる。

> ### 同制度の創設理由

そもそも当該制度は，平成26年改正会社法において，以下の理由により創設されることとなった。すなわち，改正前には，税制上の理由などにより，全部取得条項付種類株式の取得（会社108条1項7号・171条）が，キャッシュ・アウトを行うための手法とし

第3章　株式（自己株式の取得を含む）

て用いられるのが通例であった。もっとも，当該手法による取得に際しては，常に対象会社の株主総会の特別決議を要する（会社171条1項・309条2項3号）。また，そのことからすれば，二段階買収の二段階目の行為として当該取得がなされる場合には，一段階目の公開買付け（金商27条の2など）終了後，当該特別決議に基づいて実際に取得がなされるまでに長期間を要することになる（株主の多い上場会社などにおいては，株主総会の開催まで数ヶ月を要することもある，といわれている）。したがって，キャッシュ・アウトを行おうとする（支配）株主から見れば，（公開買付けの結果として）大多数の議決権を保有していることから，当該特別決議が成立し，当該取得がなされることが明らかであるとしても，手続的・時間的コストが著しくかかる，という点が問題になる。他方で，公開買付けに応募しないつもりの株主にとっては，長期間不安定な立場に置かれることが懸念されることから，当該公開買付けにやむなく応募してしまうという問題（公開買付けの強圧性）が生じる可能性もある。そこで，キャッシュ・アウトを行おうとする株主が大多数の議決権を保有している場合に，対象会社の株主総会決議を要することなく機動的にキャッシュ・アウトを行い（最短で20日間程度（会社179条の4第1項参照）で行うことが可能となる），そのメリットを実現することを可能とするため，株式等売渡請求の制度を創設することとされたのである。

> **設問4**　非上場会社であるY会社（非取締役会設置会社）の株主Xは，Y社の株主ではない友人のZに対して，自身が保有している株式すべてを1株当たり1000円で売却し，その対価を生活資金に充てたいと考えている。ところが，Y社の定款においては当該株式の譲渡制限がなされている。この場合に，Xは当該株式を売却することはできないのだろうか。できるとすれば，Xはどのような手続を踏めばよいのだろうか。また，Y社としてはどのような対応を行うことが求められるか。

株式の自由譲渡性とその意義

そもそも株式会社において株主は，原則として，自身が保有している株式を譲渡（売却）し，その対価を得ることによって，（取得価額と同額とは限らないが）投下資本を回収することができる（会社127条。同条は，株式の自由譲渡性または株式譲

第2編　株式会社

渡自由の原則を規定している，と理解されている）。株式の自由譲渡性は，株主の有限責任などと共に，公開会社の重要な特徴である。この特徴が，株主に投下資本を回収する機会を保障し，株主の有限責任とあいまって，株式会社が幅広い投資家から資金を集めることを可能にしている。つまり，自身が投資した金額についてしか責任を負わず，しかも，保有している株式を自由に譲渡することで投下資本を回収することができるのであれば，株式会社に投資してみようと考える投資家が多数出現することが期待されるのである。また，株式会社においては通常，所有と経営とが分離しており，株主は，株主としての資格で会社の経営に関与することは少ないし，しかも，間接有限責任を負うにとどまるから，株主としての個性はそれほど重要ではないと説明される。つまりは，ある株主が保有している株式を譲渡し，会社の経営に熟知していなかったり，他の株主にとっては見ず知らずの他の誰かが株主になったとしても，会社の経営や他の株主にとってはあまり影響がない場合が多いと説明されるのである（ただし，後述の解説「株式の譲渡制限」参照）。以上の理由から，会社法は，株式の自由譲渡性を認めて，株主が投下資本を回収することを可能にしている，と理解されている。（なお，以上で述べた株式の譲渡による投下資本の回収は，主として株式会社以外の者に対する譲渡により実現するものであるが，株式会社に対する譲渡（売却）により実現する場合もある。たとえば，株式会社が一定の要件の下で自己株式の取得を行う場合（設問9・10参照）である。）

株式の譲渡制限

もっとも，会社法は，株式の自由譲渡性を制限することも認めている。すなわち，「定款による株式の譲渡制限」である（会社107条1項1号・108条1項4号）。確かに，もともと株式会社は，幅広い投資家から資金を集め，大規模な事業を行うのに適した会社形態である，と想定されている。しかし，実際には小規模で閉鎖的な株式会社も存在しているという現状がある。すなわち，人的な信頼関係に基づいて，少人数によって経営されることが望ましい，と現在の株主らが考えている会社も存在している。そのような会社におけるそのような株主らにとっては，一部の株主から株式を譲り受けた見ず知らずの者が新たに株主になるという事態は好ましくない，ということになる。つまりは，株主が株式を自由に譲渡することを制限

40

したいという要請が生じることになるのである。他方で，保有している株式を譲渡することによって投下資本を回収したいと考えている株主にとっては，譲渡が制限されるという事態は好ましくない。また，譲渡が制限されるという事態が当然であるとされると，結果的には，株式会社が，幅広い投資家から資金を集めることが困難になってしまうおそれもある。そこで，会社法は，小規模な株式会社の閉鎖性を維持するために，定款により株式の譲渡を制限することを認めつつ，株主が投下資本を回収できるような仕組みについて規定している。

　具体的には以下のとおりである。すなわち，ある株主が投下資本を回収するために，定款によって譲渡制限がなされている株式を他人に譲渡したいという場合には，当該株主は，会社に対して，当該他人が当該株式を取得する（譲り受ける）ことについて承認するか否かの決定をすることを請求することができる，とされている（会社136条・2条17号）。当該請求に際しては，譲受人の氏名などを明らかにしなければならない（会社138条1号）。

　会社は，当該請求を承認するか否かの決定をしなければならないが，当該決定は定款に別段の定めがなされていない限りは，取締役会設置会社では取締役会決議，それ以外の会社では株主総会決議によって行われる（会社139条1項）。そして，会社は，当該決定を行ったときは，当該株主に対して，当該決定の内容を通知しなければならない（会社139条2項）。なお，当該請求の日から2週間（これを下回る期間を定款で定めた場合にあってはその期間）以内に通知をしなかった場合には，会社は，承認する旨の決定をしたものとみなされる（会社145条1号）。

　当該請求が承認されなかった場合には，当該請求を行った株主は投下資本を回収することが全くできなくなる，というわけではない。すなわち，当該株主は，当該請求に際して，会社が承認しない旨を決定する場合において，会社または指定買受人（会社140条4項）が株式を買い取ることを請求することもできる（会社138条1号ハ）。そして，実際に会社が承認しない旨の決定を行った場合には，会社は，自身が買い取る旨の決定または指定買受人の指定を行わなければならない（会社140条1項・4項）。自身が買い取る旨の決定は，株主総会の特

第2編　株式会社

別決議によらなければならない（会社140条2項・309条2項1号）。会社が高値で株式を買い取ることなどによって他の株主が害されることを防ぐためである，と考えられている。また，指定買受人の指定は，定款に別段の定めがなされていない限りは，取締役会設置会社では取締役会決議，それ以外の会社では株主総会の特別決議によって行われる（会社140条5項・309条2項1号）。（この場合の株主に対する通知については，会社141条1項・142条1項）。なお，決議が否決された場合などには，一定期間の経過によって，取得（譲渡）を承認する旨の会社の決定が擬制される（会社145条2号），と解されている。

設問に対する解答（および売買価格の決定）

以上により，本問において，Xは，Y社の定款において株式の譲渡制限がなされている場合であっても，（Zに対する譲渡とは限らないが）保有株式を譲渡して投下資本を回収することができる。Xが踏むべき手続およびY社が行うべき対応（なお，Y社は非取締役会設置会社であるため，株主総会決議によって各決定がなされることになる）についても以上のとおりである。

　なお，本問において，Xは，Zに対する譲渡が承認されれば，1株当たり1000円の対価をZから受領することができる。他方で，Zに対する譲渡が承認されず，会社または指定買取人に対して譲渡することになった場合には対価はどうなるのであろうか。会社または指定買取人がXに対して譲り受ける（買い取る）旨を通知すること（会社141条1項・142条1項）によって当該株式についての売買契約が成立する，と解されており（会社141条4項・142条4項参照），その後に売買価格についての協議が行われることになる（会社144条1項・7項）が，その際に会社または指定買取人が1株当たり1000円未満の一定の価格での買取りを求めてきたようなときに特に問題になろう。

　当該協議が整わない場合には，会社または指定買取人側も，X側も，買取通知があった日から20日以内に，裁判所に対して，売買価格の決定の申立てをすることができる（会社144条2項）。裁判所に売買価格決定の申立てがない場合には，暫定買取代金（1株当たり純資産額（会社施規25条）に会社または指定買取人が買い取る対象譲渡制限株式の数を乗じて得た額（会社141条2項・142条2項））が売買価格とされる（会社144条5項・7項）ことから，本問においては，1000円未

第3章　株式（自己株式の取得を含む）

満の一定の価格に不満がある（とすれば）Xが当該申立てを行うことになろう。そして，裁判所は，（売買契約成立時ではなく）譲渡などの承認請求のときにおける会社の資産状態その他一切の事情を考慮して，売買価格の決定をしなければならない，とされている（会社144条3項）。（なお，譲渡制限株式は上場することができない（振替128条1項など参照）ということもあり，通常は当該株式について取引相場が形成されることはなく，いわゆる市場価格は存在しない。）

設問5　Zは，友人のXが保有しているY会社（株券を発行する旨の定款の定めをしている会社（株券発行会社））の株式を譲り受けた（Xから株券の交付も受けた）。ところが，その際に，XはZに対して，「株主名簿の名義書換を行う必要があるが，僕は多忙であり，君と共同して名義書換の手続を行うことは難しいから，なんとか君1人で行ってきてくれ」と述べた。Zはこの場合に名義書換を行うことができるであろうか。また，名義書換が行われた後，Zがある少数株主権を行使しようとしたところ，Y社から株券の提示を求められたが，Zは応じる必要があるであろうか。

株主名簿の名義書換の意義

そもそも株式会社において株主は，原則として，自身が保有している株式を譲渡（売却）することができる（会社127条）。そのような状況においては，株主が絶えず変動することになり，結果的には，会社は，誰を株主として扱わなければならないか（誰に株主としての権利行使を認めなければならないか），という問題に直面することになる。

そこで，会社法は，会社に株主名簿を作成させ，会社と株主とのそのような関係を，当該株主名簿の記載・記録に従って画一的に処理することとしている（会社121条以下）。具体的には，株式が譲渡されて新たに株主となった者が，会社との関係において株主として扱ってもらうためには，株主名簿の名義書換をしてもらう必要がある，ということになる（会社130条）（詳しくは後述）。以下では，株券発行会社においての，株主名簿の名義書換の手続とも密接に関連する株式の譲渡の手続についてもあわせて説明する。（なお，会社法の下では，株券不発行が原則であるので，株券を発行する場合は，会社はその旨を定款で定めなければならない（会社214条）。その旨の定款の定めがある会社を「株券発行会社」という（会社

第2編　株式会社

117条7項）。）

> ### 株券発行会社における
> ### 株主名簿の名義書換の手続

株券発行会社の場合，株式の譲渡は，当事者間においては，株券を交付することが必要である（会社128条1項）。（なお，株券発行会社でも株券が発行されていない場合があるが（会社215条4項・217条など参照），株式の譲渡人は，会社に対して株券の発行を請求し，その交付を受けた上で，株券を交付しなければ，株式譲渡の効力は生じない。）ところが，「株式の譲渡は，その株式を取得した者の氏名又は名称及び住所を株主名簿に記載し，又は記録しなければ，株式会社」「に対抗することができない」と規定されている（会社130条1項・2項）。つまり，当事者間においては，株券を交付することによって株式を譲渡することができる（し，そのことが会社以外の第三者に対する対抗要件となる）が，会社との関係においては，当該株式を取得した者が自身を株主として扱ってもらうには，株主名簿の名義書換をしなければならない，とされているのである。

　それでは，株式を取得した者は，どのようにして株主名簿の名義書換を行うのであろうか。株式を取得した者が株主名簿の名義書換を請求することができる，ということは，会社法133条1項において規定されてはいる。ただし，同条2項においては，「前項の規定による請求は，利害関係人の利益を害するおそれがないものとして法務省令で定める場合を除き，その取得した株式の株主として株主名簿に記録され，若しくは記録された者又はその相続人その他の一般承継人と共同してしなければならない」とも規定されていることに注意する必要がある。この規定からすれば，名義書換の請求は，株式の譲渡人と譲受人（当該株式を取得した者）とが共同して行わなければならないのが原則である，ということになる。もっとも，「法務省令で定める場合を除き」という文言から，例外的に，株券発行会社においては「株式取得者が株券を提示して請求した場合」（会社施規22条2項1号）には，両者が共同して当該請求を行う必要はない。つまりは，株式を取得し，株券の交付を受けた者（譲受人）は，当該株券を会社に対して提示しさえすれば，単独で名義書換を請求することができる，ということになる（株式の譲渡人と共同で名義書換を請求する必要はないということになる）。そして，「株券の占有者は，当該株券に係る株式についての権利

44

第3章　株式（自己株式の取得を含む）

を適法に有するものと推定」されるから（会社131条1項），名義書換の請求を受けた会社は，当該株券の占有者（株券の交付を受けた者（譲受人））が，無権利者であることを証明しない限りは，名義書換に応じなければならない（それでも応じなかったという事例については，設問6を参照）。このことは，当該請求に応じて名義書換をしたものの，当該占有者が無権利者であった（たとえば当該証券を盗んだ者であった），という場合であっても，無権利者であることにつき悪意・重過失がない限り，会社は責任を負わない，ということにもなる。

　関連して，会社は，株主名簿に記載・記録されている株主を株主として扱うことになり，その者が無権利者であったという場合であっても，無権利者であることにつき悪意・重過失がない限り，責任を負わない（株主名簿の免責的効力）（適法に株主名簿の名義書換の請求がなされ，その結果，名義書換が行われるのではない限り，会社は，株式が譲渡されたことなどを知っていても，依然として，株主名簿上の株主を株主として扱えば足りる（株主名簿の確定的効力）。ただし，設問6・7を参照）。たとえば，会社は，株主に対してする通知または催告を，株主名簿上の株主に対して，原則として株主名簿上の住所にあてて発すれば足りる，とされている（会社126条1項）し，剰余金の配当を行う場合にも，同様の住所で交付することとされている（会社457条1項）。

　なお，名義書換がなされたことによって株主名簿上の株主となった者は，会社に対する関係では，株券発行会社においてもいちいち株券を提示するというような方法で株主であることを証明することなく，会社に対して権利を行使することができる（株主名簿の資格授与的効力）。逆にいえば，会社の方が，当該権利行使を拒否したいのであれば，当該株主が無権利者であることを証明しなければならない。

> **設問に対する解答**

以上から，本問においては，Zは，Y社に対して，Xから取得した株券を提示しさえすれば，単独で株主名簿の名義書換を請求することができる。つまり，Xと共同して当該請求を行う必要はないのである。また，名義書換が行われた後，Zがある少数株主権を行使しようとしたところ，Y社から株券の提示を求められた場合に，Zは応じる必要はない。株主名簿の記載・記録には，資格授与的効力が認められるか

45

第2編　株式会社

らである。

> 設問 **6**　Y会社（株券を発行する旨の定款の定めを置き，株券を発行している公開会社）の株主であるXは，平成27年9月1日に保有している株式すべてをZに対して譲渡した。ところが，平成28年3月31日（決算期・基準日）現在のY社の株主名簿には，Xが株主として記載されたままになっていた。Zは，平成27年12月1日に株券を呈示してY社に株主名簿の名義書換を請求したが，Zを好ましくない人物であると考えたY社は書換に応じなかったとする。平成28年6月27日にY社の定時株主総会が開催され，名簿上の株主Xが議決権を行使した。また，同総会で剰余金配当議案が承認され，名簿上の株主Xに配当金が支払われた。Zはどのような措置をとることができるかについて説明しなさい。

◁　**株主名簿の名義書換未了**

会社と株主との関係は，株主名簿の記載・記録に従って画一的に処理される，というのが原則である（設問5参照）。ところが，実際には，株式の譲渡が行われたにもかかわらず，株主名簿の名義書換が行われないままになっている，という事態があり得る。すなわち，株主名簿上の株主は，株式の譲渡人のままになっているが，株式に係る実質上の権利は，譲受人が有している，という事態である。このような場合に，名義書換未了の株式取得者（譲受人）の地位について，どのように考えるべきかという問題が生じる。当該問題には，主として3つの類型（設例6から8まで）がある。

◁　**名義書換の不当拒絶**

そもそも，株式の譲受人が，適法に株主名簿の名義書換を請求しておらず，その結果，名義書換が行われていない場合には，当該譲受人は，会社に対して，株主としての権利を主張することはできないし，会社は，その場合，株式が譲渡されたことなどを知っていても，依然として，株主名簿上の株主を株主として扱えば足りる（株主名簿の確定的効力）。しかし，本問では，譲受人が適法に名義書換の請求をしたにもかかわらず，会社が名義書換を不当に拒絶している。この場合に，譲受人は，名義書換が行われていないとしても，会社に対して株主としての権利を主張することができるであろうか，という点が問題になる。

この点について，判例は，「正当の事由なくして株式の名義書換請求を拒絶

46

第3章　株式（自己株式の取得を含む）

した会社は、その書換のないことを理由としてその譲渡を否認し得ないのであり」、「従って、このような場合には、会社は株式譲受人を株主として取り扱うことを要し、株主名簿上に株主として記載されている譲渡人を株主として取り扱うことを得ない」としている（最判昭41・7・28民集20巻6号1251頁〈百選15〉（百選15））。学説の多くも同様に解している。会社と株主との関係を、株主名簿の記載・記録に従って画一的に処理するという制度は、法律関係を明確あるいは簡明に処理することに役立つからこそ設けられているにすぎない。したがって、譲受人が適法に名義書換の請求をしたにもかかわらず、会社の帰責事由により名義書換が行われなかったという場合にまで、そのことから生じる不利益を譲受人に帰するのは不当である、という理由から判例の立場を説明できるであろう。

設問に対する解答

以上により、本問においては、Zは、株券発行会社であるY社に対して株券を提示することによって、適法に株主名簿の名義書換を請求した（設問5参照）にもかかわらず、Y社が名義書換を不当に拒絶しているのであるから、判例・多数説に従えば、配当金の支払いを請求することができる。また、株主でない者（株主名簿上の株主であるX）が株主として議決権を行使したことになるのであるから、Zは、株主総会決議の取消しの訴えを提起し得ることとなる（会社831条1項1号）。

> 設問7　設問6の場合において、Zは名義書換をうっかり忘れていたとする。平成28年5月1日になってそのことに気付いたZは、名義書換の手続をするとともに、平成27年9月には譲渡を受けていた旨をY社に説明した。Y社は、平成28年6月27日に開催されるY社の定時株主総会において、Zの議決権行使を認めることができるかについて論じなさい。

名義書換未了の株主に権利行使を会社が認めることの可否

そもそも、株式の譲受人が、適法に株主名簿の名義書換を請求しておらず、その結果、名義書換が行われていない場合には、会社は、株式が譲渡されたことなどを知っていても、依然として、株主名簿上の株主を株主として扱えば足りる（株主名簿の確定的効力）。そうであるにもかかわらず、会社が積極的に、

第 2 編　株式会社

名義書換が行われていない譲受人（名義書換未了の株主）を株主として扱い，権利行使を認める，ということは許容されるであろうか，という点が問題になるのが本問である。許容されると解するかどうかによって，たとえば，名義書換未了の株主に対する剰余金の配当が有効となるか，その者に議決権を行使させたことにより株主総会決議が瑕疵を帯びることになるか，というような点に影響が及ぶことになる。

　判例は，会社が，自己の危険において，名義書換未了の株主に権利行使を認めることは許容される，としている（最判昭30・10・20民集 9 巻11号1657頁）。多数の学説も同様に解している（肯定説が多数説である）。会社法130条 1 項（株券発行会社の場合について，同条 2 項）は，「株式の譲渡は，その株式を取得した者の氏名又は名称及び住所を株主名簿に記載し，又は記録しなければ，株式会社」「に対抗することができない」と規定しているにすぎないのであって，この文言が意味することを超えて，会社が自己の危険において，名義書換未了の株主に権利行使を認めることまでを否定する，という必要性はないと解されているのである。

　他方で，否定説の立場から，以下のような批判がなされている。すなわち，肯定説に従えば，株式の譲渡人か譲受人かのいずれに株主としての権利を行使させるかということが，会社の裁量に委ねられることになり，結果的には，会社の取締役にとって都合がよい者に株主としての権利を行使させる，ということができてしまう，という批判である。これに対して肯定説の立場からは，否定説に従うと，株式の譲渡によって会社とは利害関係がなくなった株式の譲渡人に権利を行使させなければならなくなるが，そのような画一的な取扱も不当ではないか，という反論がなされている。また，会社の取締役が恣意的に株式の譲渡人か譲受人かのいずれに権利を行使させることまでを判例が認めているわけではない，という反論もなされている。

設問に対する解答（および基準日後の株式譲受けの場合）

以上により，本問においては，肯定説（判例・多数説）に従えば，Y 社は，Z に議決権の行使を認めることができる。そして，Z に議決権を行使させたことにより株主総会決議が瑕疵（会社831条 1 項 1 号）を帯びることにも

第3章　株式（自己株式の取得を含む）

ならない。

　なお，本問において，Ｚは基準日前に株式を譲り受けている。他方で，基準
日後に譲り受けていた場合には，以上の説明はあてはまらないことに注意を要
する。すなわち，Ｙ社は，通常は，基準日後に株式を譲り受けたＺに議決権の
行使を認めることはできず，行使させた場合には，株主総会決議が瑕疵を帯び
ることになる。もし，基準日後に株式の譲受人による議決権の行使を認める
と，通常は，株式の譲渡人である基準日株主の権利を害することになるが，
124条4項ただし書によってそれは認められない，とされているからである。
基準日株主の権利を害することになる，ということについて，通常は，基準日
後に株式が譲渡される場合，それは議決権行使ができないことを前提に低い価
格で取引がされているはずであり，そうであるにもかかわらず，会社が一方的
に譲受人による議決権の行使を認めると，譲渡人である基準日株主の利益が害
される，という説明がなされる。他方で，もし譲渡人の同意があれば，会社は
譲受人による議決権の行使を認めることができる，ということになる。

設問❽　設問6の場合において，Ｚは名義書換をうっかり忘れていたとする。
Ｙ社は，平成28年4月1日開催の取締役会において，株主割当により
新株を発行することを決議し，平成28年3月31日現在の株主名簿上の株主に新株
を割り当てることとした。Ｘは，これに応じ，1株につき500円を払い込み，新株
100株を取得した。ＺはＸに対して何らかの請求をなしうるか。

⟨ **失念株** ⟩　そもそも，株式の譲受人が，適法に株主名簿の名義書換を請求
しておらず，その結果，名義書換が行われていない場合には，
当該譲受人は，会社に対して，株主としての権利を主張することはできない
し，会社は，その場合，株式が譲渡されたことなどを知っていても，依然とし
て，株主名簿上の株主を株主として扱えば足りる（株主名簿の確定的効力）。し
たがって，会社は，株式の譲渡人である株主名簿上の株主に対して，たとえ
ば，本問におけるように，新株の割当を受ける権利を与えることになるし，剰
余金の配当を行うことになる。しかし，会社と譲受人との関係については以上
のとおりであるとしても，株式の譲渡人と譲受人と（譲渡当事者間）の関係に

49

第2編　株式会社

おいては，譲受人が株主である。そこで，譲受人が，譲渡人に対してどのような請求を行うことができるかが問題になる（一般に，失念株の問題と呼ばれる）。

譲渡人が新株の割当を受ける権利を与えられ，実際に株式の発行を受けた場合について，譲受人の請求を認めると，その後の株価の変動次第で譲渡人との間で株式の押し付け合いなど信義則にもとる事態が生じ得るなどと判示した第1審を最高裁も支持して，払込金額と引き換えに新株の引渡しを求める請求を棄却した（最判昭35・9・15民集14巻11号2146頁。なお，判例は，譲渡人に剰余金の配当や株式分割が行われた場合には，譲渡人は譲受人に対して配当財産などを不当利得として返還しなければならないとする（最判昭37・4・20民集16巻4号860頁・最判平19・3・8民集61巻2号479頁〈百選16〉（百選16））。

他方で，多数説は，会社と譲受人との関係と譲渡当事者間の関係とを混同しているとして，以下のように述べて，最高裁の立場を批判する。すなわち，会社は，株式の譲渡人である株主名簿上の株主に対して，たとえば，本問におけるように，新株の割当を受ける権利を与えることになるが，そのように株主名簿の記載・記録に従って画一的に処理するという制度は，会社と株主との関係を明確あるいは簡明に処理することに役立つから設けられているにすぎない。つまり，割当がなされた新株が譲渡当事者間のいずれに帰属するかという点とは，別個の問題である。そして，前述のとおり，譲渡当事者間においては，譲受人が株主であり，新株の割当を受ける権利は譲受人に帰属するのであるから，譲渡人が払込をし，株式の発行を受けた場合には，譲受人が譲渡人に対して不当利得返還請求を行うことができる，と考えるべきであると述べるのである。

もっとも，当該請求を認めたとしても，実際に譲受人が具体的にどのような請求を行うことができるか（何が譲渡人の利得になるか）が問題になる（なお，失念株が問題になる場合，譲渡人は自らが株主ではないことを知っている（悪意）にもかかわらず，多数説は，原則として，譲渡人を善意の受益者として扱い，民法703条を適用すべきであると考える）。この点については，さまざまな見解があるが，たとえば，（譲渡人が払い込んだ金額を償還した上で）株式そのものの引渡請求を認めるもの，募集株式の発行がなされた時点の株式の時価と1株の払込金額との差

第3章　株式（自己株式の取得を含む）

額の返還請求をみとめるものがある（また，譲渡人が発行を受けた新株がすでに売却されている場合の利得をどのように考えるかという点も問題になる）。

<設問に対する解答>　以上により，本問においては，判例に従えば，Z は，Xに対して何らの請求もできないが，多数説に従えば，不当利得返還請求（民703条）を行うことができる（その場合の利得がいくらになるかは争いがある）。

設問 9　上場会社であるA会社（取締役会設置会社）は，自己株式を取得したいと考えているが，株主総会決議を経て行うと時間を要することになり，機動的な取得ができないという問題を懸念している。A社は，どのような場合であれば，株主総会決議を経ることなく自己株式の取得ができるかについて説明しなさい。

<取締役会決議による 自己株式の有償取得>　株式会社が株主との合意により自己株式（株式会社が有する自己の株式。会社113条4項）を有償で取得する場合，株主総会決議に基づいて取得するのが原則である（会社156条）が，例外的に，取締役会決議のみに基づいて自己株式を取得することができる場合がある（なお，剰余金の配当と同様の機能を有する自己株式の取得は，会社債権者の利益を保護するため，原則として，分配可能額の限度内でしか行えない。会社461条など）。

　第1に，本問におけるA社は，取締役会設置会社であり，しかも，発行している株式が金融商品取引所で取引されている上場会社である。そのような会社は，市場において行う取引（上場株式を金融商品取引所を通じて），または，公開買付け（金商27条の2など）の方法により（「市場取引等」）自己株式を取得する場合には，取締役会決議によって自己株式を取得することができる旨を定款で定めることができる（会社165条）。第2に，もしA社が，会計監査人設置会社であって取締役の任期をその選任後1年以内の最終決算期に関する定時株主総会の終結の時までとするものであり，かつ，監査等委員会設置会社，指名委員会等設置会社，または，監査役会設置会社である場合には，特定の株主から取得する場合（会社160条1項，設問10参照）以外の取得の際には，取締役会決議によって自己株式を取得することができる旨を定款で定めることができる（会社459条

51

第2編　株式会社

1項1号）（以上に係る趣旨については設問10も参照）。

設問に対する解答　以上により，本問においては，（そのような）A社は，株主総会決議を経ずとも，取締役会決議のみによって，機動的に自己株式を取得することができる。

設問10　上場会社であるA会社は，（子会社ではない）B会社との株式持合関係を解消するため，B社が保有しているA社株式のみを取得しようと考えている（すなわち，B社以外の株主が保有しているA社株式を取得せずにすむ方法を模索している）。A社は，どのような場合であれば，そのように取得することができるかについて説明しなさい。

特定の株主からの
自己株式の有償取得　会社法においては，本問におけるA社のように，特定の株主（本問においてはB社）から自己株式を取得する，いわゆる相対取引を行うに際しては，厳格な手続を経ることが要求されている。

　会社が特定の株主から自己株式を取得するに際しては，（本問におけるA社のように上場会社の場合にはそれほど問題にならないが）換金困難な株式の売却による投下資本回収の機会の平等や取得価額の公平を図る必要があること，グリーン・メイラーを含む反対派株主から高値で株式を取得することで取締役が会社支配を維持するなど，経営を歪める手段として利用されることを阻止する必要があることなどがその理由である，とされる。

　手続として，まずは，相対取引によって自己株式を取得するには，株主総会の特別決議が必要となる（会社160条1項・309条2項2号）。なお，この決議については，決議の公正を図るため，相対取引の相手方となる株主（本問におけるB社）は，議決権を行使することができない（会社160条4項）。加えて，相対取引によって自己株式が取得される場合には，株主に売主追加請求権が認められる。すなわち，株主は，相対取引の相手方となる株主に加えて自己をも売主とすることを会社に請求することができる（会社160条3項）。そのことに関連して，株主が売主追加請求を行うことができるよう，相対取引によって自己株式を取得しようとする会社は，株主に対しその旨を通知しなければならない（会

第3章　株式（自己株式の取得を含む）

社160条2項）。

　もっとも，会社法は，売主追加請求権を株主に認めなくてよいとする例外規定をいくつか設けている。第1に，A社は上場会社であるため，A社株式は市場価格のある株式ということになるが，A社がB社から当該市場価格より低い価格で自己株式を取得する場合には，売主追加請求権を排除することができる（会社161条）。この場合には，他の株主は市場価格で自己の株式を売却することができるから投下資本回収の機会の平等や取得価額の公平は問題にならないし，高値取得の問題も生じていないから，認められることとなる例外である。第2に，売主追加請求権を排除することを定款で定めることもできる（会社164条1項）。もっとも，定款を変更してこの定めを設けるためには，株主全員の同意が必要となる（会社164条2項）。そうでなければ，自己株式を会社に取得させられる特定の株主以外の株主に不測の損害を与えるからである，と説明されている（なお，本問では問題にならないが，その他の例外として，会社162条・163条参照）。

> **設問に対する解答**

以上により，本問においては，以上の2つの例外いずれかに該当する場合には，A社は，（B社が議決権を行使しない）株主総会の特別決議を経ることにより，B社が保有しているA社株式のみを取得することができる（なお，いずれにも該当しない場合であっても，他の株主が売主追加請求権を行使しなければ，同様の結果となる）。

53

第4章　会社の機関

第1節　総　論

> **設問1** 会社における「機関」とは何か。また，その種類と役割について説明しなさい。

機関とは　「機関」とは，株式会社という一定の組織体を運営，管理するための仕組みであり，会社法では，複数の機関設計が認められている。

　まず，すべての株式会社に，株主総会と取締役が置かれている（会社326条1項）。

株主総会　株主総会は株主を構成員とする会議体であり，株主が直接参加し，その決議によって会社の基本的意思決定を行う機関である。それ以外の会社の運営・管理にかかる意思決定については，株主総会が取締役を選任し，これに委ねることとされている。

取締役・取締役会　取締役が3名以上選任された場合には，取締役会を設置することができる。取締役会では，複数の取締役によるチェックアンドバランスが働くため，法令・定款所定の事項を除く意思決定の権限が，株主総会から委譲されている。

指名委員会等設置会社　取締役会を設置した会社または会社法上取締役会の設置が義務付けられている会社（「取締役会設置会社」，会社2条7号）のうち，指名委員会等設置会社（第6節で詳述する，会社2条12号）では，業務執行の権限が執行役に大幅に委任されており，執行役がいわゆる経営者となる。この形態では，取締役会は，主に執行役に対する監

督機関としての役割を担う。

指名委員会等設置会社は，取締役会の中に，構成員の過半数を社外取締役（会社2条15号）とする指名委員会，報酬委員会，監査委員会を設ける必要があるが，この3つの委員会も会社の機関である。

監査等委員会設置会社　また，平成26年改正により新設された監査等委員会設置会社（第7節で詳述する，会社2条11号の2）は，執行役を置かず，取締役が業務執行を行うため，構成員の過半数を社外取締役とする監査等委員会が置かれ，同委員会が取締役の業務執行に対する監督機関としての役割を担う。

監査役・監査役会　それ以外の機関として，監査役があり，取締役の職務執行を監査する。ただし，指名委員会等設置会社，監査等委員会設置会社では，監査役を置くことができない。

また，常勤監査役・社外監査役（会社2条16号）を構成員とする監査役会も機関である。

会計参与　会計参与は，取締役と共同して計算書類等を作成する役割を担う機関である（会社374条）。

その他　なお，会計監査人は，大会社（会社2条6号）に設置が義務付けられており，会社法にその存在が規定されているものの，職業専門家（主に公認会計士）として「外部監査」を行う者であるから，一般に会社の機関とはされていない。

設問2　会社法における機関設計のルールについて説明しなさい。

平成17年改正（制定）前の会社法では，会社の規模に応じて，大会社（資本の額が5億円以上または負債200億円以上の会社），中会社（資本の額が1億円超かつ負債200億円未満の会社），小会社（資本の額1億円以下かつ負債200億円未満の会社）の3つに分類し，各規模の会社に応じて，機関設計の選択肢が制限されていた。

しかし，実態として，会社の規模とその機関設計が必ずしも適切にリンクし

第2編 株式会社

ているとは限らない。中・小会社には，所有と経営が分離していない個人商店のような会社から，株式公開を予定したベンチャー企業まで幅がある。大会社も，多数の株主が存在する上場会社から株主が1社だけの完全子会社まで幅がある。チェックアンドバランスの程度は，会社の規模に応じて決めるのではなく，こうした会社の実態に応じて，選択できるとすることが合理的である。

そこで，平成17年の会社法制定により，一定のルールのもと，株式会社の実態に応じて，任意に柔軟な機関設計を選択することができることとされた（会社326条2項）。

ただし，株主が不特定多数となる可能性のある公開会社（全部または一部の株式の内容として譲渡制限を付していない会社）（会社2条5号）や，通常，債権者が多数に上る大会社（同条6号）については，一定程度以上の厳格なチェック体制を確保できる機関設計を採用することが義務づけられている。

また，指名委員会等設置会社（同条12号）（平成26年改正前は「委員会設置会社」と呼称）の導入が進まない一方で，金融商品取引法が適用される会社（典型的には証券取引所における上場会社）につき，社外取締役の設置が強く推奨されることとの関係で，平成26年改正時に，監査役会設置会社と指名委員会等設置会社の折衷型とも言える，「監査等委員会設置会社」（監査役会に代えて，社外取締役が過半数を占める「監査等委員会」を設ける形態，会社2条11号の2）という選択肢が新たに追加された。

以上の2つの大きな改正を経て，会社法において採用されている機関設計のルールは次の通りである。

① すべての株式会社には，株主総会と取締役を設置しなければならない（会社326条1項）。

② 取締役会を設置する場合には，原則として，監査役（監査役会を含む），指名委員会等設置会社における指名委員会，報酬委員会，監査委員会，執行役（以下「三委員会等」という），または，監査等委員会設置会社における監査等委員会のいずれかを設置しなければならない（会社327条1項・2項本文）。

　　ただし，大会社以外の非公開会社において，会計参与を設置する場合

56

は，この限りではない（会社327条2項ただし書）。

③　公開会社は，取締役会を設置しなければならない（同条1項1号）。

④　監査役（監査役会を含む）と三委員会等または監査等委員会を並存することはできない（同条4項）。

⑤　取締役会を設置しない場合は，監査役会，三委員会等，監査等委員会を設置することができない（同条1項2号～4号）。

⑥　会計監査人を設置する場合には，監査役（監査役会を含む），三委員会等または監査等委員会（大会社であって非公開会社にあっては，監査役会，三委員会等または監査等委員会）のいずれかを設置しなければならない（同条3項・5項）。

⑦　会計監査人を設置しない場合には，三委員会等または監査等委員会を設置することができない（同条5項）。

図表 4-1　機関設計の種類（ただし，株主総会以外の機関）

	非大会社	大会社
非公開会社	取締役 取締役＋監査役※1 取締役＋監査役＋会計監査人 取締役会＋会計参与※2 取締役会＋監査役※1 取締役会＋監査役会 取締役会＋監査役＋会計監査人 取締役会＋監査役会＋会計監査人 取締役会＋三委員会等＋会計監査人 取締役会＋監査等委員会＋会計監査人	取締役＋監査役＋会計監査人 取締役会＋監査役＋会計監査人 取締役会＋監査役会＋会計監査人 取締役会＋三委員会等＋会計監査人 取締役会＋監査等委員会＋会計監査人
公開会社	取締役会＋監査役 取締役会＋監査役会 取締役会＋監査役＋会計監査人 取締役会＋監査役会＋会計監査人 取締役会＋三委員会等＋会計監査人 取締役会＋監査等委員会＋会計監査人	取締役会＋監査役会＋会計監査人 取締役会＋三委員会等＋会計監査人 取締役会＋監査等委員会＋会計監査人

※1　定款により監査の範囲を会計監査に限定できる（会社389条1項）。
※2　会計参与はすべての機関構成の会社において設置できる。

第2編　株式会社

⑧　指名委員会等設置会社は，監査等委員会を設置することができない（会
社327条6項）。

⑨　大会社には，会計監査人を設置しなければならない（会社328条）。

設問❸　会社法における「社外取締役」,「社外監査役」の資格，規律について
説明しなさい。

社外取締役　　社外取締役の要件は，以下のすべてを満たす者である（会
社2条15号）。

①　その就任前10年間当該会社の業務執行取締役等であったことがないこと

②　その就任前10年以内のいずれかの時に当該会社またはその子会社の取締
役，会計参与または監査役（以下「取締役等」という）であったことがある
者については，当該取締役等への就任の前10年間当該会社またはその子会
社の業務執行取締役等であったことがないこと

③　当該会社の親会社等（自然人に限る，会社2条4号の2参照）または親会社
等の取締役・執行役・使用人でないこと

④　当該会社の親会社等の子会社等（当該会社およびその子会社を除く。いわゆ
る兄弟会社）の業務執行取締役等でないこと

⑤　当該会社の取締役・支配人その他の重要な使用人または親会社等（自然
人に限る）の配偶者または二親等内の親族でないこと

平成26年改正により社外取締役の要件が変更され，たとえば，親会社の業務
執行者が子会社の社外取締役の要件を満たさないとするなどの要件が強化され
る一方，10年間という対象期間限定が設けられた。

また，事業年度の末日において，公開会社かつ大会社である監査役会設置会
社であって，発行する株式について有価証券報告書提出義務のある会社（典型
的にはいわゆる上場会社）では，社外取締役を置いていない場合には，当該事業
年度の定時総会において「社外取締役を置くことが相当でない理由」を説明し
なければならないとされるなど，社外取締役を設置することを推進する方向で
の改正がなされている（会社327条の2）。ここでは，個々の会社の各事業年度

の当該時点において，株主からの質問がなくても，「社外取締役を置かない理由」ではなく，当該会社で社外取締役を置くことが相当でない固有の理由を説明する必要がある。単に「社外監査役2名を置いているから」とする理由では足りないとされている。

社外監査役 社外監査役の要件は，以下のすべてを満たす者である（会社2条16号）。

① その就任前10年間当該会社またはその子会社の取締役・執行役・使用人であったことがないこと

② その就任前10年以内のいずれかの時に当該会社またはその子会社の監査役であったことがある者については，当該監査役への就任の前10年間当該会社またはその子会社の取締役・執行役・使用人であったことがないこと

③ 当該会社の親会社等（自然人に限る，会社2条4号の2参照）または親会社等の取締役・監査役・執行役・使用人でないこと

④ 当該会社の親会社等の子会社等（当該会社およびその子会社を除く。いわゆる兄弟会社）の業務執行取締役等でないこと

⑤ 当該会社の取締役・支配人その他の重要な使用人または親会社等（自然人に限る）の配偶者または二親等内の親族でないこと

平成26年改正により社外監査役の要件が変更され，たとえば，親会社の監査役が子会社の社外監査役の要件を満たさないとするなどの要件が強化される一方，10年間という対象期間限定が設けられた。

第2編　株式会社

第2節　株主総会

I　株主総会の権限

> **設問1**　非取締役会設置会社における株主総会の権限と取締役会設置会社における株主総会の権限にはどのような違いがあるかについて説明しなさい。

　非取締役会設置会社における株主総会は，会社法に規定する事項，および会社の組織，運営，管理その他一切の事項について決議することができる（会社295条1項）。取締役会設置会社における株主総会の権限は，会社法に規定する事項および定款で定めた事項に限り決議することができる（同条2項）。取締役会設置会社においては，会社の意思決定について，取締役会が中心的な役割を果たすが，非取締役会設置会社においては，株主総会がその役割を果たす。

　非取締役会設置会社における株主総会の権限に関して，会社法が規定する事項には，たとえば，譲渡制限株式の譲渡の承認（会社139条1項），自己株式の取得価格等，取得条項付株式を取得する日等の決定（会社157条1項・462条1項2号イ参照・168条1項等），株式の分割の決定（会社183条2項），取締役の競業取引，利益相反取引の承認（会社356条1項）等がある。

　取締役会設置会社における株主総会の権限に関して，会社法が規定する事項は，(ア)会社の基礎に根本的変動が生じる事項（たとえば，定款変更につき会社466条，合併につき783条1項・795条1項，事業譲渡につき467条1項等参照），(イ)機関等（取締役，会計参与，監査役，会計監査人等）の選任，解任に関する事項（選任につき会社329条1項，解任につき339条1項参照），(ウ)計算に関する事項（計算書類等の承認につき会社438条2項参照等），(エ)株主の重要な利益に関する事項（剰余金の配当につき454条1項，非公開会社における募集株式の発行につき会社199条1項等参照），(オ)取締役等の専横の危険のある事項（取締役の報酬の決定につき会社361条1項等参照）に分けられる。

第4章　会社の機関

　以上は，会社法が規定する株主総会の決議事項の例示である。何が株主総会の決議事項であるかは，会社法の条文で確認するしかない。

Ⅱ　株主総会の招集

> **設問2**　株主総会の招集手続に関して，①株主総会の招集の時期はいつか，②株主総会を招集する際にどのようなことを決めなければならないのか，③株主総会の招集は誰がするのか（会社297条による招集を除く），④株主総会の招集の通知は株主に対していつまでに発しなければならないのかについて説明しなさい。

◇ **招集時期**　株主総会の招集時期は，2つに分かれる。第1に，定時株主総会は，毎事業年度の終了後一定の時期に招集しなければならない（会社296条1項）。このほか，株主総会は，必要がある場合には，いつでも，招集することができる（同条2項）。

◇ **株主総会の招集の決定**　取締役は，株主総会を招集する場合には，(ア)株主総会の日時および場所，(イ)株主総会の目的である事項，(ウ)株主総会に出席しない株主が書面によって議決権を行使することができることとするときは，その旨，(エ)株主総会に出席しない株主が電磁的方法によって議決権を行使することができるとするときは，その旨，(オ)その他法務省令で定める事項（法務省令につき，会社施規63条参照）を定めなければならない（会社298条1項）。取締役会設置会社においては，取締役会が上記(ア)から(オ)を定めなければならない。

　会社法297条4項により株主が株主総会を招集する場合には，当該株主が上記(ア)から(オ)を定めなければならない（会社298条1項かっこ書）。

　取締役会設置会社か否かを問わず，取締役は，株主の数が1000人以上である場合には，株主総会に出席しない株主が書面によって議決権を行使することができることを定めなければならない（同条2項）。ただし，当該株式会社が金融商品取引所（金商2条16項参照）に上場されている株式を発行している株式会社であって法務省令で定める場合は，この限りではない（会社298条2項ただし書。

61

第2編　株式会社

金融商品取引所につき金商2条16項，法務省令につき会社施規64条参照）。

　株主の数が1000人以上かどうかの算定に関して，非取締役会設置会社では，その株主の数から，株主総会において決議をすることができる事項の全部につき議決権を行使することができない株主を除き，取締役会設置会社では，その株主の数から，上記(イ)の事項の全部につき議決権を行使することができない株主を除く（会社298条2項かっこ書・3項）。

株主総会は，会社法297条4項により株主が招集する場合を除き，取締役が招

> **株主総会の招集者**

集する（会社297条3項）。取締役会設置会社においては，取締役会が上記(ア)から(オ)を決定し（会社298条4項），この決定を代表取締役が執行する形で株主総会を招集すると解されている。非取締役会設置会社においては，取締役が上記(ア)から(オ)を決定し（取締役が2人以上ある場合には，定款に別段の定めがある場合を除き，取締役の過半数で決定する（会社348条2項参照）），株主総会を招集する（会社296条3項・298条1項）。

> **株主総会の招集の通知**

取締役は，株主総会の日の2週間前までに，株主に対し，株主総会の招集の通知を発しなければならない（会社299条1項）。上記(ウ)または(エ)の事項を定めたときを除き，非公開会社の場合，2週間前までという期間は，1週間前までに短縮され，さらに，非公開会社でありかつ非取締役会設置会社である場合において，定款に1週間を下回る期間の定めがあるときは，その期間前までに取締役は株主に対し株主総会の招集の通知を発すればよい（同条同項かっこ書参照）。

　なお，株主総会の招集の通知は，会社が取締役会設置会社である場合，または，会社が取締役会設置会社であるのか否かを問わず，上記(ウ)または(エ)を定めた場合には，書面でしなければならない（会社299条2項）。また，取締役は，書面による通知に代えて，政令の定めるところにより，株主の承諾を得て，電磁的方法により通知を発することができ（同条3項），この場合，取締役は，書面による通知を発したものとみなされる（同条同項）。上記の書面による通知または電磁的方法による通知には，上記(ア)から(オ)の事項を記載または記録しなければならない（同条4項）。

　以上は，株主総会の招集手続の概略である。株主総会は，上記(ウ)または(エ)の

事項を定めた場合を除き，株主の全員の同意があるときは，招集の手続を経ることなく開催することができる（会社300条）。この場合，株主全員が株主総会に出席するかどうかは関係ない（全員出席総会については，後掲の設問3参照）。判例によれば，株主が1人という一人会社の場合には，その1人が出席すればそれで株主総会は成立し，招集の手続は不要である（最判昭46・6・24民集25巻4号596頁）。

設問3　A社の株主は8人である。A社の株主総会においてB，C，D，EおよびFの5人を取締役に選任する決議がなされた。株主8人全員は，当該株主総会に出席していたが，当該株主総会については，株主8人に対し招集の通知は発せられておらず，招集の手続はとられていなかった。しかし，株主8人全員は，当該株主総会においてBからFの5人を選任する件が当該株主総会の目的事項になることについて，当該株主総会の招集者から説明を受けており，当該株主総会が開催されることについて同意していた。株主8人中のGは，この説明を受けたうえで，代理の出席および代理の議決権行使についてHに委任状を授けており，この代理出席により株主総会に出席していた。
　BからFの5人を取締役に選任する決議は有効と言えるかについて説明しなさい。

　会社法は株主総会の招集について296条以下に規定を設けている。会社法が株主総会の招集のために招集権者による招集の手続を経ることを要求する趣旨は，全株主に対し，会議体としての機関である株主総会の開催と会議の目的である事項を知らせることによって，株主総会への出席の機会を与えるとともに株主総会の議事および議決に参加するための準備の機会を与えることにある。したがって，招集手続を欠くことは取消事由となり，招集手続を欠く株主総会の決議は取消しの訴えの対象となる（会社831条1項1号）。しかし，株主総会の招集手続についての規定の趣旨を考慮すると，招集権者による株主総会の招集の手続を欠く場合でも，株主が全員出席し，かつ株主総会の権限に属する事項について決議をしたときは，その決議は有効に成立すると言うべきである。このような，招集権者による招集がなくても，株主全員が開催に同意して出席した株主総会を全員出席総会という。

　また，株主が作成した委任状に基づいて代理人が出席することにより株主全

第2編　株式会社

員が出席したことになる株主総会において決議がなされたときには，その委任
状を作成した株主が会議の目的事項を了知して委任状を作成したものであり，
かつ当該決議が当該会議の目的事項の範囲内のものである限り，当該決議は，
有効に成立すると言うべきである（最判昭60・12・20民集39巻8号1869頁〈百選32〉
（百選30））。

　本件について見ると，株主8人全員はBからFの5人を取締役に選任するこ
とについて招集者から説明を受けている。Gは，そのことを知ったうえで委任
状を作成し，この委任状に基づいてHが当該株主総会に出席している。した
がって，Gを含めた株主全員は，当該株主総会の開催に同意し，当該株主総会
に出席したと言える。以上からすれば，当該株主総会の招集手続はとられてい
ないが，当該株主総会は，全員出席した株主総会であり，BからFの5人を取
締役に選任する決議は有効に成立したと言える。

設問4　どのような要件を満たす株主が，どのような場合に，株主総会を招集
することができるのかについて説明しなさい。

　株主が満たすべき要件は，(1)総株主の議決権の100分の3以上の議決権を，
(2)6ヶ月前から引き続き有することである（会社297条1項）。総株主の議決権
の100分の3以上という割合，および議決権を6ヶ月前から引き続き保有する
という期間については，定款に100分の3を下回る割合または6ヶ月を下回る
期間の定めがある場合には，株主は，その割合または期間を満たせば足りる
（同条同項かっこ書参照。なお，議決権数の算入につき同条3項参照）。非公開会社に
おいては，上記(1)の議決権の保有期間の要件は課されない（同条2項）。

　上記(1)と(2)の要件を満たす株主は，取締役に対し，株主総会の目的である事
項（当該株主が議決権を行使することができる事項に限る）および招集の理由を示
して，株主総会の招集を請求することができる（297条1項）。

　株主総会の招集の請求をした株主は，次の(ア)または(イ)の場合において，裁判
所の許可を得て，株主総会を招集することができる（同条4項）。

　(ア)　株主が株主総会の招集の請求をした後遅滞なく招集の手続が行われない

64

第4章　会社の機関

場合

　(イ)　株主による株主総会の招集の請求があった日から8週間（これを下回る期間を定款で定めた場合にあっては，その期間）以内の日を株主総会の日とする株主総会の招集の通知が発せられない場合

> **設問5**　A社については，不正会計処理の問題が報道で発覚した。A社取締役B，Cが不正会計処理に関与していたことが明らかにされている。A社においては，次の株主総会の開催に向けた準備を始める時期が近づいてきた。A社は公開会社である。A社の定款には，株主提案権に関して別段の定めはない。
>
> 　①A社の株主Dは，取締役2名解任の件を株主総会の議題にすることをA社の取締役に請求をしたいと考えている。取締役2名解任の件について，Dは議決権を行使することができる。Dは，どのような要件を満たす必要があり，いつまでに請求をしなければならないかについて，またA社が非取締役会設置会社である場合には，異なる点はあるかについて説明しなさい。
>
> 　②Dは，取締役2名解任の件および取締役2名選任の件が株主総会の議題とされるという説明をA社から受けた。Dは，株主総会の会場において，BおよびCを取締役から解任する旨の議案（議案Ⅰ）およびEおよびFを取締役に選任する旨の議案（議案Ⅱ）を提出することはできるかについて説明しなさい。
>
> 　③Dは，A社の取締役に対して，取締役2名解任の件という議題および取締役2名選任の件という議題について，議案Ⅰおよび議案Ⅱの要領をA社の株主に通知することを請求することはできるかについて説明しなさい。A社が非取締役会設置会社である場合には，異なる点はあるかについて説明しなさい。

> **株主提案権**　株主提案権は，(ア)議題の提案権（会社303条），(イ)議案の提出権（会社304条）および(ウ)議案の通知請求に関する権利（会社305条）に分かれる。

　議題とは，株主総会の会議の目的とする事項のことである。例は，「取締役〇名選任の件」である。議案とは，議題に基づいて提示される事項である。例は，「Aを取締役に選任する件」である。議案は，議題について，より具体的な内容を示す。

> **設問中の①から③について**　(1)　①について　株主は，取締役に対し，一定の事項を議題とすることを請求することができる（会社303条1項）。一定の事項は，当該株主が議決権を行使することができる事項に

65

第2編　株式会社

限る（会社303条１項かっこ書）。

　取締役会設置会社においては，(1)総株主の議決権の100分の１以上の議決権
または300個以上の議決権を，(2)6ヶ月前から引き続き有する株主に限り，こ
の請求をすることができ（同条２項），この場合，この請求は，株主総会の日か
ら８週間前までにしなければならない（同条同項）。

　以上のように，Ｄは，上記(1)と(2)の両方の要件を満たす必要があり，取締役
２名解任の件を株主総会の議題にすることを，株主総会の日から８週間前まで
請求しなければならない。

　Ａ社が非取締役会設置会社である場合の異なる点は，次のとおりである。す
なわち，Ｄは，上記(1)と(2)の要件を満たす必要はない。Ｄは，取締役２名解任
の件を株主総会の議題にすることの請求を事前にする必要はなく，株主総会の
会場においてもその請求をすることができる。

　(2)　②について　　株主は，株主総会において，株主総会の目的である事項
につき議案を提出することができる（会社304条）。これは，株主が株主総会の
会場で議案を提出する権利である。この議案の提出は，一般に動議と呼ばれ
る。

　株主は，株主総会の目的である事項が自ら議決権を行使することができる事
項に限り，議案を提出することができる（会社304条かっこ書）。

　法令もしくは定款に違反する議案，または，過去に議決権の10分の１（定款
により引下げ可能）以上の賛成が得られなかった議案と実質的に同一であり，か
つ賛成が得られなかった日から３年が経過していない議案については，提出は
認められない（会社304条ただし書）。

　以上のように，Ａ社の株主総会において，取締役２名解任の件および取締役
２名選任の件が株主総会の議題とされることから，Ｄは，株主総会の会場にお
いて，上記議題につき議案Ⅰおよび議案Ⅱを提出することができる。

　ただし，たとえば，議案Ⅱについては，ＥおよびＦが会社法が規定する取締
役の欠格事由（会社331条参照）に該当する場合，または仮にＡ社の定款に取締
役の資格制限の定めがあるとして，ＥおよびＦがその資格制限に反する場合に
は，Ｄは，議案Ⅱを提出することはできない。また，議案Ⅰまたは議案Ⅱが，

過去に議決権の10分の１以上の賛成が得られなかった議案と実質的に同一であり，かつ賛成が得られなかった日から３年が経過していないのであれば，Ｄは，議案Ⅰまたは議案Ⅱを提出することはできない。

(3) ③について　　株主は，取締役に対し，株主総会の日の８週間前までに，株主総会の目的である事項について，当該株主が提出しようとする議案の要領を株主に通知することを請求することができる（会社305条１項）。株主は，株主総会の議題が自ら議決権を行使することができる事項に限り，この請求をすることができる（会社304条かっこ書参照）。

　取締役会設置会社においては，(1)総株主の議決権の100分の１以上の議決権または300個以上の議決権を，(2)６ヶ月前から引き続き有する株主に限り，この請求をすることができる（会社305条１項ただし書）。

　会場における議案の提出権の場合と同様，法令もしくは定款に違反する議案である場合，または，過去に議決権の10分の１以上の賛成が得られなかった議案と実質的に同一であり，かつ賛成が得られなかった日から３年が経過していない議案については，会社法305条１項に基づく通知の請求は認められない（同条４項）。

　以上のように，Ｄは，Ａ社の取締役に対して，取締役２名解任の件という議題および取締役２名選任の件という議題について，議案Ⅰおよび議案Ⅱの要領をＡ社の株主に通知することを請求することはできるかについて，上記(1)および(2)の要件を満たすことにより，この請求をすることができ，また，Ｄは，株主総会の日から８週間前までにこの請求をする必要がある。

　ただし，上記②の場合と同様，たとえば，議案Ⅱについては，ＥおよびＦが会社法が規定する取締役の欠格事由（会社331条参照）に該当する場合，または仮にＡ社の定款に取締役の資格制限の定めがあるとして，ＥおよびＦがその資格制限に反する場合には，Ｄは，議案Ⅱの要領を株主に通知することを請求することはできない。また，上記②の場合と同様，議案Ⅰまたは議案Ⅱが，過去に議決権の10分の１以上の賛成が得られなかった議案と実質的に同一であり，かつ賛成が得られなかった日から３年が経過していないのであれば，Ｄは，議案Ⅰの要領または議案Ⅱの要領を株主に通知することを請求することはできな

第2編　株式会社

い。

　A社が非取締役会設置会社である場合の異なる点は，Dは上記(1)および(2)の
いずれの要件を満たす必要はないということである。

Ⅲ　議決権

> **設問❻**　一株一議決権の原則とはどのような原則かについて説明し，同原則の
> 例外につき重要なものを列挙しなさい。

　株主は，株主総会において，自らが有する株式1株につき1個の議決権を有
する（会社308条1項）。これが一株一議決権の原則である。このように，株主
は，自らの出資額に応じて，総議決権における自らの議決権の割合を獲得す
る。すなわち，株主は，出資額に応じて，株主総会における意思決定に対する
影響力を得る。

　なお，会社法においては，1株につき複数の議決権を有するという複数議決
権株式は，認められていない。しかし，株式の種類ごとに単元株式数を異にす
ることは認められていることから（会社188条3項参照），複数議決権株式と実質
的に同じ仕組みを作ることは可能である。

　一株一議決権の原則の例外について，重要なものとして，㈠単元未満株式，
㈡議決権制限株式，㈢相互保有株式がある。

　㈠　単元未満株式　　単元未満株式を有する株主は，その単元未満株式につ
いて，株主総会において議決権を行使することができない（会社189条1項）。

　㈡　議決権制限株式　　株式会社は，議決権制限株式を発行することができ
る（会社108条1項3号参照）。議決権制限株式は，株主総会において議決権を行
使することができる事項についてのみ議決権を行使することができる。

　㈢　相互保有株式　　株式会社がその総株主の議決権の4分の1以上を有す
ることその他の事由を通じて株式会社がその経営を実質的に支配することが可
能な関係にあるものとして法務省令で定める株主は，議決権を認められない
（会社308条1項かっこ書，法務省令につき会社施規67条参照）。たとえば，A社およ

68

第4章　会社の機関

びB社の両社がお互いの株式を保有している場合において，A社がB社の議決権の総数の4分の1以上を有するときは，B社は，B社が有するA社の株式について議決権を認められない。議決権を認めない趣旨は，総議決権の4分の1以上を有する会社（上記の例ではA社）からの保有されている会社（上記の例ではB社）への影響力により，公正な議決権行使が困難になるおそれがあることから，公正な議決権行使を確保することにある。

> **設問7**　①書面による議決権行使，②電磁的方法による議決権行使，③どのような会社が書面による議決権行使の採用を強制されているのか，および強制されている理由について説明しなさい。

◆ **書面による議決権**　　株主総会に出席しない株主のため，会社は，株主総会の招集をする際に，株主が書面による議決権行使をすることができることとする旨を定めることができる（会社298条1項3号）。書面による議決権行使の制度を書面投票制度（書面決議とは異なる。書面決議につき後掲の設問12，会社319条参照）という。

　書面投票制度を採用する場合には，取締役（株主が株主総会を招集する場合には，当該株主）は，株主総会の招集の通知に際して，株主に対し，議決権の行使について参考となるべき事項を記載した書類（これを，株主総会参考書類という）および株主が議決権を行使するための書面（これを，議決権行使書面という）を交付しなければならない（会社301条）。

　株主は，議決権行使書面に必要な事項を記載し，記載を済ませた議決権行使書面を会社に提出する（会社311条1項。通常は，議決権行使書面を郵送して提出する）。議決権行使書面によって行使された議決権の数は，出席した株主の議決権の数に算入される（同条2項）。会社は，株主総会の日から3ヶ月間，提出された議決権行使書面を本店に備え置かなければならず（同条3項），株主は，会社の営業時間内は，いつでも，提出された議決権行使書面の閲覧または謄写の請求をすることができる（同条4項）。

◆ **電磁的方法による議決権行使**　　株主総会に出席しない株主のため，会社は，株主総会の招集をする際に，株主が電磁的方法による議決

69

第2編　株式会社

権行使をすることができることとする旨を定めることができる（会社298条1項
4号）。電磁的方法による議決権行使の制度を電子投票制度という。

　取締役または取締役会設置会社においては取締役会（株主が株主総会を招集す
る場合には，当該株主）が会社法298条1項4号に基づき電子投票制度を採用す
ることを決めた場合には，取締役（株主が株主総会を招集する場合には，当該株主。
以下，同じ）は，株主総会の招集の通知に際して，株主に対し，株主総会参考
書類を交付しなければならない（会社302条1項）。取締役は，会社法299条3項
に基づき書面による招集通知に代えて電磁的方法による招集通知を発出するこ
とにつき株主から承諾を得ている場合において，その承諾をした株主に対して
電磁的方法により招集の通知を発するときは，株主総会参考書類の交付に代え
て，株主総会参考書類に記載すべき事項を電磁的方法により提供することがで
きる（会社301条2項）。ただし，株主総会参考書類の交付につき株主の請求が
あったときは，取締役は，株主総会参考書類を当該株主に交付しなければなら
ない（同条同項ただし書）。取締役は，会社法299条3項に基づき電磁的方法によ
る通知につき承諾をした株主に対する電磁的方法による招集の通知に際して，
当該株主に対し，議決権行使書面に記載すべき事項を電磁的方法により提供し
なければならない（会社302条3項）。また，取締役は，電子投票制度の採用が
決定された場合において，会社法299条3項の承諾をしていない株主から，株
主総会の日の1週間前までに議決権行使書面に記載すべき事項の電磁的方法に
よる提供の請求があったときは，直ちに，当該株主に対し，議決権行使書面に
記載すべき事項を電磁的方法により提供しなければならない（同条4項）。

　株主の電磁的方法による議決権行使は，会社の承諾を得て，議決権行使書面
に記載すべき事項を，電磁的方法により当該会社に提供して行う（会社312条1
項）。株主が会社法299条3項の承諾をした者である場合には，会社は，正当な
理由がなければ，会社法312条1項の承諾をすることを拒んでならない（同条
2項）。電磁的方法により行使された議決権の数は，出席した株主の議決権の
数に算入される（同条3項）。会社は，株主総会の日から3ヶ月間，電磁的方法
による議決権行使によって会社に提供された事項を記録した電磁的記録を本店
に備え置かなければならず（同条4項），株主は，会社の営業時間内は，いつで

第4章　会社の機関

も，電磁的記録に記録された事項について閲覧または謄写の請求をすることができる（同条5項）。

　以上は，電磁的方法による議決権行使の概略である。書面による議決権行使の制度とは異なり，電磁的方法による議決権行使の制度を採用するかどうかは，任意であり，採用を強制されている会社はない。これは，電磁的方法による議決権行使を実施するために必要なシステムの構築には一定の投下資本が要求されることから，電磁的方法による議決権行使を必要とする会社だけが採用すればよいという考えによるとされている。電磁的方法による議決権行使は，書面による議決権行使と併せて採用することができる。

> ### 書面投票制度の強制と強制の理由

書面による議決権行使の採用が強制されている会社は，株主の数が1000人以上の会社である（会社298条2項）。ただし，会社が金融商品取引所に上場されている株式を発行している会社であって法務省令で定めるものは除かれる（同条同項ただし書）。

　株主の数が1000人以上いるかどうかの算定に際して，非取締役会設置会社にあっては，株主総会において決議をすることができる事項の全部につき議決権を行使することができない株主，取締役会設置会社にあっては，株主総会の目的である事項の全部につき議決権を行使することができない株主は，除外される（会社298条2項かっこ書・3項）。

　書面による議決権行使が強制されている理由は，株主が多い会社では株主が地理的に分散している等自ら株主総会に出席することができない株主のために議決権行使の便宜を図るということである。

設問❽　①議決権の代理行使，および②定款によって代理人の資格を株主に制限することは認められるのかについて説明しなさい。

> ### 議決権の代理行使

株主は，代理人によって議決権を行使することができる（会社310条1項前段）。これを認める趣旨は，株主総会に出席することができない株主に，議決権行使の機会を保障することに

71

第2編　株式会社

ある。

　株主が代理人によって議決権を行使する場合には，株主または代理人は，代理権を証明する書面（委任状）を会社に提出しなければならない（会社310条1項後段）。代理権の授与は，株主総会ごとに行われなければならない（同条2項）。代理権の授与を株主総会ごとに要求する趣旨は，現経営陣等が議決権代理行使の制度を会社支配の手段として濫用することを防止することにある。

定款による代理人資格の株主への制限

　代理人による議決権行使は認められており（会社310条1項前段），条文上，代理人は株主でなければならないと明確に規定されていない。したがって，議決権代理行使の制度を通じて，株主ではない者が株主総会に参加することが起こりうる。そこで，定款で「議決権行使の代理人の資格を株主に限る」という定めを置く会社が存在する。

　会社法310条1項の規定は，議決権を行使する代理人の資格を制限すべき合理的な理由がある場合に，定款の定めにより，相当と認められる程度の制限を加えることまでも禁止したものではなく，代理人を株主に限るとする定款の定めは，株主総会が株主以外の第三者によって攪乱されることを防止し，会社の利益を保護する趣旨により置かれたものと考えられる（最判昭43・11・1民集22巻12号2402頁〈百選34〉（百選32）参照）。以上のことを理由として，代理人を株主に限るという定款の定めは認められる。

　なお，株主ではない弁護士が議決権行使の代理人となる場合については，下級審の裁判例には，議決権行使の代理人を株主に限る旨の定款の定めに基づく議決権の代理行使の拒絶を認めなかったもの（神戸尼崎支判平12・3・28判タ1028号288頁），その定款の定めに基づく議決権の代理行使の拒絶を認めたもの（東京高判平22・11・24資料版商事法務322号180頁，宮崎地判平14・4・25金判1159号43頁）がある。

設問9　A社の定款には，株主は他の出席株主を代理人として議決権を行使できる旨の定めがある。A社の株主総会が開催される予定であるところ，A社の株主であるB県は，同県職員Cに，その株主総会に出席させ，議決権を代理行使させることを決めた。Cは，A社の株主ではない。

第 4 章　会社の機関

> Ｃは，開催予定のＡ社の株主総会において，Ｂ県の議決権について代理行使する
> ことは認められるべきであるかについて説明しなさい。

　株主は，代理人によって議決権を行使することができる（会社310条）。会社
法上，代理人を一定の者に限らなければならないという規定は置かれていな
い。判例によれば，代理人は株主に限るという旨の定めを定款に置く会社が存
在するが，このような定款の定めの効力は認められている（最判昭43・11・1民
集22巻12号2402頁〈百選34〉（百選32））。このような定款の定めがある会社におい
て，株主以外の者に議決権の代理行使を認めるべきかどうかは，株主と会社間
の利害の調整の問題である。この問題については，なぜ会社は，議決権行使の
代理人を株主に限るという定めを定款に置くのかという定款の趣旨を考慮する
必要がある。

　株主総会における議決権行使の代理人の資格を株主に限る旨の定款の定めの
趣旨は，株主総会が株主以外の第三者によって攪乱されることを防止し，会社
の利益を保護することである。他方，県の職員は，地方公共団体という組織の
なかの一員として上司の命令に服する義務を負い，議決権の代理行使に当たっ
て法人である株主の代表者の意図に反するような行動をすることはできないこ
とになっている。したがって，株主である県が職員を代理人として株主総会に
出席させたうえで，議決権を行使させても，特段の事情がない限り，株主総会
が攪乱され会社の利益が害されるという定款の定めの趣旨を没却させるおそれ
はないと言える。そのようなおそれがないにもかかわらず，職員による議決権
の代理行使を認めないとすれば，株主としての意見を株主総会の決議に十分に
反映することができず，事実上，議決権行使の機会を奪うに等しく，不当な結
果をもたらすと言える。したがって，県が上述のような職員を代理人として株
主総会に出席させたうえで，議決権を行使させても，定款の定めに反しないと
言うべきである（最判昭51・12・24民集30巻11号1076頁〈百選39〉（百選37）参照）。

　以上より，Ｃは，開催予定のＡ社の株主総会において，Ｂ県の議決権につい
て代理行使することを認められるべきである。

第2編　株式会社

> **設問10**　A社の株主総会の日が近づいてきた。A社は公開会社である。B信託銀行は，B銀行への委託者10名の委託に基づき，500株のA社の株式を保有している。B銀行は，A社の株主総会においてCを取締役に選任する議案（議案I）が株主総会の招集通知により知らされた。B銀行は，委託者10名に対し，議案Iについて賛成または反対の意見を聞いた。その結果，賛成する委託者は8名，反対する委託者は2名であった。B銀行が保有する前記500株については，賛成の委託者8名の委託に基づく株式が400株，反対の委託者2名の委託に基づく株式が100株であった。
>
> 　A社の株主総会において，B銀行は，この結果を反映して，議案Iについて賛成を400個および反対を100個という内訳で前記500株の議決権を行使することはできるであろうか。

議決権の不統一行使

株主は，議決権を統一しないで行使することができる（会社313条1項）。たとえば，株主が複数の議決権の一部を賛成のために，議決権の残りを反対のために行使することができる。このように，株主が複数の議決権を統一しないで行使することを議決権の不統一行使という。

株主が複数の議決権を有する場合，通常，株主はその全部の議決権をもって賛否を表明する。しかし，信託の受託者である株主のように，他人のために株式を有する者はその他人の意向を反映して議決権を行使することを認めることが望ましい。このことが考慮されて，議決権の不統一行使が認められている。

会社は，他人のために株式を有する者でない株主に対し，議決権を統一しないで行使することを拒むことができる（同条3項）。

取締役会設置会社においては，株主は，株主総会の日の3日前までに，会社に対して，議決権を統一しないで行使する旨およびその理由を通知しなければならない（同条2項）。これは，株主数が相当数に達することが想定されるので，議決権の集計等，会社の事務処理の便宜のためである。

設問に対する解答

B銀行は，委託者10名のためにA社の株式を500株保有していることから，この株式について，議決権を統一しないで行使することができる。ただし，A社は，取締役会設置会社であるため（会社327条1項1号参照），B銀行は，株主総会の日から3日前まで

第4章　会社の機関

に，A社に対し前記の500株の議決権を統一しないで行使する旨およびその理由を通知する必要がある。

Ⅳ　株主総会の議事・決議

> ┌──────┐
> │ 設問11 │　①株主総会において取締役等が説明しなければならない事項，説明を
> └──────┘　拒否できる場合，②取締役等に求められる説明の程度および③説明の
> 　　　　　　方法として一括説明は違法とされるのかについて説明しなさい。

株主総会における取締役等の説明事項と拒否

取締役等（取締役，会計参与，監査役および執行役）は，株主総会において，株主から特定の事項について説明を求められた場合には，当該事項について必要な説明をしなければならない（会社314条）。

このように，取締役等は，株主から説明を求められた事項についての説明義務を課されている。この説明義務の規定は，議題に関する質疑応答の機会を保障するという会議体の一般原則を明文化したに過ぎず，株主に投資判断資料を得るため等の特別の情報開示請求権を付与したものではない。

取締役等の説明義務は株主総会において説明を求められて初めて生じるものであるから，あらかじめ株主が会社に質問状を提出しても，総会で質問をしない限り，取締役等はこれについて説明をしなければならないものではない（東京高判昭61・2・19判時1207号120頁〈百選37〉(百選35))。

株主から説明を求められた事項であっても，(ｱ)その事項が株主総会の目的である事項に関しない場合，(ｲ)説明をすることにより株主の共同の利益を著しく害する場合（営業秘密に関わる事項等），(ｳ)その他正当な理由がある場合として法務省令で定める場合（説明をするために調査が必要な場合等。会社施規71条参照）には，取締役等は，説明を拒むことができる（会社314条ただし書）。

取締役等に求められる説明の程度

株主総会でされた質問については，取締役等は，決議事項の内容，株主総会の質問事項と当該決議事項との関連性の程度，質問がされるまでに行われた説明の内容および質問事項に対する説明の内容に加えて，質問株主の保有する資

75

第2編　株式会社

料等も総合的に考慮して，平均的な株主が議決権行使の前提として合理的な理解および判断を行い得る程度の説明をすることが求められる（東京地判平16・5・13金判1198号18頁）。

説明の方法として一括説明は違法か

説明の方法について，会社法に特に規定は設けられていないのであって，株主が会議の目的事項を合理的に判断するのに客観的に必要な範囲の説明であれば足りるのであり，一括説明が直ちに違法となるものではない（東京高判昭61・2・19判時1207号120頁〈百選37〉（百選35））。一括説明によっては上記の必要な範囲に不十分な点があったとすれば，それを補充する説明を株主が求めれば足りる。

設問12　①株主総会の決議にはどのような決議があるのか，およびそれぞれの決議の概要，②株主総会の決議があったものとみなされる場合（みなし決議）とはどのような場合かについて説明しなさい。

株主総会決議の種類と，概要

株主総会の決議には，(1)普通決議，(2)特別決議，(3)特殊の決議がある。

（1）**普通決議**　普通決議は，定款に別段の定めがある場合を除き，議決権を行使することができる株主の議決権の過半数を有する株主が出席し（定足数），出席した当該株主の議決権の過半数（決議要件）の賛成によって成立する（会社309条1項）。

普通決議の定足数は，定款の定めにより変更できる。定款で，定足数の要件を排除し，出席した株主の議決権の過半数で決議が成立する旨の定めを置く例もある。

役員の選任・解任，および支配株主の異動を伴う募集株式の発行等については，特別に規定が置かれており（役員の選任・解任につき会社341条，支配株主の異動を伴う募集株式の発行等につき会社206条の2第5項・244条の2第6項），定款によっても，定足数を，議決権を行使することができる株主の議決権の3分の1未満に緩和することができない。

（2）**特別決議**　特別決議は，議決権を行使することができる株主の議決権の過半数を有する株主が出席し，出席した当該株主の議決権の3分の2以上に

76

当たる多数の賛成によって成立する（会社309条2項）。定足数については，定款で引き下げることはできるが，3分の1未満に緩和することはできず，決議要件については，定款で3分の2を上回る割合を定めることにより，加重することができる（同条同項かっこ書）。

特別決議については，法定の要件のほかに，一定数以上の株主の賛成を要する等その他の要件を定款で定めることもできる（同条同項後段）。

定款変更，組織再編行為等，株主の地位に重大な影響のある事項，一部の株主のみが利益を受けることになりがちな事項等，株主の慎重な判断を要する事項について，特別決議が求められる（具体的にどの事項が特別決議を要するかについては，同条同項参照）。

(3) **特殊の決議**　特殊の決議は，2つに分類される。第1に，決議は，議決権を行使することができる株主の半数（議決権数ではなく，頭数が基準となる）以上であって，議決権を行使することができる株主の議決権の3分の2以上に当たる多数の賛成によって成立する（会社309条3項）。株主の半数という株主の数および議決権の3分の2という議決権の割合については，それぞれ，定款で引き上げることができる（同条同項かっこ書）。

この決議が要求されるのは，(1)株式会社が発行する全部の株式を譲渡制限株式にするために定款の変更をする場合，(2)合併，株式交換または株式移転において公開会社の株主に対して譲渡制限株式等が交付される場合である（同条同項1号・2号・3号）。

第2に，決議は，総株主の半数以上であって，総株主の議決権の4分の3以上に当たる多数によって成立する（会社309条4項）。総株主の半数という株主の数および4分の3という議決権の割合について，定款で加重することができる（同条同項かっこ書）。この決議では，株主が議決権を行使できるかどうかは問われない。このことは，第1の特殊の決議とは異なる。

この決議が要求されるのは，非公開会社が，剰余金の配当を受ける権利，残余財産の分配を受ける権利または議決権について株主ごとに異なる取扱を行う旨を定款で定める（属人的定め。会社109条2項参照）ために定款の変更をする場合である（会社309条4項）。

第2編　株式会社

上記の2種類の決議が特殊の決議である。特殊の決議は，特別決議の場合よりも，さらに重大な事項について，より厳重な要件が課されている。

株主総会の決議があったものとみなされる場合（みなし決議）

取締役または株主が株主総会の目的である事項について提案をした場合において，当該提案について株主（当該事項について議決権を行使することができるものに限る）の全員が書面または電磁的方法により同意の意思表示をしたときは，当該提案を可決する旨の株主総会の決議があったものとみなされる（会社319条1項）。この決議は書面決議とも呼ばれている（書面投票制度とは異なる。書面投票制度につき前掲の設問7，会社298条1項3号・311条参照）。この決議は，株主総会の特別決議事項または特殊決議事項についても行うことができる。

会社は，株主総会の決議があったものとみなされた日から10年間，会社法319条1項の書面または電磁的記録を本店に備え置かなければならず（会社319条2項），上記の書面または電磁的記録については，株主，債権者または親会社社員は，閲覧謄写の請求をすることができる（同条3項・4項。親会社社員については裁判所の許可が必要である）。

なお，株主総会への報告も省略できる。すなわち，取締役が株主の全員に対して株主総会に報告すべき事項を通知した場合において，当該事項を株主総会に報告することを要しないことについて株主の全員が書面または電磁的記録により同意の意思表示をしたときは，当該事項の株主への報告があったものとみなされる（会社320条）。

設問13　①株主総会決議の取消しの訴えとはどのようなものか，決議取消しの訴えの提訴期間，判決の効力について，②決議無効の確認の訴えおよび決議不存在の確認の訴えはどのようなものか，それぞれの判決の効力について説明しなさい。

決議の取消しの訴え，提訴期間，判決の効力

株主総会の決議に至るまでの手続または決議の内容に違法がある場合には，そのような瑕疵ある決議の効力は否定されるべきである。しかし，株主総会の決議が成立すると，その決議を前提として，株主，機関の構成員等，会社の利害関係者に法律

第4章　会社の機関

関係が形成されていく。他方で，株主総会の決議に係る手続または決議の内容に違法がある場合に，その決議の効力につき，無効の一般原則に従うとすれば，訴えの利益がある限り誰でもいつでも無効を主張でき，訴訟の結果は，無効を争った当事者しか拘束しない等，法的安定性を害する。そこで，会社法は，瑕疵ある決議を前提として形成される法律関係ないし利害関係，または瑕疵ある決議の効力を争うこと等について法的安定性を高めることを趣旨として，法律関係を画一的に確定し，瑕疵の主張を制限する株主総会決議の取消しの訴えの制度を設けている（会社831条）。なお，決議の不存在確認の訴えおよび無効確認の訴えも同じ趣旨で規定されている。ただし，決議の不存在確認の訴えおよび無効確認の訴えについては，瑕疵の主張の制限は規定されていない（会社830条）。

　決議取消しの訴えの制度において，法律関係を画一的に確定するために，請求を認容する確定判決について第三者に対する効力（会社838条），訴えを制限するために，原告適格（会社831条1項）および提訴期間（同条同項）が規定されている。

　株主は，次の3つの場合に限り，株主総会等（株主総会もしくは種類株主総会または創立総会もしくは種類創立総会。会社法830条1項かっこ書）の決議の日から3ヶ月以内に，訴えをもって当該決議の取消しを請求することができる（会社831条1項）。その場合とは，(1)株主総会等の招集の手続または決議の方法が法令もしくは定款に違反し，または著しく不公正なとき，(2)株主総会等の決議の内容が定款に違反するとき，(3)株主総会等の決議について特別の利害関係を有する者が議決権を行使したことによって，著しく不当な決議がされたときである。決議取消しの訴えは，決議に係る手続または決議の内容における瑕疵が相対的に軽度な場合を予定しており，決議の効力が否定される場合を限定している。これは，株主総会等の決議に基づき新たな法律関係が形成されているにもかかわらず，軽度な瑕疵によって決議の効力が否定されるのは，法的安定性の観点から望ましくないと考えられているからである。

　提訴期間は，株主総会等の決議の日から3ヶ月以内である。これは，取消しの訴えは，軽度な瑕疵を根拠として決議を取り消すためのものであることか

79

第2編　株式会社

ら，株主総会等の決議の効力について，早期に法的安定性を確立するためである。

判決の効力については，決議取消しの請求を認容する確定判決は，第三者に対しても効力を有するとされ，対世効が認められる（会社838条）。また，決議取消しの請求を認容する判決が確定すると，決議は遡って無効となると解されている（遡及効。会社法839条）。すなわち，その判決の遡及効は条文上制限されていない（同条かっこ書・834条17号）。

なお，原告適格は規定されており（会社831条1項参照），この点は，無効確認の訴えと決議の不存在確認の訴えの場合とは異なる（会社830条参照）。被告は会社である（会社834条17号）。

なお，決議取消しの訴えを提起した後，会社法831条1項所定の期間経過後に新たな取消事由を追加主張することは許されない（最判昭51・12・24民集30巻11号1076頁〈百選39〉（百選37））。

また，株主総会の無効確認の訴えにおいて主張された瑕疵が決議取消原因に該当しており，かつ，決議取消しの訴えの原告適格，出訴期間等の要件を満たしているときは，たとえ決議取消しの主張が出訴期間経過後になされたとしても，なお決議取消しの訴えが決議無効確認の訴えの提起時から提起されていたものと同様に扱うとされている（最判昭54・11・16民集33巻7号709頁〈百選45〉（百選43））。

> **決議無効の確認の訴え，決議不存在の確認の訴え，判決の効力**

(1)　無効確認の訴え　株主総会等の決議の内容が法令に違反することを理由として，決議が無効であることの確認を，訴えをもって請求することができる（会社830条2項）。

決議取消しの訴えの場合には，決議内容の定款違反（会社831条1項2号）が取消事由と規定されているが，無効確認の訴えの場合では，決議内容の法令違反が無効事由（会社830条2項）とされている。

決議内容が法令に違反する場合は，その決議は，当然に無効であり，誰から誰に対しても，何時いかなる方法でも無効を主張できる。訴訟中の抗弁として，また訴え以外の方法でも，無効を主張できる。

無効確認の訴えの規定には，集団的法律関係の画一的な確定を図るとの意義がある。すなわち，無効確認の訴えにおける請求を認容する確定判決には，対世効が認められる（会社838条）。したがって，この効力を望む者は，無効確認の訴えの制度を利用することを期待される。

上述のように，無効確認の訴えについては，対世効が規定されている。すなわち，無効確認の訴えにおける無効の請求を認容する確定判決は，第三者に対しても効力を有する（会社838条）。また，遡及効については，会社法上条文で制限されておらず（会社839条かっこ書・834条16号参照），無効の請求を認容する判決が確定すれば，その決議は遡って無効となる。

なお，無効確認の訴えの原告適格については制限がない。確認の利益が認められる限り，株主等でない第三者も訴えを提起できる。提訴期間についても，制限はない。被告は会社である（会社834条16号）。

(2) **決議不存在の確認の訴え**　株主総会等の決議が存在しないことの確認を，訴えをもって請求することができる（会社830条1項）。

決議が不存在で効力がないことについては，誰から誰に対しても，何時いかなる方法でも主張できる。無効確認の訴えの場合と同様，法律関係の画一的処理を望む者は決議不存在の確認の訴えを提起することを期待される。

決議不存在の確認の訴えにおける判決の対世効および遡及効は，無効確認の訴えの場合と同じであり，認められる（対世効につき会社838条，遡及効につき839条参照）。

決議不存在確認の訴えの原告適格，提訴期間および被告の点も，無効確認の訴えの場合と同じである。すなわち，原告適格および提訴期間については制限がなく，被告は会社である（会社834条16号）。

決議が不存在であるとされる場合には，決議は存在するが，その決議が株主総会の決議とは認められない場合も含まれている。すなわち，決議不存在の事由には，招集手続の瑕疵が著しい場合も含まれている。他方，決議取消しの訴えの取消事由には，手続上の瑕疵が含まれている。決議取消しの訴えの取消事由よりも瑕疵が著しく，そのような著しい瑕疵ある手続では株主総会の決議は存在したと法的に評価できない場合が決議不存在事由となる。

第2編　株式会社

> **設問14**　Y社は，公開会社であるが，種類株式発行会社，指名委員会等設置会
> 社または監査等委員会設置会社のいずれでもない。
> 　Y社は，株主総会開催のための招集の通知を同社のすべての株主に対し発した。
> 株主総会は開催され，この株主総会において，会社の解散等について承認の決議が
> なされた。しかし，Y社は，この株主総会を招集することについて，取締役会の決
> 議を経ずに株主総会の招集を行った。しかも，この招集の通知は，法定の期間より
> 2日足りずに発せられていた。
> 　Y社の株主Xは，会社法831条1項1号に基づき株主総会の決議の取消しの訴え
> を提起した。
> 　株主総会決議の取消しについてのXの請求は，会社法831条2項により棄却され
> るべきかについて説明しなさい。

裁量棄却の制度とは どのような制度か

決議取消しの訴えが提起された場合には，株主総
会等の招集の手続または決議の方法が法令または
定款に違反するときであっても，裁判所は，(1)その違反する事実が重大でな
く，かつ，(2)決議に影響を及ぼさないものであると認めるときは，請求を棄却
することができる（会社831条2項）。これを裁量棄却という。上記(1)と(2)の両
方の要件が満たされる必要がある。株主総会等の招集の手続または決議の方法
が法令または定款に違反するときとは，会社法831条1項1号の一部である。

　瑕疵が招集手続または決議方法の法令定款違反という手続上の瑕疵に過ぎ
ず，その瑕疵が軽微なものであり，かつ，決議に影響を及ぼさないという場合
にまで，その決議を取り消しても，同じ結果の決議が採決されることも予想さ
れ，したがって，決議の取消しが無駄に終わることも考えられる。このことか
ら，裁量棄却の制度は採用されている。

設問に対する解答

本件においては，Xは，会社法831条1項1号に基
づき決議取消しの訴えを提起しているが，Y社が取
締役会の決議に基づかずに株主総会（以下「本件株主総会」という）の招集を行っ
たこと，および本件株主総会の招集の通知は法定の期間より2日足りずになさ
れていることが会社法831条2項の要件を満たすと言えるかが問題となる。

　会社法が株主総会の招集の手続またはその決議の方法を規定（会社296条以下）
する趣旨は，株主総会の招集の手続またはその決議の方法を厳格に規制して株

82

主総会の適正な運営を確保し，これをもって，株主および会社の利益を保護することにある。したがって，株主総会の招集の手続またはその決議の方法に重大な瑕疵がある場合に，単にその瑕疵が決議の結果に影響を及ぼさないとの理由のみをもって，決議取消しの請求を棄却し，その決議を有効として存続させることは，上記の趣旨を没却させることになると言える。以上からすれば，会社法831条2項については，株主総会の招集の手続またはその決議の方法に性質，程度等から見て重大な瑕疵がある場合には，その瑕疵が決議の結果に影響を及ぼさないと認められるときでも，裁判所は，決議取消しの請求を認めるべきであり，その請求を棄却すべきではない（最判昭46・3・18民集25巻2号183頁〈百選42〉（百選40）参照）。

　本件について見ると，本件株主総会の招集の通知は，取締役会の決議に基づかずになされており，これは，会社法298条4項に違反している。また，Y社は本件株主総会の招集の通知を発しているが，この招集の通知は，2週間前までに通知を発しなければならないという会社法299条1項所定の期間よりも2日も足りずになされており，会社法299条1項の期間の要件を満たしていない。会社法が株主総会の招集の手続について規定を設けている上述の趣旨を考慮すると，本件株主総会の招集の通知は，会社法298条4項が要求する取締役会の決議に基づいておらず，かつ，会社法299条1項所定の法定の期間より2日も足りずになされていることは，本件株主総会の招集の手続には性質および程度から見て重大な瑕疵があると言える。したがって，本件の事実関係からすれば，その瑕疵が本件株主総会決議の結果に影響を及ぼしたかどうかまでは言えないと考えられるが，仮にその瑕疵が本件株主総会決議の結果に影響が及ぼさないものであるとしても，このことのみをもって，その瑕疵を原因として本件株主総会決議の取消しを求めるXの請求は棄却されるべきではない。

　以上より，株主総会決議の取消しについてのXの請求は，会社法831条2項により棄却されるべきかについては，Xの請求は，会社法831条2項により棄却されるべきではない。

第2編　株式会社

> **設問15**　A社は，種類株式発行会社，指名委員会等設置会社または監査等委員
> 会設置会社のいずれでもない。A社の取締役会は，B，C，Dおよび
> Eで構成されており，同社の代表取締役はBであった。しかし，B，C，Dおよび
> Eを取締役に選任する株主総会の決議（決議Ⅰ），およびBを代表取締役に選定す
> る取締役会の決議（決議Ⅱ）は存在しなかった。
> 　その後，平成23年7月2日，Bは，同年4月に開催されたB，C，DおよびEか
> らなる取締役会の決議に基づき，株主総会を招集し，この招集により株主総会が開
> 催された。この株主総会において，B，C，DおよびEが取締役に選任された。その
> 後，同日，取締役会の決議により，Bが代表取締役に選定された。
> 　平成23年7月2日に開催された株主総会の決議により，B，C，DおよびEはA
> 社の取締役であるか，また平成23年7月2日の取締役会の決議により，Bは代表取
> 締役であるかについて説明しなさい。

　平成23年7月2日に開催された株主総会の決議により（以下「平成23年株主総
会の決議」という），B，C，DおよびEはA社の取締役であるか，および平成
23年7月2日の取締役会の決議（以下「平成23年取締役会の決議」という）により，
Bは代表取締役であるかについては，決議Ⅰという株主総会決議および決議Ⅱ
という取締役会決議が存在しないにもかかわらず，平成23年株主総会の決議お
よび平成23年取締役会の決議がなされ，B，C，DおよびEが取締役に選任さ
れ，Bが代表取締役に選定されているということが問題となる。

　株主総会の決議が存在するとは言えない場合においては，当該株主総会で選
任されたとされる取締役によって構成される取締役会は正当な取締役会とは言
えず，かつ，当該取締役会の決議で選定された代表取締役も正当に選定された
ものではない。その結果，当該取締役および代表取締役には，株主総会の招集
権限がないから，当該取締役によって構成される取締役会の招集の決定に基づ
いて，当該代表取締役が招集した株主総会において取締役を選任する旨の決議
がされたとしても，その決議は，全員出席総会においてされた等の特段の事情
がない限り，法律上存在しない。この瑕疵が続く限り，以後の株主総会におい
て新たに取締役を選任することはできない（最判平2・4・17民集44巻3号526頁〈百
選43〉（百選41）参照）。

　本件について見ると，決議Ⅰおよび決議Ⅱは，実際には存在しない。した

84

がって，決議Ⅰで取締役に選任されたとするB，C，DおよびEは，取締役ではなく，決議Ⅱで代表取締役に選定されたとするBは，代表取締役とは言えない。したがって，平成23年4月に開催されたB，C，DおよびEからなる取締役会の決議に基づきBは平成23年7月2日に株主総会を開催しているが，この取締役会は取締役ではない者によって構成されており，正当な取締役会と言えず，この取締役会決議に基づいて代表取締役ではないBが株主総会を招集しても，その株主総会は正当な株主総会とは言えない。また，平成23年株主総会の決議が全員出席総会でなされた等の特段の事情について主張立証もない。以上からすれば，平成23年株主総会の決議は法律上存在しない。その結果，B，C，DおよびEは取締役に選任されていない。

　B，C，DおよびEは取締役ではないことから，平成23年7月2日の取締役会決議も正当な取締役会決議とは言えず，Bは代表取締役とは言えない。また，平成23年7月2日の株主総会の決議が法律上存在しないことから，Bは取締役とは言えず，代表取締役として選定されることもできず（会社362条3項），代表取締役であると言えない。

　以上より，平成23年7月2日に開催された株主総会の決議により，B，C，DおよびEはA社の取締役であるか，また平成23年7月2日の取締役会の決議により，Bは代表取締役であるかについては，B，C，DおよびEは，A社の取締役ではなく，またBは代表取締役ではない。

第3節　取締役および取締役会

設問1　株式会社の経営を担う機関に関する基本的事項につき，論じなさい。

会社の経営に
かかわる機関

会社法上，株式会社（以下「会社」という）の業務の執行（＝経営）に関する意思を決定し，決定された経営事項を執行する機関としては，取締役・取締役会・代表取締役・執行役・代表執行役がある。このような会社の経営にかかわる機関は，会社の機関設計構造によって

第2編　株式会社

区分される。以下では，会社の経営にかかわる機関について，①非取締役会設置会社，②取締役会設置会社，③監査等委員会設置会社，④指名委員会等設置会社に分けて，説明する。

非取締役会設置会社

会社法上，非公開会社（第1編第3章参照）には，取締役会の設置が強制されない（会社327条1項参照）。一般に「非取締役会設置会社」においては，定款に別段の定めがある場合を除き，株主総会で選任される取締役が会社を経営し（会社348条1項），代表する（会社349条1項）。しかし取締役が2人以上ある場合には，会社の経営に関する意思決定は，取締役の過半数をもって決するとともに（同条2項），取締役各自が会社を代表する（会社349条2項）。このような各自代表制の例外として，会社が，定款または定款の定めに基づく取締役の互選もしくは株主総会の決議によって取締役の中から代表取締役を定める場合には，代表取締役が会社を代表する（同条3項）。

取締役会設置会社

(1)　**意義**　会社法上，会社が非公開会社の場合であっても，取締役会を設置することは可能である（会社326条2項）。しかし会社法は，公開会社（会社2条5号）（第1編第3章参照），監査役会設置会社（同条10号），監査等委員会設置会社（同条11号の2），指名委員会等設置会社（同条12号）に対しては，取締役会の設置を義務づけている（会社327条1項）。前記の非取締役会設置会社と異なり，「取締役会設置会社」（会社2条7号）における各取締役は，取締役会の構成メンバーにすぎないから（会社362条1項），原則として，①業務執行に関する意思決定に参画する権限（議決権等（同条2項1号）），②取締役の職務の執行を監督する権限（同条同項2号）以外に会社の業務を執行し代表する権限はない。それゆえに取締役会設置会社では，取締役会の決議をもって業務執行権・代表権を行使する者を選定する必要がある（会社348条1項かっこ書・362条2項3号・363条1項1号）。また取締役会設置会社は，代表取締役以外に会社の業務を執行できる取締役を選定し（以下「選定業務執行取締役」という），対内的な業務を執行させることも可能であるが（会社363条1項2号），このような選定業務執行取締役は対外的な代表権を有する者でない。

第4章　会社の機関

(2)　**取締役会の権限（一般原則）**　　取締役会は，取締役全員で構成される合議体であり（会社362条1項），①業務執行に関する意思決定を行い（同条2項1号），②取締役の職務の執行を監督し（同条同項2号），③代表取締役を選定し解職する権限を有する経営監督機関（同条同項3号）として位置づけられる。

　取締役会は，株主総会の専決事項（会社295条2項）以外の業務執行の全般に関する意思を決定する権限を有する必要的機関である（会社362条2項1号参照）。もっとも，会社経営にかかる重要な事項以外の常務（＝日常的な業務執行）については，業務執行の迅速性を図るという観点から，取締役会規則または取締役会の決議によって代表取締役や選定業務執行取締役に委任することができると解される。しかし，会社法362条4項の定める「①重要な財産の処分・譲受け，②多額の借財，③支配人などの選解任，④支店などの設置・変更・廃止，⑤社債の発行，⑥内部統制システムの整備，⑦定款規定に基づく取締役の責任の一部免除」のような具体的な法定事項のほか，重要な業務執行にかかる事項については，会社の事業活動に重大な影響を及ぼすものと考えられるから，法が認める例外的な場合を除き，必ず取締役会で協議のうえ意思を決定するよう求めている。

(3)　**取締役会権限の例外的措置**　　会社法は，一般に取締役の員数が多い大規模会社では，取締役会の機能をより基本的な審議に専念せしめ，定型的な業務執行事項については，迅速な経営判断により業務を執行したいというニーズに応えるべく，次のような例外的な措置を図っている。

　(ア)　**特別取締役による取締役会決議**　　取締役が6人以上かつ社外取締役が1人以上ある会社の場合は，取締役会の専決事項のうち，①重要な財産の処分・譲受け，および，②多額の借財については，あらかじめ選定した3人以上の特別取締役の過半数の決議に委ねることを認めている（会社373条1項1号・2号。社外取締役につき2条15号参照）。

　(イ)　**監査等委員会設置会社の取締役会**　　監査等委員会設置会社（機関構成等の詳細につき，第4章第1節参照）の取締役会の権限は，原則として，大会社でありかつ公開会社（以下「公開大会社」という）である監査役会設置会社における取締役会と基本的に同様の機能を有している（会社399条の13第1項〜第4項

87

第2編　株式会社

参照）。取締役会は監査等委員である取締役以外の取締役の中から代表取締役を選定する必要がある（会社399条の13第3項）。しかし重要な業務執行の決定を代表取締役に委ねることはできない（会社399条の13第4項）。もっとも監査等委員会設置会社では，その取締役の過半数が社外取締役である場合（会社399条の13第5項）または取締役会の決議によって重要な業務執行の全部または一部を取締役に委任することを認める旨の定款の定めがある場合には（会社399条の13第6項），会社法399条の13第5項ただし書列挙事項を除いた重要な業務執行に関する決定については，取締役に委任することが認められている。

　(ｳ)　指名委員会等設置会社の取締役会　　指名委員会等設置会社（機関構成等の詳細につき，第4章第1節参照）は，会社の業務執行と監督とが制度的に分離された企業ガバナンス形態を採っており，取締役会の権限は，取締役・執行役（会社404条2項1号）の職務の執行の監督がその中心となる。すなわち取締役会は，当該会社の経営の基本方針等（会社416条1項1号・2項）や経営にかかる基本的な事項（同条4項ただし書）を決定するほか，当該会社の業務を執行する代表執行役を選任し（会社420条），取締役・執行役を監督する機関である（会社416条1項2号）。執行役は，取締役会の決議により委任された経営事項を決定し，業務執行を行う（会社418条）。取締役会の決議によって執行役の中から選任された代表執行役のみが当該会社の対外的な代表権を有するが，執行役が1人である場合はその者が当然に代表執行役となる（会社420条1項）。しかし指名委員会等設置会社においても，取締役会の専決事項（譲渡制限株式に関する承認等の会社の経営にとって重要な事項（会社416条4項1号～20号参照）を除いて，業務執行の決定を執行役に委任することができる（同条4項）。

> **結語**　以上のように会社の経営を担う機関は，会社の機関設計構造によって区分されるが，会社の経営に関する意思決定機関である

取締役会，および，会社の業務を執行する取締役，執行役以外に，監査等委員会設置会社における監査等委員である取締役または指名委員会等設置会社における三委員会の構成メンバーになる社外取締役の任務は，取締役・執行役の職務の執行の監視監督がその中心となるため，厳密にいえば会社の経営を担う機関とはいえない。なお指名委員会等設置会社においては，取締役と執行役との

88

第4章　会社の機関

兼務を認める（会社402条6項）。

> **設問❷**　P株式会社は，東日本地域を中心に洋食，中華料理，和食など合計約100店舗を有し，外食販売事業を行うことを目的とする取締役会設置会社である。設立当時，P社は発起人A，B，Cを取締役として選任した。会社法上，取締役の選任・解任および任期に関する基本的事項について，説明しなさい。

◁ **取締役の選解任**　取締役は，株主総会の普通決議によって選任される（会社329条1項）。しかし会社は，理由を問わず，いつでも，任期中の取締役を株主総会の普通決議によって解任することもできる（会社339条1項）。取締役の選解任に関する株主総会決議の定足数の軽減については，総株主の議決権の3分の1未満にすることはできない（会社341条・343条4項）。このように株主総会決議の定足数の軽減を制限する理由は，会社における経営者の役割の重要性に鑑み，できるだけ多くの株主の意思を取締役選任（または解任）決議に反映させたほうがよいと判断したためである。また，会社に取締役選任権（または解任権）付種類株式が発行された場合（会社108条1項9号・2項9号）における取締役の選解任は，通常の株主総会ではなく，当該種類株式の種類株主を構成員とする種類株主総会で行われる（会社347条1項）。監査等委員会設置会社における取締役の選解任については，監査等委員である取締役の職務の特殊性およびその地位の独立性を確保する趣旨から，特別規定を設けている。すなわち当該会社は，監査等委員である取締役とそれ以外の取締役とを区別して株主総会の普通決議によって選任しなければならず（会社329条2項），監査等委員である取締役を解任する場合は，株主総会の特別決議によって行う必要がある（会社309条2項7号・344条の2第3項）。

　さらに，会社は累積投票によって取締役を選任することも可能である（会社342条）。しかし，累積投票によって選任された取締役を解任する場合にも，株主総会の特別決議によって行う必要がある（会社309条2項7号・342条6項）。累積投票制度のねらいは，多数派株主やその側近取締役による経営支配から少数派株主の利益を保護するべく，少数派株主にもその利益を代弁できる取締役選出の機会を与え，会社経営にその意思を反映させようとするものである。ただ

第2編　株式会社

し会社は，定款の定めをもって同制度を排除することができる（会社342条1項）。なお指名委員会等設置会社における執行役の選解任は，取締役会の普通決議による（会社402条2項・403条1項）。

取締役の任期

取締役の任期は，原則として選任後2年以内に終了する事業年度のうち最終のものに関する定時株主総会の終結の時までである（会社332条1項）。ただし，会社は，取締役に対する株主の信認を問うため，定款または株主総会の決議によって，その任期を短縮することができる（同条同項ただし書）。監査等委員会設置会社および指名委員会等設置会社の取締役の任期は，選任後1年以内である（同条3項・6項，ただし監査等委員会設置会社の監査等委員である取締役は2年（同条1項・4項。指名委員会等設置会社の執行役の任期につき会社402条7項参照））。もっとも，監査等委員会設置会社および指名委員会等設置会社を除く非公開会社においては，定款によって，取締役の任期を選任後10年以内に終了する事業年度のうち最終のものに関する定時株主総会の終結の時まで伸長することを認めている（会社332条2項）。なお取締役は，任期の満了，欠格事由の発生（会社331条），委任の法定終了事由（民653条1号～3号），辞任（民651条），解任（会社339条1項・309条2項7号・854条参照），会社の解散（会社471条参照）等によってその地位を失う。

設問3　設問2の事例において，P株式会社の取締役Bは健康上の理由により，急遽，取締役の地位を辞任したため，P社には取締役の定員に欠員が生じた。会社法上P社が取りうる措置について，簡潔に説明しなさい。

権利義務取締役制度

任期の満了または辞任により，会社法または定款で定めた取締役の員数が欠けた場合には，遅滞なく，後任の取締役を選任する手続を取る必要がある。しかし，会社にとっては，後任の取締役を選任する総会開催には時間と費用がかかる一方，欠員による業務執行上の混乱を防ぐ必要もある。かかる問題に対応するための措置として，権利義務取締役制度を設けている。すなわち，会社法346条1項によれば，退任した取締役は，後任の取締役（仮取締役を含む）が就任するまで，取締役としての権利義務を有するとされる。

第4章　会社の機関

> **一時取締役制度**　取締役が，任期の満了または辞任以外の事由（死亡，欠格の事由，解任等）により退任した場合，裁判所は，必要があると認めるときは，利害関係人の申立てにより，一時取締役の職務を行うべき者を選任することができる（会社346条2項）。なお，代表取締役の欠員の場合の措置については，会社351条1項・2項を参照されたい。

> **設問 4**　設問2の事例において，Ｐ株式会社は，取引上の違法行為のあった取締役Ｃに代わるべき者として，職務代行者の選任を裁判所に申し立てようとしている。職務代行者の意義およびその権限について，簡潔に説明しなさい。

> **職務代行者の意義**　取締役の選任に関する株主総会決議の瑕疵を争う不存在・無効の確認（会社830条1項・2項）もしくは取消しの訴え（会社831条1項）または解任の訴え（会社854条）が提起された場合，これらの訴えを審理し判決が確定するまでには長い期間を要するとともに，判決の確定により取締役の地位が否定される可能性がある。

　また会社にとっては，取締役に相応しくない者（不正行為や違法行為を行っている者等）に会社経営を任せると著しい損害が生じるおそれがある。このような場合に対応するため，裁判所は，「会社の著しい損害や急迫の危険を回避する必要がある」，という保全の必要性があれば，取締役（または代表取締役）の職務執行を停止し，その職務を代行する者を選任する民事保全法上の仮処分を発令できる（民保23条2項参照）。

> **職務代行者の権限**　取締役の職務代行者は，会社とは委任契約を締結した者ではなく，仮処分命令により暫定的に取締役の職務を代行するために選任された者にすぎないため，取締役としてのすべての権限を行使できるとするのは適当ではない。したがって，取締役の職務代行者は，会社の常務に属しない行為をするには，裁判所の許可を得る必要がある（会社352条1項）。

> **設問 5**　取締役会の招集手続および決議方法について，説明しなさい。

第2編　株式会社

取締役会の招集手続　取締役会は，最低でも3ヶ月に1回は開催する必要がある（会社363条2項）。取締役会の構成メンバーたる各取締役は，取締役会を招集する権限を有するが，定款または取締役会規則で取締役会の招集権者を定めることができる（会社366条1項）。一般に，会社では，定款で代表取締役社長を取締役会の招集権者として指定している場合が多い。定款で招集権者を定めた場合であっても，各取締役は招集権者に対して取締役会の目的事項を示して取締役会の招集を求めることができ，かかる請求後5日以内に，その請求日から2週間以内の日を取締役会の開催日とする招集通知が発せられない場合には，自ら取締役会を招集することができる（会社366条2項・3項）。取締役会を招集する者は，取締役会開催日の1週間（定款の定めで短縮可能）前までに，各取締役（監査役設置会社の場合には，各取締役および各監査役）に対して，招集通知（書面による必要もなく，議題の通知も不要）をすればよい（会社368条1項）。取締役全員の同意があるときは招集手続を省略することができる（同条2項）。招集手続に瑕疵がある場合（招集通知漏れ等）には，取締役会決議の効力は無効となり，無効な取締役会決議に従って招集された株主総会の決議も，招集手続に瑕疵があるものとして決議取消原因となる（会社831条1項1号）。

取締役会の決議方法　頭数多数決による取締役会の決議は，議決に加わることができる取締役の過半数の出席が必要であり（定足数），出席取締役の過半数の賛成をもって成立する（会社369条1項）。定款で取締役会の定足数および決議要件を軽減することはできない（同条同項）。株主総会と異なり，取締役会での議決権代理行使は認められない。取締役会の決議の公正を期すため，決議について特別の利害関係を有する取締役は，議決に加わることができないものとされている（同条2項）。ここにいう「特別の利害関係」には，取締役の競業取引（会社356条1項1号），利益相反取引の承認（同条同項2号・3号・365条1項），会社取締役間の訴えにおける会社代表の選任（会社364条），取締役の会社に対する責任の一部免除等が含まれる。代表取締役の解職対象者は，特別利害関係人にあたると解される（最判昭44・3・28民集23巻3号645頁〈百選67〉（百選66）〔日東澱粉化学事件〕）。決議の瑕疵は，一

般原則に従って無効となる。

> 設問❻　Ｐ株式会社の取締役会規程には，代表取締役が会社のために５千万円以上の多額の金銭を銀行等から借り入れる場合には取締役会の決議を経る必要があるという旨が定められている。Ｐ社の代表取締役であるＡは，取引銀行ＢからＰ社の名義で４千万円を借り入れたが，この借入金はＰ社の事業のためではなく，Ａの妻Ｃが負う債務の返済に充てられた。ＡがＰ社を代表して行った本件取引は有効であろうか，説明しなさい。

代表取締役の包括的代表権

前記（設問１）のように，非取締役会設置会社は，特に代表者を定めていない場合は，取締役につき，原則として各自代表制を採用する反面（会社349条１項），取締役会設置会社の場合には，取締役会の決議により取締役の中から，代表取締役を選定する必要がある（会社362条２項３号）。会社の代表機関である代表取締役は，会社の「業務に関する一切の裁判上または裁判外の行為をする権限」を有する（会社349条４項）。このような包括的な権限を有する代表取締役は，業務の執行上，その代表権に基づく行為を常時に行うが，その行為はそのまま会社の行為として認められる。

代表権の内部的制限

会社にとって重要な経営事項についての決定を，強大でかつ広い権限を有する代表取締役に一任すれば，代表取締役は会社の利益を犠牲にして自己または第三者の利益を図るおそれがある。

このような代表取締役の専横を防止する観点から，会社法は，事業の全部または重要な一部を譲渡する場合に株主総会の承認を求め（会社467条１項１号・２号），会社の重要な業務執行にかかる事項（会社362条４項）については，取締役会で慎重に協議のうえ決定し，執行するよう，代表取締役の権限を制限している（法令による制限）。

また，法令による制限に加えて，会社自らが，その利益保護の見地から，代表取締役の代表権について，定款の定め，株主総会決議または取締役会決議やその他の内部規則等をもってその範囲を自主的に制限する場合が多い（自治的

第2編　株式会社

な制限)。たとえば，会社が，定款をもって，一定額以上の取引については取締役会の承認によるべき旨を定めることを妨げない。しかし，会社が，定款の定めをもって，代表取締役の代表権を制限したにもかかわらず，代表取締役が取締役会の承認なしで単独で一定額以上の取引を行った場合における対外的取引の効力をいかに解すべきかが問題となる。この点，会社は，代表取締役の権限に対する制限をもってそれを知らない取引の相手方に対しては，対抗することができないが(会社349条5項)，取引の相手方が代表権に加えた権限外の取引であることを知っていた場合(悪意)または重過失によってそれを知らなかった場合は，会社はこの制限を主張できると解される。取引の第三者の悪意の立証責任は，会社が負う。なお指名委員会等設置会社における代表執行役の代表権の範囲等については，会社の代表取締役に関する規定が準用されている(会社420条3項)。

> ◁ **代表権の濫用行為**

客観的にみて代表取締役の権限内の行為であるが，代表取締役が自己または第三者の利益を図る主観的な意思をもってする行為を「代表取締役の権限濫用行為」という。代表権の濫用行為においては，会社の利益と第三者(=債権者)の利益とが対立しているため，その解決をめぐり公正妥当な利益の調整を図ることが期待されている。代表取締役の代表権濫用による業務執行の効力につき，判例(最判昭38・9・5民集17巻8号909頁)は，民法93条ただし書の規定を類推し，「相手方が代表取締役の真意を知りまたは知り得べきものであったときは，……右の法律行為はその効力を生じないものと解するのが相当である」と判示した。

　学説は，一般に取引の相手方に悪意または重過失がなければ，会社は代表者の権限濫用を主張できないとする点については，見解が一致する。しかし取引の相手方が代表取締役の真意につき善意ではあるが，過失がある場合にも無効とする見解に対しては批判的な立場を採る(権限濫用説)。第三者が善意であり，軽過失がある場合は，取引の安定を確保する見地から，会社側の権限濫用主張を認めないとする見解が妥当であろう。これは，会社側に監督管理の責任もあると考えられるからである。

第 4 章　会社の機関

> **設問に対する解答**

代表取締役Aは，その代表権の範囲内において会社を代表し，取引を行っているので本件取引は原則として有効であり，その取引の効果は会社に帰属する。しかし本問のように，P社の名義で本件取引の契約が締結された場合であっても，P社の代表取締役Aがした取引の目的が第三者の利益を追求することに真意があった場合は「代表権の濫用」行為にあたり，取引の相手方であるBがAの真意を知りまたは知り得べきものであったときは，取引の安全を確保するための第三者保護に値しないと考えられるから，本件取引はその効力を生じないものと解すべきであろう。

設問7 設問2の事例において，P株式会社においては，代表取締役でない取締役B・Cが勝手に取締役社長，副社長と名乗って第三者と取引を行っている。P社は，B・Cがした行為につき，取引相手方に責任を負うべきであろうか，B・Cが取締役以外の使用人であった場合はどうか，それぞれ説明しなさい。

> **表見代表取締役の意義およびその趣旨**

取締役会設置会社においては，取締役会で選定された代表取締役以外の取締役は，会社を代表する権限がない（会社362条3項）。取締役が複数いる非取締役会設置会社において，仮に定款の定めをもって代表取締役を特定した場合も，同様に解される（特定代表制。会社349条1項ただし書）。

　実際の企業社会では，慣行上，たとえば代表取締役でない取締役が取締役社長，副社長等のような名称を用いることが多くみられるが，法律上このような場合においては彼らが会社を代表する取締役であるとは限らない。しかし，取引の相手方は，取締役社長，副社長等のような名称から会社の代表権を有する者であると誤認するおそれがあり，会社代表者とおぼしき名称を付した取締役（以下「表見代表取締役」という）の外観を信頼した取引の相手方を保護する必要がある。そこで会社法は，会社を代表する外観を信頼した善意の第三者を保護するべく，「表見代表取締役」に関する規定を設けている（会社354条）。

95

第2編 株式会社

> 要件

表見代表取締役が第三者との間で行った行為に対し，会社がその責任を負うためには，①「社長，副社長その他会社を代表する権限を有するものと認められる名称を付した」代表取締役でない取締役の行為が存在すること（外観の存在），②会社がこのような名称の使用を明示または黙示的に認めたこと（会社の帰責性），③このような名称を用いる取締役に対し，取引の相手方が会社の代表権を有する者と信頼しその代表権の欠如を知らなかった（相手方の善意），という3つの主観的要件を満たす必要があると解される。しかし要件③につき通説は，会社法354条の適用に際して求められる第三者の主観的要件（=取引相手方の表見代表取締役の外観への信頼）について，条文上「善意」のみを求めているが，これでは単に「代表権の欠如を知らなかった」という事実だけをもって取引の相手方を保護することになるから，公平の観点から妥当でないとし，商取引の安全強化を図るべく，無過失までは求める必要はないが，第三者に重大な過失がないことは求めるべきであると主張する（無重過失説）。判例（最判昭52・10・14民集31巻6号825頁〈百選50〉〈百選48〉〔明倫産業事件〕）は，相手方の主観的要件として軽過失まで要求すべきでないとするが，「代表権の欠如を知らなかった」ことにつき，第三者に重大な過失があるときは悪意と同視され，保護の対象とならないと解する。

　商取引の安全確保という見地からすれば，正当な第三者を保護すれば足りるから，表見代表取締役の取引の相手方が保護されるための主観的要件としては，善意・無重過失を要求すべきであるとする考え方が妥当であろう。このような考え方に立脚すれば，取引の相手方は，表見代表取締役が代表取締役であるかどうか疑うに足りる重大な理由がある場合には，登記簿上の閲覧，会社への照会を行うなどの調査を行う必要があり，この調査を怠ると重過失があるものとして保護されない（東京地判昭48・4・25下級民集24巻1-4号216頁）。

> 設問に対する解答

（1）　代表取締役でない取締役が名称を使用した場合

本問において，代表取締役でない取締役B，Cは勝手に社長・副社長と名乗って第三者と取引を行っている。このように，取締役B，Cが勝手に会社を代表する権限を有するものと認められる名称をもって第三者と取引をする場合であっても，P社がそれを知りながら黙示的に認めてい

96

た場合には，取引の相手方がB，Cの外観を信頼し，その代表権の欠如を知らなかった場合（＝善意）で無重過失の場合には，表見代表取締役B，Cの行った行為につき，P社は責任を負うべきである。

(2) **取締役以外の者が名称を使用した場合**　　取締役でない会社の使用人が，「会社を代表する権限を有するものと認められる名称」を用いて取引を行った場合はどう解釈すべきであろうか。この点につき，条文上，代表権のない取締役しか定めていないので，法解釈上の問題となる。判例（最判昭35・10・14民集14巻12号2499頁）は，取締役でない使用人が常務取締役の名称を用いて行った取引につき，表見代表取締役制度を類推適用して，会社の責任を認めている。その理由は，会社法354条の趣旨は，会社が代表者と誤認しやすい名称を使用して業務執行を行うことを認めた以上，行為者の実際の地位がどうあれ，取引の安全を確保し，取引の相手方の利益を保護することにあると考えられるからである。なお指名委員会等設置会社における表見代表執行役制度も，その立法趣旨，責任を認めるための要件等においては，表見代表取締役のそれと同様である（会社421条参照）。

> ［設問❽］　P株式会社の株主総会では，現経営陣に対する信任投票が行われ，取締役A，B，C全員が重任された。取締役Aらは，職務執行上，会社に対してどのような義務を負うべきであろうか，説明しなさい。

会社と役員等の関係　　会社法330条，402条3項は，会社と役員（取締役・会計参与・監査役，なお監査等委員会設置会社の役員については，会社329条3項を参照されたい）および執行役・会計監査人との間の関係は，民法の委任に関する規定（民643条ないし656条）に従う旨を定める。なお，指名委員会等設置会社において経営を担う執行役に対しては，取締役と会社との関係に関する規定（会社355条〔忠実義務〕，356条〔競業および利益相反取引の制限〕，365条2項〔競業等に関する報告〕）が準用される（会社419条2項）。したがって，以下のすべての設問において取締役を想定して説明を行い，執行役については準用規定のみを示すこととする。

第2編　株式会社

| 会社と取締役との関係 |

一般に会社の運営は，経営の合理化を高めるべく，株主から経営専門家である取締役に委ねられているため，会社と取締役との関係は委任関係にあるという（会社330条・402条3項）。そのために取締役は，委任事項にかかる職務の執行を行う場合は，受任者としての注意義務を果たす必要がある。すなわち取締役は，「善良な管理者の注意をもって，委任事務を処理」しなければならず（以下「善管注意義務」という）（民644条），かつ，「法令および定款ならびに株主総会の決議を遵守し，会社のため忠実にその職務を行わなければならない」義務（以下「忠実義務」という）を負う（会社355条・419条2項）。また会社法は，会社の利益を保護するべく，取締役の注意義務を具体化した規定として，取締役の競業取引および利益相反取引を制限するとともに（会社356条1項各号・419条2項），取締役の報酬の決定（定款または株主総会の決議（会社361条1項），指名委員会等設置会社における執行役等の個人別の報酬等の内容の決定につき会社404条3項参照），および，監査等委員会設置会社における監査等委員会による監査等委員でない取締役の報酬等についての意見の決定をもって，取締役の権限濫用行為を規制する（会社399条の2第3項3号，なお監査等委員の意見陳述権につき361条6項参照）。

| 善管注意義務と忠実義務 |
| の法的性質 |

会社法上の取締役は，経営に関する意思を決定し業務を執行する際には，会社に対する善管注意義務と忠実義務とを負うが，両義務は別個の独立した義務であるかどうかについて，学説上の意見が対立している。

判例（最大判昭45・6・24民集24巻6号625頁）は，「会社法355条の定める忠実義務は，善管注意義務とは異なる法的性質を有するのでなく，善管注意義務の法的性質が抽象的であるがゆえに，会社経営を担う取締役の善管注意義務を敷衍し，かつ一層明確に定めたものにすぎない」と判示している。学説上の多数説も判例の見解を支持し，同質説を採る。

しかし近時，忠実義務に反する行為は無過失責任であること，会社法356条1項各号（会社419条2項）でカバーできない会社と取締役の利益対立も忠実義務違反問題として解決が可能であり，取締役が得たすべての利益を会社に還元させることができるなどの理由から，異質説が有力な見解となっている。

第4章　会社の機関

> ### 監視義務

取締役は，前記のように，会社に対する一般的な義務を負うが，それ以外にも取締役会設置会社における取締役は取締役会の構成メンバーとして，取締役の職務の執行を監督する義務（以下「監視義務」という）を負う（会社362条2項2号）。これに対し，非取締役会設置会社における取締役は，監視義務を負うかどうかが問題となる。この点，非取締役会設置会社において取締役が2人以上ある場合は，取締役各自が会社を代表し（会社349条2項），または定款をもって取締役の中から代表取締役を定めることができるから，取締役は業務執行者等を監視する義務を負うものと解すべきであろう。

> ### 内部統制システムの構築義務

会社経営の健全性を確保するためには，経営の透明性を求め，経営者の経営責任を明確にする必要がある。海外支店の行員による不正な取引を予防できず，巨額の損失を被った大和銀行の株主による取締役の経営責任の追及の訴え（大阪地判平12・9・20判時1721号3頁，金判1101号3頁〈百選〔初版〕60〕〔大和銀行事件〕）により取締役の善管注意義務の一内容として，取締役は「リスク管理体制構築義務」を負うと判示された。取締役のリスク管理体制構築義務は，大和銀行株主代表訴訟事件以来，学説および裁判例によって支持され，立法化された（なお最判平21・7・9金判1330号55頁〈百選54〕〔百選52〕は，内部統制システムの構築が代表取締役の職務に当たることを前提としつつも，従業員らの不正行為を防止するためのリスク管理体制構築義務に違反した過失を否定した）。

　会社法は，大会社である取締役会設置会社における取締役会は，内部統制システム構築に関する事項を決定しなければならないと定めている（会社362条4項6号・5項）。これに対して，大会社でない非取締役会設置会社の場合は任意であるが，取締役間の協議によって決するとする（会社348条3項4号，大会社である非取締役会設置会社につき4項参照）。なお監査等委員会設置会社および指名委員会等設置会社における取締役会は，内部統制システム構築に関する事項を決することが義務づけられている（会社399条の13第1項1号ハ・2項，416条1項1号ホ・2項）。

99

第2編　株式会社

> **設問❾**　Ｐ株式会社の代表取締役Ａは，売上向上の見通しがつかない関東一部地域の直営店舗を整理する代わりに北海道地域への出店企画案を立て，実地調査を指示した。しかしＡは，Ｐ社の調査チームの調査結果に基づく反対意見に全く耳を傾けることはなかった。Ｐ社の取締役会では，Ａにより上程された「出店議案」につき取締役からの反対異論はなく，承認された。そこでＡは，店舗を開設するための資金として内部留保から２億円を投資し，北海道１号店を開店した。しかし，当該店舗における売上実績は伸び悩み続け，Ｐ社に多大な経営損失を与えた。そこでＰ社の株主Ｘは，同社が被った損害につき，Ａらの善管注意義務違反に基づく責任を追及した。Ｘの主張は認められるか，説明しなさい。

取締役の会社に対する責任

(1)　**意義**　前記（設問8）のように，会社と取締役との関係は委任の規定に従う（会社330条・419条2項，民644条）。したがって，取締役自らが会社法上課された法定の義務（設問8参照）に反する行為をすることによって会社に損害を与えた場合は，民法415条に基づく債務不履行責任を負うはずである。しかし経済社会において，重要な役割を果たしている会社の受任者たる取締役の職務の重大さからすれば，民法の定める一般原則による責任だけでは十分とはいえない。そこで会社法は，会社の利益を保護するべく，取締役の会社に対する責任を定めている（会社423条）。

(2)　**責任の要件およびその法的性質**　取締役は，会社に対し，「その任務を怠ったとき」は，これによって生じた損害を賠償する責任を負う（会社423条1項）。会社法は，取締役が会社に対して負うべき責任の法的性質について，取締役が株主の権利行使に関する違法な利益供与を自ら行った場合（利益相当額支払責任（会社120条4項））および自己のためにした直接利益相反取引によって会社に損害が生じた場合（会社428条1項）は無過失責任とし，それ以外の注意義務違反や法令（競業取引，利益相反取引の規制，および剰余金の配当に関する規制等）・定款違反に基づく任務懈怠責任については過失責任とする。

経営判断の原則

(1)　**経営判断の原則の意義**　会社の経営にはリスクが伴うといわれる。会社の経営を担う取締役は，取引市場で展開する事業上の利益の確保が確実に予測可能な状況ではないが，将来

の会社の利益を追求するべく，迅速・果敢な事業投資を迫られる場合が多々ある。しかし，株主から会社経営を委ねられた取締役は，その職務を行うについて善管注意義務（会社330条，民644条）および忠実義務（会社355条）を負い，その任務を怠ったことによって会社に損害が生じた場合は，巨額の賠償責任を負う（会社423条1項）地位にあるため，新たな事業（リスクのある事業を含む）への積極的な投資を行うことに慎重を期することになりかねない。そこで一般法理の法解釈として，取締役は通常の経営者に期待される一般的な注意をもってその職務を遂行し，法令および定款ならびに株主総会の決議を遵守し会社のために忠実に業務を執行する限り，たとえ取締役の善管注意義務の違反により会社に損害が生じた場合であっても，事後的に会社に対する賠償責任を負わないと解している（会社423条1項対比参照，以下「経営判断の原則」という）。このような経営判断の原則は，取締役の会社に対する責任の要件のうち，善管注意義務違反の有無について判断する基準として採用されている判例法理であり，法令違反や利益衝突が問題となる場面では同原則の適用はないと考えられている。

(2) **判例・学説の立場**　経営判断の原則は，アメリカにおいて生成発展してきた判例法理である。しかし日本では，米国州法における経営の専門家でない裁判所が，経営者の経営判断事項については事後的に干渉しないという司法政策的な判断を受容せず，裁判所が経営判断の前提となった事項・内容の合理性・相当性まで検討する形を採る。下級審裁判例（東京地判平8・2・8資料版商事法務144号115頁）は，「前提となった事実の認識に重要かつ不注意な誤りがなく，意思決定の過程・内容が企業経営者としてとくに不合理・不適切なものといえない限り，取締役としての善管注意義務ないしは忠実義務に違反するものではないと解するのが相当である」と判示している。判例（最判平22・7・15判時2091号90頁〈百選52〉（百選50）〔アパマンショップＨＤ事件〕）は，親会社の取締役が行った子会社の株式の買取りという特定の経営判断につき，「決定の過程，内容に著しく不合理な点がない限り……善管注意義務に違反するものではない」と判示しており，経営判断の原則は判例法上確立されている。学説上では，このような経営判断原則が適用される範囲をめぐり，忠実義務に反する行為への同原則の適用については異見があるものの，善管注意義務に反する行為

第2編　株式会社

には同原則を適用するべきであると主張する考えに対し異論はない。

> ### 任務懈怠責任の免除および軽減制度

取締役は，会社に対し，注意義務違反や法令・定款違反等の任務懈怠に基づく責任を負うとすると，これにより取締役は高額の損害賠償責任をおそれて経営萎縮を招きかねないことも排除できないと思われる。そこで会社法は，取締役が，リスクをおそれず，迅速かつ果敢な経営判断ができるよう促す一方策として，「取締役の責任免除・軽減制度」を取り入れている。

　すなわち，会社法423条1項の定める取締役の会社に対する責任は，総株主（議決権を有しない株主を含む）の同意があれば免除される（会社424条）。しかし相当数の株主が存在する会社（たとえば，上場会社）においては，総株主の同意を得ることは相当困難であるように思われるから，一定の要件の下，取締役の責任を軽減させる規定を設けている。すなわち有責の取締役が，①「その職務を行うにつき善意でかつ重大な過失がないとき」は，事後的に株主総会の特別決議（会社425条1項・309条2項8号）または定款や取締役会の決議をもって責任の一部を免除することが可能であり（会社426条1項），事前に定款で定めた額の範囲内での責任限定契約（ただし業務執行取締役を除く）を結ぶことにより，責任の軽減を図っている（会社427条1項）。しかし，会社の利益を保護する観点から，特に自己のためにした直接利益相反取引の場合は，責任の一部免除限定の規定が適用されない（会社428条2項）。このような方法をもって責任の一部を免除できる額については，賠償責任額から最低責任限度額を引いた額になる（最低責任限度額につき会社425条1項1号参照）。なお会社の利益を保護するために，取締役を含む役員の責任は，連帯債務と解する（会社430条）。

> ### 設問に対する解答

本問において，P社の代表取締役Aらは，出店企画案を立てて，取締役会の承認を得たうえで内部留保2億円を投じて開店したが，事業失敗により損害を与えたことで会社に対する責任を問われている。本問にみるに，Aらは出店のための調査内容および反対意見については検討しておらず，取締役会での議論の過程も合理的であったとはいえないから，善管注意義務（会社330条）に反することを理由として，P社に対する損害賠償責任を負うと解すべきである（会社423条1項）。よって，P

第4章　会社の機関

社の株主Ｘが提起したＡらの会社に対する任務懈怠責任の追及は認められる。

> **設問10**　設問 9 の事例において，財務悪化により倒産寸前に陥った Ｐ株式会社の代表取締役Ａは，取引先Ｘ₁から原材料の仕入れを行い，代金支払のためにＸ₁を受取人とする約束手形を振り出した。さらにＰ社の代表取締役Ａは，北海道地域への事業拡大のため，取引銀行Ｘ₂から事業資金として 2 億円を借り入れて 2 号店を開店したが，地域経済の悪化等による打撃を受けて，Ｐ社は倒産した。Ｘ₁およびＸ₂は，代表取締役Ａの損害賠償責任を追及できるであろうか，説明しなさい。

◁ **取締役の第三者に対する責任**　会社経営の受任者たる取締役は，会社に対する注意義務（善管注意義務・忠実義務）を負うから（会社330条・355条），たとえ取締役がその任務を怠っても——不法行為責任は別として——，会社以外の者に対しては責任を負わないはずである。しかし，経済社会において重要な機能を果たしている会社の経営を担う取締役がその任務を怠ったことにより，株主や債権者が損害を被ったにもかかわらず何らの責任を負わないとすると，正義・公平の法理に反する。そこで会社法は，第三者の利益を図るべく，取締役の第三者に対する責任規定を特別に設けている（会社429条 1 項）。

◁ **第三者責任の法的性質**　会社法429条 1 項の責任については，①取締役がその職務を執行する際に生じうる過失につき一般不法行為によって取締役に第三者に対する責任を負わせると酷になること，②法政策上，取締役の経営に対する迅速な判断を可能にするため，取締役の経営責任への加重をできる限り避ける必要があるという理由などから，その責任要件を「取締役の職務を行うについて悪意または重過失があったとき」に限定すべきと主張する見解がある（不法行為特則説）。しかし判例（最大判昭44・11・26民集23巻11号2150頁〈百選71〉〈百選70〉〔菊水工業事件〕）および多数説は，会社が経済社会において重要な地位を占めており，しかも会社の活動は，その業務執行機関たる（代表）取締役が会社から委任を受けた経営事項を代理することを考慮し，取締役がその職務の執行にあたって，「悪意または重大な過失」

103

第2編　株式会社

によって「第三者」に「損害」を与えたときに負うべき責任は，一般不法行為法とは別個に法が特に認めた責任であると解している（法定責任説）。この見解によれば，取締役が第三者に対して責任を負うためには，取締役の任務懈怠行為（善管注意義務・忠実義務違反行為）と第三者との損害との間に相当の因果関係がある限り，取締役の任務懈怠について悪意または重過失があったことが認められれば足りるとし，第三者に対する加害について悪意・重過失があったことを立証する必要はないとする。

(1)　**損害の範囲**　会社法429条1項の責任により回復されるべき第三者の「損害の範囲」として，取締役の任務懈怠によって，①第三者が直接に損害を受ける場合に限定すべきとする見解（以下「直接損害限定説」という），②会社に第1次的な損害が発生し，その結果として第2次的に第三者に損害が生じた場合に限定すべきとする見解（以下「間接損害限定説」という），③直接損害・間接損害のいずれをも含むとする見解（以下「両損害包含説」という）が挙げられる。

直接損害限定説は，本問の代表取締役Aが支払の見込みのない約束手形を振出し，手形不渡りによって手形債権者X_1が手形債務者P社から手形金の支払を受けられない場合のように，取引の相手方である第三者が直接に損害を受ける場合に限って，取締役の第三者に対する責任を認めようとする考えである。そして間接損害限定説は，本問の代表取締役Aの放漫経営によってP社が倒産し，その結果として債権者X_2の債権が回収不能になる場合のように，取引の相手方である第三者が間接的に損害を受ける場合に限って，取締役の第三者に対する責任を認めようとする考えである。このように会社法429条1項の責任を負う損害の範囲につき学説上の意見対立もあるが，多数説である法定責任説ないし両損害包含説は同条1項にいう責任の損害の範囲につき，第三者の間接責任をも含むべきであると解している。判例（前掲・最大判昭44・11・26）は，「取締役の任務懈怠の行為と第三者の損害との間に相当の因果関係があるかぎり，会社がこれによって損害を被った結果，ひいては第三者に損害が生じた場合であると，直接第三者が損害を被った場合であるとを問うことなく，当該取締役が直接に第三者に対し損害賠償の責に任ずべきことを規定したのである」と判示し，両損害包含説を採用した。

第4章　会社の機関

(2)「第三者」の範囲　　会社法429条1項にいう「第三者」とは，会社以外の者をいう。具体的には，会社の取引相手方である債権者をいうが，「第三者」に株主を含むかにつき争いがある。多数説によれば，たとえば，黒字決算の会社が株主の持株数に応じた配当財産の割当をしない剰余金を配当した結果（会社454条3項参照），株主がその地位に関係して直接的な損害を被る場合には，「第三者」に含まれるとする。

　これに対し，取締役の違法行為によって会社が損害を被った結果，株主の持分価値の減少という形のように間接的な損害を被った場合は，会社法429条1項にいう「第三者」に含まれないと解する。下級審裁判例（東京地判平8・6・20判時1578号131頁，東京高判平17・1・18金判1209号10頁）は，間接的な損害を受けた株主は「第三者」に当たらないとする。このようなケースにおける株主は，株主代表訴訟により当該取締役の任務懈怠責任を追及し，間接損害の救済を受けることも可能であると考えられるからである。しかし，学説上，「取締役と支配株主とが一体である閉鎖型のタイプの会社の場合」には，株主代表訴訟の提起による救済の実効性の確保は困難であるから，このような場合の株主は，会社法429条1項にいう第三者としての損害賠償請求を認めるべきであると主張する見解がある。

> **設問に対する解答**

　本問において，P社の代表取締役Aは，X₁から仕入れを行い，代金支払のために支払見込みのない約束手形をX₁に振り出したが，P社は程なく破産し，当該手形の不渡りによってX₁は直接損害を被っている。よってX₁は，Aに対し，会社法429条1項に基づく責任を追及できる。また，Aの放漫経営によってP社は倒産し，その結果としてX₂の有する債権は回収不能になっており，X₂は間接損害を被っている。よってX₂も，Aに対し，同条1項に基づく責任を追及できる。

設問11　P株式会社の代表取締役Aは，経営の一線から退き療養に専念しようと思っていたところ，取締役Bは，Aに招集通知をせず，取締役A解任を議案とする臨時株主総会を招集し，同人が職務を執行できる健康な状態ではなかったことを理由に解任した。Aは，任期満了までの役員報酬金額の損害賠償を請求できるであろうか，説明しなさい。

第2編　株式会社

会社法339条は，役員（取締役，会計参与および監査役）および会計監査人の解任について定めている。以下では，取締役を想定して説明する。同条1項は，株主総会の決議によって取締役を解任できる旨を定め，同条2項は「正当な理由がない場合の解任」について，取締役は会社に対し，解任によって生じた損害賠償を請求できる旨を定めている。

本問において，P社は，臨時株主総会の決議により解任された取締役Aから，解任によって生じた損害（取締役任期満了までの報酬金額）の賠償請求を受けている。この場合，P社は，その解任に「正当な理由」があれば，解任によって生じた損害につき賠償請求されない（会社339条2項）。では，P社が，臨時株主総会でAを解任した理由は，「正当な理由がない場合の解任」に該当するであろうか。通説的見解（下級審裁判例も同様の見解である）によれば，取締役の職務執行上，①不正行為や法令・定款に反する行為を行う場合（東京地判平8・8・1商事法務1435号37頁），②著しく職務へ適任しない場合（東京高判昭58・4・28判時1081号130頁），③心身の故障がある場合（最判昭57・1・21判タ467号92頁）には，解任の正当事由に当たるとされる。

本件は，③に該当するケースである。本問において，P社は，取締役Aが持病の症状が悪化していたため，職務を執行できる健康な状態ではないと判断し，適正な解任手続により取締役Aを解任しており，正当な理由がない場合の解任に該当しない（最判昭57・1・21判時1037号129頁，判タ467号92頁，金判644号8頁〈百選46〉（旧選44）〔福岡小型陸運事件〕）。よって，Aは，任期満了までの役員報酬金額の損害賠償を請求できないと解する。なおP社は，正当な理由に基づく取締役解任であることを立証して初めてその賠償責任を免れる。

設問12　P株式会社の取締役B・Cは，臨時株主総会を開催し，代表取締役Aの違法行為を理由とする解任議案を提出したが，多数派株主の工作によって否決された。P社の株主Xが，会社法上取りうる手段は何か，Aがすでに退任し権利義務取締役となっていた場合はどうなるであろうか，説明しなさい。

〉**少数株主による解任の訴え**

P社の株主の持株比率によっては，臨時株主総会での取締役Aの解任決議が否決され

る場合もありうるであろう。たとえば，取締役の職務執行に関し，不正の行為
または法令もしくは定款に違反する重大な事実があったにもかかわらず，多数
派株主の工作によって株主総会解任決議が否決された場合である。このように
非行のあった取締役の解任決議が多数決原理により否決された場合には，総株
主の議決権の３％以上または発行済株式３％以上を６ヶ月前から引き続き有す
る少数株主は，当該株主総会から30日以内であれば，少数株主権として取締役
の解任を請求できる（多数決原理の修正，会社854条）。

権利義務取締役に対する解任の訴えの効力

前述（設問３）のように，任期の満了または
辞任により退任した取締役は，権利義務取
締役として，新たに選任された取締役が就任するまで取締役としての職務を行
うことができる。権利義務が継続する取締役は，任期の満了または辞任による
取締役の退任により欠員が生じた場合に限定される（会社346条１項）。しかし，
少数株主により取締役を解任する訴えが提起された時点で，取締役がすでに退
任し権利義務取締役となった場合において，取締役の解任の訴えが認められる
かどうかが問題となる。この点につき，判例（最判平20・２・26民集62巻２号638
頁〈百選47〉〔百選45〕〔協栄製作所事件〕）は，①会社法854条は，権利義務取締役
を解任請求の対象としていないこと，②同法346条２項に基づく仮取締役の選
任を申し立てることによって非行のあった取締役の地位を失わせることができ
るという理由から，権利義務取締役に対する解任は認められないと判示してお
り，学説上においてもこの見解が多数説である。

設問13 Ｐ株式会社の代表取締役Ａは，ワンマン経営者として同社を独断的に
運営している。このようなＡの経営方針に反発していた取締役Ｂは，
自ら100％出資の非取締役会設置会社であるＱ株式会社を関西地域の所在地に設立
した。しかし，ＢはＱ社の取締役に就任せず，支配株主としてＱ社の経営を実質的
に主宰していた。Ｂは，Ｑ社の取締役らに対し，Ｐ社の主力商品のうち，中華料理
を関西地域の一帯で安価で提供するよう指示した。Ｂの一連の行為につき，Ｐ社取
締役会の承認はなかった。Ｐ社の株主Ｘは，Ｂに対し，会社に生じた損害賠償を請
求できるであろうか，説明しなさい。

第 2 編　株式会社

> ### 競業取引制限の意義

会社の取締役は，受任者として，会社の利益を上げるべく，職務上の任務を誠実に果たすことが期待されている。しかし取締役は，自己または第三者の利益を追求するために会社の事業の部類に属する事業活動を行うおそれがあり，会社の利益が害されるリスクが潜在する。そこで，会社法は，会社の利益を保護するべく，取締役の競業取引を制限する旨を定めた（会社356条 1 項 1 号）。なお，指名委員会等設置会社の執行役には，会社法356条 1 項の規定が準用される（会社419条 2 項）。

　取締役の競業取引を制限する趣旨は，取締役が会社との関係で競業する取引を行う場合，当該取締役がその地位に基づいて知り得た得意先や仕入先の情報等を利用し，会社の取引先を奪う等して会社の利益を害するおそれが大きいから，これを制限したものである。会社法356条 1 項 1 号にいう「事業の部類に属する取引」とは，一般に会社が定款上に掲げている事業目的と取引市場において競業するものを意味するが，会社が現に行っている取引を事業上の目的として定款に具体的に記載されていることまでを要するものではない。また会社が，将来の事業進出を企図し，市場調査等を進めていた地域における競業を含むと解される（東京地判昭56・3・26判時1015号27頁，判タ441号73頁〈百選55〉（百選55）〔山崎製パン事件〕）。このように解釈する理由は，会社の企画中の事業においても，取締役がその地位から得た情報を利用して会社の利益を害する蓋然性が高いと考えられるからである。

　また「自己または第三者のため」とは何を意味するかについては，学説上意見が分かれている。①取締役が当事者となってまたは第三者を代理（もしくは代表）して競業取引を行う場合を意味するとの考え（名義説）と，②競業取引の経済的効果が自己または第三者に帰属する場合とする考え（計算説）とが対立する。この点については，名義のいかんにかかわらず，取引の経済的効果が会社に帰属せずに取引当事者である取締役に帰属する場合は，会社の利益が損なわれるから，競業取引を規制すべきであるという考えに着目すれば，「自己または第三者のため」とは，経済的利益の帰属を判断基準とする計算説の方がより合理的であるように思われる。下級審裁判例（東京地判昭56・3・26判時1015号27頁，大阪高判平 2・7・18判タ734号218頁）は，その名義のいかんを問わず，

自己または第三者の計算において競業取引を行うことを意味すると解している。

> ### 競業取引の承認手続

取締役会設置会社の取締役は，自己または第三者のために会社の事業の部類に属する取引をしようとするときは，取締役会においてその取引についての重要な事実を開示し，承認を得る必要がある（非取締役会設置会社の場合は，株主総会の承認を要する。会社356条1項1号・365条1項・419条2項）。このように取締役会の承認手続を求める理由は，取締役の競業取引を認める以上，取締役会は当該取引により発生しうる潜在的損失を事前にチェックし，会社の利益を保護するべき監督機能を果たす必要があるからである。会社法356条1項1号によって規制される競業取引は，実質的に取締役によって行われる必要があり，競業取引を行った取締役会設置会社の取締役は，遅滞なくその取引についての重要事実を取締役会に報告する必要がある（会社365条2項・419条2項）。これは，取締役会の経営監督機能の実効性を確保するための措置である。

> ### 競業取引の主体

会社と競業する取引の主体の範囲が問題となる。会社法356条1項1号の定める規制の対象は，原則として取締役の競業取引行為である。すなわち，取締役が，自己の名義で会社の部類に属する取引をすることを規制の対象とする。しかし，会社の取締役が他人の代理人もしくは他の会社の代表者として，会社と競業取引を行う場合にも，会社の利益を保護する観点からすると，規制の対象とすべきであろう。ただし，取締役が，会社と同種の事業を営む他の会社の代表取締役か代表権のない取締役に就任する場合は，競業取引の規制対象にならないが，他の会社を代表して同種の事業を行う場合は規制の対象となる。もっとも，異種の事業部門のみを担当し取引を行う場合には，競業取引の規制はかからないと解される。

> ### 違法行為差止請求

取締役の競業取引規制に反する行為によって会社に損害が生じるおそれがあるか否かを問わず，会社は，取締役の競業取引規制に違反する行為を差し止めることができる。しかし，会社による違法行為差止請求は，会社組織における指揮命令上，非現実的である。そこで，会社法は，取締役の競業取引行為によって会社に著しい損害

第 2 編　株式会社

が生ずるおそれがあるときは，会社の利益を保護する見地から，6ヶ月前から引続き株式を有する株主（非公開会社の場合は，保有要件なし）の違法行為差止請求権を認めている（会社360条・422条）。なお，会社法は，株主からの違法行為差止請求以外にも，Ｐ社が，監査役設置会社である場合は監査役による請求（会社385条1項），監査等委員会設置会社である場合は監査等委員による請求（会社399条の6第1項），指名委員会等設置会社である場合は監査委員による請求（会社407条1項）を認めている。

> ### 設問に対する解答
　会社法356条1項1号によって規制される競業取引は，原則として取締役によって行われる必要がある。しかし，本問のように，Ｐ社のＢが取締役としての職務を執行している傍ら，Ｑ社を支配する株主として，——Ｐ社の取締役の地位によって得てきた内部情報や事業上の機会を利用し——，その支配する会社の取締役らにＰ社の「事業の部類に属する取引」を行わせる場合にも競業取引制限の対象となるかが問題となる。この点，下級審裁判例（前掲・東京地判昭56・3・26，大阪高判平2・7・18判時1378号113頁）は，Ｐ社のＢは，Ｑ社の代表取締役には就任していないが，Ｑ社を支配する主宰者として，第三者のためにＰ社の事業の部類に属する取引を行ったものと解している。よって，他の会社を通じた競業取引の場合にも，会社法356条1項1号の対象となり，Ｐ社の株主Ｘは，Ｑ社の競業取引によって同社が被った損害につきＢに賠償責任を追及できると解する。

設問14

　Ｐ株式会社の取締役Ｂは，赤字経営の打開策として，新鮮なブランドポーク等の食肉を安く提供するＱ株式会社を買収した方がよいと考えた。そこでＢは，Ｑ社の株式50％を買取り，Ｑ社の代表取締役に就任するとともに，冷凍運搬車5台を5千万円で購入する契約をＲ株式会社と締結する一方で，豚等の食肉を安価でＰ社にも提供できるとＰ社の代表取締役Ａを説得した。Ｑ社は，Ａの尽力で，Ｐ社株主全員の合意の下で豚等の食肉を独占的にＰ社に提供する商事売買契約を締結した。しかし，仕入先地域における口蹄疫の感染の拡大で，畜産業の不況が改善されず，豚等の食肉卸売価額は予想とは正反対に跳ね上がるばかりで，後にＱ社はＰ社の取引先Ｓ株式会社よりも高い卸売価額で豚等の食肉を提供していたことが発覚した。Ａは，Ｒ社に対してＢが負っていた債務につき，取締役会の承認を得ないでＰ社を代表して債務引受（以下「本件債務引受」という）をなした。そこでＲ社は，Ｐ社に対して，この債務の支払を求めて訴えを提起した，認め

第4章　会社の機関

られるであろうか，説明しなさい。

利益相反取引制限の意義

取締役が自ら当事者として，または第三者の代理人として会社と取引を行う場合，また取締役の第三者に対する債務について会社が連帯保証するような場合は，取締役は会社の利益を犠牲にして自己または第三者の利益を図るおそれがあり，会社の利益を保護する見地から，競業取引（設問13）の場合と同様に利益相反取引についても制限する必要がある。

利益相反取引制限の対象となる取引

利益相反取引は，その取引の内容から，①取締役が自ら当事者として，「自己または第三者のために」会社との間で行う取引（以下「直接取引」という。会社356条1項2号・419条2項）と，②外形的には「会社と第三者との間の取引」であるが，実際には「会社と取締役との利益が相反する取引」（以下「間接取引」という。会社356条1項3号・419条2項）とに分けられる。「直接取引」は，たとえば，取締役が自ら当事者となって，会社から財産を譲り受けたり，金銭を借り受けたりするような場合をいう。これに対して「間接取引」の具体例としては，取締役個人の債務を会社が連帯保証する場合や取締役が会社を代表し自己の債権者に対して個人的に弁済すべき債務を引き受ける場合等が挙げられる。

承認手続

取締役が「自己または第三者のために」会社と利益相反取引を行おうとするときは，その取引について重要な事実を株主総会（取締役会設置会社では取締役会）に開示したうえで，株主総会（取締役会設置会社では取締役会）の承認を得る必要がある（会社356条1項・365条1項・419条2項）。この点につき，判例（最判昭49・9・26民集28巻6号1306頁〈百選56〉（百選56）〔日本毛糸事件〕）は，株主全員の同意があれば取締役会の承認は不要であると解する。また会社の取締役会の承認決議が行われる際には，当該取締役は特別利害関係人となるので，承認決議に加わることはできない（会社369条2項。株主総会の承認決議につき831条1項3号参照）。なお，会社法は，取締役会の経営監督機能の実効性を確保するべく，取締役会での承認の有無にかかわらず，利益相反取引を行った取締役会設置会社の取締役については，遅滞なくその取引

第2編　株式会社

についての重要事実を取締役会に報告する義務を課している（会社365条2項・419条2項）。これは，取締役会が事後的に対応できるように，取締役会の承認の有無を問わないためである。

監査等委員会設置会社に対する特有の措置

監査等委員会設置においては，監査等委員以外の取締役が利益相反取引をする場合において，監査等委員会の承認を受けたときは，当該取締役の任務懈怠の推定（会社423条3項）が排除される（同条4項）。これは，取締役から独立した立場にある社外取締役が過半数を占める監査等委員会には，——監査等委員である取締役以外の取締役の人事について意見陳述権を有することからすると——，業務執行者に対する監督機能が期待できると判断されたからである。

利益相反取引の効力と取締役の責任

(1)　**承認を得て取引が行われた場合**　取締役と会社との間の利益相反取引が，会社の承認機関の承認を得てから行われた場合であっても，当然に取締役の免責効果が生じるものではない。この場合，その取引によって会社に損害が生じたときは，①会社との間で利益が相反する直接取引を行ったか，または間接取引を行った取締役，②会社がその取引をすることを決定した取締役，③当該取引に関する取締役会の承認決議に賛成した取締役は（指名委員会等設置会社においては，当該取引が直接取引である場合に限る），その任務を怠ったものと推定する（会社423条3項）。また直接取引を自己のためになした取締役の会社に対する責任は，無過失責任である。すなわち取締役は，直接取引に対する任務懈怠が自己の責めに帰することができない事由によるものであったときでも，損害賠償責任を負う（会社428条1項）。なお取締役の責任の一部免除に関する規定（会社425条～427条）は，この責任については適用されない（会社428条2項）。

(2)　**承認を得ずに利益相反取引が行われた場合**　取締役が株主総会（取締役会設置会社では取締役会）の承認のない利益相反取引を行った場合における取引の効力をいかに解釈すべきかが問題となる。この点につき判例（最判昭38・3・14民集17巻2号335頁）は，会社の承認機関の承認を欠いた利益相反取引は直接取引・間接取引の双方とも無効であるとの立場を採る。しかしその後，判例（間接取引につき最大判昭43・12・25民集22巻13号3511頁〈百選58〉〔百選58〕〔三栄電気事件〕，

第4章　会社の機関

直接取引につき最大判昭46・10・13民集25巻7号900頁〈百選57〉〔百選57〕〔仙石屋事件〕）は，会社の利益と取引の安全とを調整する観点から，会社側が当該取引が承認を得ていないことのほか，取引の相手方がその旨を知っている事実（悪意）を主張し，証明して初めて，その無効を取引の相手方である第三者に対抗できるとする見解（相対的無効説）を堅持している。学説も，当該取引が利益相反取引であることを知り得ない第三者の取引の安全をも考慮する必要があるという見地から，判例の相対的無効説の立場を支持する。なお，会社の承認機関の承認を欠いた利益相反取引を実行した取締役は，任務懈怠責任として損害賠償責任を負う（会社423条1項）。

> **設問に対する解答**

本問において，P社の代表取締役Aは，R社に対して取締役Bが負っていた債務につき，P社を代表して債務引受をなしているが，このような取引の効力をいかに解釈すべきかが問題となる。この点につき判例（前掲・最大判昭43・12・25）は，当該取締役が会社を代表して，自己の債権者との間でその債務を引き受ける場合は，間接取引にあたると解している。代表取締役の地位の重要性にかんがみると，本件のようにP社を取締役B以外のAが代表しても規制対象となると解すべきであろう。さらに判例（最判昭50・12・25金法780号33頁）は，間接取引の無効の主張権者につき，「当該保証人が，会社の債務負担が本条違反であることを知りつつ，保証契約を締結していた場合」は，保証人は信義則上無効を主張できないと解している。以上より，P社は本件債務引受が取締役会の承認を得ていないこと，および，R社がその事実を知っていることを立証しない限り，Aによってなされた当該間接取引の効力につき無効を主張できないと解すべきであろう（相対的無効説）。よってR社はP社に対しBが負っていた債務金額5千万円の弁済を求めることができる。

> **設問15**　P株式会社の代表取締役Aは，P社の業務から退くことを考え，取締役Bに退職慰労金について相談したところ，役員報酬とは別途に在任中の特別功労に対する報償として2億円は用意できるという回答を得た。
> その後P社の株主総会では，役員報酬議案を承認するとともに，退任したAに対する退職慰労金の具体的な金額，贈呈の時期，方法等については，取締役会に決定

第2編　株式会社

を一任する決議がなされた。

　総会終了後に開催された取締役会で，Aに退職慰労金2億円を支給する旨の議案について議論が交わされたところ，取締役Cは「財務状況が厳しいなかで2億円を支給することには賛成できない」と反対したが，BとDの賛成でAに2億円の退職慰労金が支給された。そこで，P社の株主Xは，無制限の一任決議は違法であると主張し，無効の訴えを提起した。Xの総会決議の無効確認の訴えは認められるであろうか，説明しなさい。

取締役の報酬等の決定

　会社法361条1項は，取締役の報酬等の決定については，定款の定めまたは株主総会の決議によることを要求する。これは，取締役の報酬等の決定を取締役に委ねる場合，取締役が報酬等の支給に当たり，自分自身の将来の報酬等への影響等を考慮し高額に定める危険があり，お手盛りの間接的な弊害を否定できないからである。

取締役の報酬等の決定に対する例外的な措置

　指名委員会等設置会社では，株主総会または取締役会によって「取締役・執行役が受ける個人別の報酬等の内容，および，報酬等の内容の決定方針」が決まるのではなく，それを決する権限は過半数の社外取締役を構成メンバーとする報酬委員会にあるとされる（会社404条3項・409条1項）。また監査等委員会設置会社における取締役の報酬等は，定款の定めまたは株主総会の決議によって決定され（会社361条1項），その事項は監査等委員である取締役とそれ以外の取締役とを区別して定めなければならず（同条2項），監査等委員である取締役には株主総会においてその報酬等についての意見陳述権が認められる（同条5項）。さらに，監査等委員である取締役の独立性を確保する見地から，報酬等の配分は定款の定めまたは株主総会の決議がない場合には，監査等委員である取締役の協議によって決定することを認めている（同条3項）。

報酬等の意味

　取締役の「報酬等」の意味については，取締役が行う「職務執行の対価として会社から受ける財産上の利益」をいい，「職務執行の対価として会社から支給される限り」，その名目のいかんを問わない（会社361条1項）。取締役に支給する賞与も報酬等に含まれるが（同条柱

114

書），剰余金の処分として賞与を支給することは認められない（会社452条かっこ書）。これは，会社法上定款をもって剰余金の配当等の決定を取締役会に委任できるので，剰余金の処分として賞与を支給する方法を認めると，お手盛りのおそれがあるからである。

(1) **退職慰労金は報酬等に含まれるか**　報酬等に関連して，退任取締役に支給する退職慰労金が会社法361条の定める「報酬等」に該当するかが問題となる。

下級審裁判例では，会社が退職慰労金を支給するには，その額を定款の定めまたは株主総会決議により決定する必要があり（神戸地姫路支判昭38・10・18訟月10巻2号377頁），会社の代表取締役社長に退職慰労金の支給決定のすべてを一任する定款条項は無効であると解していた（大阪地判昭32・11・16下民集8巻11号2139頁）。判例（最判昭39・12・11民集18巻10号2143頁〈百選62〉〈百選61〉〔名古屋鉄道事件〕）は，「退職慰労金が在職中における職務執行の対価として支給されるものである限り，商法280条・269条（会社361条1項）にいう報酬に含まれるもの」と解している。

学説においては，退任した取締役は報酬等を定める取締役会の議事に参加することができず，お手盛りの危険はないから，商法280条・269条（会社361条1項）の定める報酬等にあたらないとする見解（否定説）が主張されていた。しかし退職慰労金は，「取締役在任中の職務執行の対価としての報酬の後払い的性格，および在任中の特別功労に対する報償としての性格を有する」ものであり，いずれは退任し退職慰労金を受け取る立場にある取締役に退職慰労金の決定を一任しうるとすればお手盛りの弊害は否定できないという理由から，判例と同様に退職慰労金も商法280条，同269条（会社法361条1項）の報酬等に含まれるとする見解（肯定説）が支配的である。これは，会社法上報酬規制を行う趣旨がお手盛り防止にある以上，報酬規制の対象を取締役の任用契約に基づく役員報酬に限定するべきではないと考えられるからであろう。

(2) **報酬等の決定の取締役会への一任**　P社の退任した取締役Aに支給する退職慰労金が会社法361条1項の定める報酬等にあたるとした場合，支給額の決定につき株主総会決議により取締役会に一任することは許されるであろうか。

第2編　株式会社

判例（前掲・最判昭39・12・11）は，退職慰労金に関し，通常の報酬のように具体的な上限金額を明示するよう求めていないが，「①会社の慣行および内規によって一定の確立した支給基準が確立されていること，②株主がその支給基準を容易に知りうべきものであること，③株主総会決議で明示的または黙示的に支給基準の範囲内で相当な金額を支給すること」を前提にして，具体的額の決定を取締役会に一任することは許されると解している。学説も判例と同様に，一定の場合に取締役会への一任を有効とする見解を採る。すなわち退職慰労金について，通常の報酬等に含まれると解した場合，その決定を取締役会に無条件で一任することは許されないとするが，「取締役会に一任しても，実質的にみてお手盛りの危険はない場合」，すなわち「一定の基準により退職慰労金を決定する慣例が確立しており，かつ株主がその基準を知り得る状況にあった場合」は，取締役会への一任を認めてもよいと解する。

> **設問に対する解答**

本問に照らして考えると，Aに対する退職慰労金額の決定は，前記①②③の基準に従って取締役会が具体的金額などを決定する趣旨である場合には，お手盛りの弊害はないと考えられるから，取締役会に一任する旨の株主総会決議は有効と解する。かかる条件を満たさない場合，本問における株主総会決議は会社法361条1項1号に反し無効と解すべきであろう。

設問16　P株式会社の代表取締役Aは，経営合理化を図るべく，持株会社へ移行する計画を立てた。Aは，おいしいステーキ・ハンバーグをお値打ち価格で提供するQ株式会社を子会社として設立し，Q社を取締役B，C，Dに任せる一方で，P社をPホールディングス株式会社に商号変更する形で親会社へ移行させ，P社の名誉会長に就任した。Aは，Q社に対し，収益力が落ちるQ社所有の直営店舗（以下「本件物件」という）をAの知人であるEに売り渡すよう指示した。指示を受けた取締役Bらは，取締役会の決議を経ずに，本件物件を1億円でEに売り渡す売買契約（以下「本件契約」という）を締結した。①本件物件は重要な財産の処分に該当するであろうか，②本件契約の効力は有効か，③本件契約を有効とした場合の取締役の会社に対する責任，④6ヶ月前から引き続きQ社の株式を有する株主Xが，会社法上取りうる手段について，それぞれ説明しなさい。

116

第4章　会社の機関

> **問題の所在**

前述のように（設問1の解説「取締役会設置会社」の(2)），会社法362条4項は，代表取締役や選定業務担当取締役に委任できない取締役会の専決事項を定めている（ただし，例外的措置につき，設問1の解説「取締役会設置会社」の(3)参照）。会社にとって「重要な財産」については，取締役会決議に基づいて処分することを求められているところ（会社362条4項1号），会社の取締役会決議を経ていない重要な財産の処分の効力をいかに解釈すべきかが問題となる。

> **重要な財産の処分**

重要な財産の処分とは何かについては，法解釈上の問題となる。判例（最判平6・1・20民集48巻1号1頁）は，ある財産の処分が「重要な財産の処分」に該当するか否かの判断基準について，「①当該財産の価額，②その会社の総資産に占める割合，③当該財産の保有目的，④処分行為の態様および会社における従来の取扱い等の事情を総合的に考慮して判断すべきもの」と判示している。

> **取締役会の決議を経ていない取引の効力**

取締役会の決議を欠く効力につき判例（最判昭40・9・22民集19巻6号1656頁〈百選65〉〈百選64〉〔富士林産工業事件〕）は，会社法362条4項1号の定めに違反してなされた取引の効力は原則として有効であるが，取引の相手方が取締役会の決議を経ていないことを知っていたかまたは知ることができたときに限り，無効であると解している（心理留保説）。これに対して学説では，取締役会の決議を欠く重要な財産の処分も有効であるが，悪意の相手方に対しては一般悪意の抗弁をもって無効を主張できるとする見解（一般悪意抗弁説）がある一方，会社法362条4項1号は代表取締役の代表権の範囲を制限した効力規定であるから，会社は取締役会決議を経ていないことにつき善意の取引の相手方に対しては無効を主張しえないとする見解（代表権制限説）もある（会社349条5項参照）。

> **設問に対する解答**

(1)　本件物件は重要な財産の処分に該当するか

本問にみるに，Q社所有の本件物件は1億円に相当する資産であるから，前記の①ないし④の事情を総合的に考慮すると，同社の本件物件は，重要財産の処分に該当すると考えるべきであろう。

(2)　本件契約は有効か　判例（前掲・最判昭40・9・22）は，取締役会決議を

117

欠く代表取締役の取引の効力は，内部的意思決定を欠くに止まるから，原則として有効であって，相手方が取締役会決議を経ていないことを知りまたは知り得べかりしときに限って，無効と解している。本問にみるに，取引相手方であるＥは，Ｐ社の名誉会長Ａの知人であり，本件物件の処分につきＱ社の取締役会決議を経ていないことを知り，または知りうる立場にあったと考えられるから，本件物件の売買契約は会社法362条4項1号の定めに反するものとして無効と解すべきであろう（心理留保説）。

(3) **本件契約を有効とした場合の取締役の会社に対する責任**　前記(1)のように本件物件は，重要財産の処分に該当すると考えられる。そうすると，Ｑ社の取締役Ｂらは，会社法362条4項1号に基づき取締役会決議を経たうえで本件物件に関する売買契約を締結すべきであったにもかかわらず，これを怠ったものといえる。また取締役でないが，会社に対する事実上の影響力ないし支配力を行使し会社経営を実際に主宰する者を，会社の事実上の取締役として見做したうえでその責任を追及すべきであるという見解が取られている。

Ａは，自己または第三者の私利を図るために，Ｑ社の経営に対する事実上の影響力を行使し，Ｑ社の取締役Ｂらに本件物件に係る売買契約の指図を行ったものであるから，ＡをＱ社の事実上の取締役として会社法423条1項の定める損害賠償責任を追及できるであろう。よって，Ｑ社の事実上の取締役Ａおよび取締役Ｂらには善管注意義務（会社330条，民644条）および忠実義務（会社355条）違反という任務懈怠責任が認められるべきであり，この場合にはＱ社がＡおよびＢらの損害賠償責任を追及する必要がある（会社423条1項・847条1項）。

(4) **Ｑ社の株主Ｘが取りうる手段**

(ア)　**違法行為差止請求権**　Ｑ社の株主Ｘは，本件物件の処分が法令違反行為（会社362条4項1号）に該当することから，これにより会社に「著しい損害（監査役設置会社，監査等委員会設置会社または指名委員会等設置会社の場合は回復することができない損害）」が生ずるおそれがある場合，本件物件にこのような売買契約の差止を裁判所に請求することができる（会社360条1項・3項）。

(イ)　**株主代表訴訟の提起**　Ｑ社の株主Ｘは，会社の利益を図るべく，Ｑ社に対し，事実上の取締役Ａおよび取締役Ｂらの責任を追及する訴えを提起する

よう請求できる。Q社が，請求の日から60日以内に責任追及等の訴えを提起しない場合は，株主XはQ社に対する損害賠償責任につき株主代表訴訟を提起しうる（会社847条3項）。

> **設問17** 設問16の事例において，Q株式会社の経営を再建するために代表取締役に復帰したAは，Q社の経営が正常化されてきたことでその運営を取締役B，Cに任せるとともに，赤字経営の責任を問う形でDを解任し，取締役の人数合わせのために同社の従業員であるFを取締役としての職務を果たさなくてもよいという合意の下で選任したうえで，自ら代表取締役の職を辞任した。しかしAは，Bからしばらくの間は対外的信用を考慮し，会社の代表取締役の地位だけは残してほしいといわれ，同意した。
>
> Q社は，業務用食肉の加工卸販売を行うX₂から豚等の食肉を安価で購入していたが，口蹄疫の再感染による畜産業不況等の影響を受け，売上激減・資金繰り悪化が続いた。ところがB，Cは，Aへの剰余金配当を行うため，平成26年頃から，売上を水増しし，不正会計処理を行っていたが，Fはかかる粉飾決算について気づかなかった。P社の株主X₁，Q社の債権者X₂が，会社法上取りうる手段につき，説明しなさい（なおX₁は，P社の発行済株式の100分の3以上の株式を有する株主である）。

> **問題の所在**

本問は，①登記簿上の取締役Aの対第三者責任，②名目的取締役Fの対第三者責任，③P社の株主X₁による特定責任追及の訴え，④Q社の債権者X₂による損害賠償責任の訴えの当否等を問う問題である。以下，それぞれの論点につき，検討する。（なお本問の論点のうち，取締役の計算書類の虚偽記載に基づく対第三者責任や違法配当の返還義務については，第5章第3節設問8を参照）。

> **登記簿上の取締役の対第三者責任**

Q社の代表取締役を辞任したAに対する責任追及は可能であろうか。会社には，株主総会の選任手続を経た正規の取締役と異なり，正規の選任手続を経ないまま登記簿上の取締役として就任登記がなされた者や取締役辞任後も辞任登記がなされないまま登記簿上は取締役として残存する者が存在する。これを「登記簿上の取締役」という。このような登記簿上の取締役に対しても，会社法429条1項の責任を問うことが可能であるかが問題となる。

この点につき，判例（最判昭62・4・16判時1248号127頁〈百選73〉（百選72）〔宇

第2編　株式会社

野鍍金鋼鉱業事件〕）は，本問のように，辞任登記未了の取締役Ａが「積極的に取締役として対外的又は内部的な行為をあえてした場合」を除いては，原則として平成17年改正前商法266条ノ3（会社429条1項）の責任を負わないが，Ａが「登記申請権者である当該株式会社の代表者に対し，辞任を申請しないで不実登記を残存させることにつき明示的に承諾を与えていたなどの特段の事情が存在する場合」には，平成17年改正前商法14条（会社908条2項）の類推適用により善意の第三者に対して対抗することができない結果，同法266条ノ3（会社429条1項）の責任を負うとする。

　学説も，「①株主総会で選任手続を経ていないにもかかわらず，取締役の就任登記を承諾したことによって不実の登記の出現に加功した場合，②取締役を辞任したが，辞任登記をせずに不実の登記を残存させることにつき登記申請者に明示的な承諾を与えていた場合」には，会社法908条2項の類推適用により取締役でないことをもって善意の第三者に対抗できないと解しており，よって会社法429条1項に基づく責任追及は可能であろう。

▷ 名目的取締役の対第三者責任

　一般に中小企業には，株主総会で員数合わせのための取締役に選任されているものの，実質的には取締役としての職務遂行に当たらない，いわゆる「名目的取締役」が存在する例が少なくない。

　判例（最判昭48・5・22民集27巻5号655頁〈百選72〉（百選71））は，取締役としての任務を果たさない名目的取締役であっても，法律上，取締役の監視義務を負うことを否定できないから，取締役としての監視義務違反を理由に第三者に対する責任を負うと判示した。しかし，それ以降の下級審裁判例には，名目的取締役につき，「たとえ監視義務を尽くしてもワンマン経営者の業務執行を是正することが不可能であった」ことを実質的な理由として，任務懈怠と第三者の損害との因果関係を否定し，監視義務違反を理由とした第三者に対する責任を認めないと判示したケースが増える傾向にある（大阪地判昭59・8・17判タ541号242頁，東京地判平8・6・19判タ942号227頁等）。

　このような近時の下級審裁判例の傾向に鑑みれば，本問の取締役ＦにはX_2に対する損害賠償責任が生じないと解する余地もあるであろう。しかし，Ｆ

が，名目的取締役であるという理由だけで取締役の第三者責任を負わないということには否定的な立場にならざるをえない。その理由は，名目的取締役であっても，法律上の取締役として就任した者に変わりはないから，業務執行に対する監視義務を負い，それを怠れば，429条1項の責任を負うべきであると考えられるからである。特に非公開会社に対して取締役会の設置を強制しない会社法の下では（会社326条1項・327条1項1号参照），名目的取締役に就任した者につき厳格な責任が問われる可能性を否定できないとする見解に鑑みれば，公開会社であるか否かを問わず，名目的取締役であっても取締役の業務執行に対する監視義務を負い，それを懈怠すれば，429条1項の責任を負う蓋然性は高くなると考えるべきであろう。

> ### 多重代表訴訟制度による
> ### 取締役の責任追及

(1) 多重代表訴訟制度　平成26年改正会社法では，企業グループにおける子会社の取締役の経営責任を強化し，親会社の株主の利益等を保護するべく，「特定責任追及の訴え」（以下「多重代表訴訟」という）が新設された（会社847条の3）。これにより，改正前と異なり，子会社の不祥事等により損害を被った親会社株主も，子会社や孫会社の取締役に対する多重代表訴訟を提起できることになった。すなわち，6ヶ月前から引き続き公開会社である最終完全親会社総株主の議決権の100分の1以上または発行済株式の100分の1以上の数の株式を有する株主であれば，多重代表訴訟の原告となりうる（会社847条の3第1項・第7項・第9項参照）。非公開会社では保有期間の要件はない（同条の3第1項本文・第6項）。

(2) 多重代表訴訟による子会社の取締役の責任追及　P社の発行済株式の100分の3以上の株式を有する株主であるX$_1$は，P社がその完全親会社が存在しない最終完全親会社である場合で，Q社の株式の帳簿価額がP社の総資産額として法務省令で定める方法により算定される額の5分の1（これを下回る割合を定款で定めた場合にあっては，その割合）を超える場合には，Q社の取締役の責任を追及できる（会社847条の3第4項）。X$_1$は，Q社の取締役Bらが行った粉飾決算および違法配当に関し，会社の利益を保護するべく，粉飾決算の事実を究明し，取締役の責任を問うため，裁判所の許可を得て，同社の会計帳簿と会計の資料の閲覧・謄写を同社に請求することができる（会社433条3項）。

第2編　株式会社

> **Q社の債権者X₂による責任追及**

会社法463条2項によれば，Q社の債権者であるX₂も，登記簿上の取締役Aに対し，違法に受け取った剰余金配当額を支払うよう請求することができるとされる。この点につき，X₂は，会社法463条2項の定める内容を根拠に違法配当を受け取ったAに対し，①違法に受け取った剰余金配当額をQ社に対して返還するように請求できると解すべきか，それとも②違法な剰余配当額を債権者自身に支払うよう請求できると解すべきかが問題となる。

　多数説によれば，会社法463条2項の定める内容については，X₂は違法配当を受け取った登記簿上の取締役Aに対し，債権者X₂自身に対して支払を請求できる権利を定めたものと解されている。その根拠として，会社法463条2項のかっこ書が挙げられる。この内容によれば，「当該額が当該債権者の株式会社に対して有する債権額を超える場合にあっては，当該債権額」が追加されたことを手がかりに，会社法463条2項を債権者代位権的特則規定ととらえ，会社債権者は自己に「支払わせることができる」と解されている。

　したがって，Q社の債権者X₂は，登記簿上の取締役Aに対して違法に受け取った剰余金配当額を自己に支払うように請求することができると解すべきであろう。

第4節　監査役および監査役会

> **設問1**　監査役とはどのような機関か，また，監査役を設置しなければならないのは，どのような場合か，説明しなさい。

> **監査役**

監査役とは，取締役の職務の執行を監査する機関である（会社381条1項。なお，会計参与設置会社では会計参与の職務の執行を監査する権限も有しているが，本節の説明においては割愛する）。監査役は，経営者である取締役とは別個独立の立場から，取締役の職務執行をチェックする機能を有しており，原則として業務監査権限を有している。例外として，公開会社でな

122

い株式会社（監査役会設置会社および会計監査人設置会社を除く）では，その監査役の監査の範囲を会計に関するものに限定する旨を定款で定めることができる（会社389条1項）。

監査役を設置しなければならない場合として，まず，取締役会設置会社は，監査役を置かなければならない（非公開会社で会計参与設置会社の場合を除く。会社327条2項）。取締役会の設置によって，取締役会に業務執行の決定権が生じ，株主総会の権限が縮小するため（会社295条2項），監査役によって，取締役等の業務執行者の権限濫用を防止する必要があるからである。

次に，会計監査人設置会社は，監査役を置かなければならない（会社327条3項）。会計監査人の機能が果たされるためには，業務監査権限を有する監査役が置かれていることが必要と考えられているためである。

もっとも，いずれの場合にも，監査等委員会設置会社および指名委員会等設置会社の場合には，監査等委員会および監査委員会が監査を担う機関として設置されているため，監査役を置く必要はなく（会社327条2項かっこ書・3項かっこ書），機関として監査役を設置することは許されていない（同条4項）。

設問2 取締役が事業年度の途中で監査役に就任することはできるか，また，監査役が会社の訴訟代理人となることはできるか。

監査役の資格については，取締役と同様の欠格事由等が定められている（会社335条1項）。さらに，独立性の担保のため，監査役は，会社もしくはその子会社の取締役もしくは支配人その他の使用人または当該子会社の執行役を兼ねることができないとされている（同条2項）。

監査役の資格が裁判において問題となった事例として，取締役が事業年度の途中で監査役に就任した場合がある（東京高判昭61・6・26判時1200号154頁）。判旨は，「取締役であった者が立場を変えて心機一転監査役の立場で過去の取締役としての職務執行を事後監査することは可能であり」，「取締役であった者を監査役に選任するかどうかは株主総会の判断に委ねるべき事項であって」，選任は違法ではないとする。

第2編　株式会社

　また，監査役が会社の訴訟代理人となることが，会社の使用人を兼ねること
ができないとする規制に抵触するかが問題となった事例がある（最判昭61・2・
18民集40巻1号32頁〈百選75〉〈百選74〉）。判旨は，平成17年改正前商法276条（会
社335条2項に相当）の規定は，「弁護士の資格を有する監査役が特定の訴訟事件
につき会社から委任を受けてその訴訟代理人となることまでを禁止するもので
はない」として，違法ではないとする。

設問 3　監査役の選任および終任について，取締役の場合と比較しつつ，説明
しなさい。

　監査役は，取締役と同様に，株主総会の普通決議によって選任される（会社
329条1項。347条2項・329条3項も参照）。もっとも，取締役と異なり，累積投票
による選任は認められていない（会社342条対照）。
　一般的な終任事由は，取締役と同様であるが（会社330条，民651条・653条），
監査役の解任については，独立性の担保のため，株主総会の特別決議による
（会社309条2項7号・343条4項。347条2項も参照）。
　監査役の選任および終任に関して，監査役（または監査役会）に一定の権利を
与えることにより，監査役の独立性が保障されている。まず，監査役がある場
合において，監査役の選任に関する議案を株主総会に提出するには，取締役
は，監査役（監査役が2人以上ある場合はその過半数。監査役会設置会社では監査役
会）の同意を得なければならない（会社343条1項・3項）。また，監査役（監査
役会設置会社では監査役会）は，取締役に対し，監査役の選任を株主総会の目的
とすることまたは監査役の選任に関する議案を株主総会に提出することを請求
することができる（同条2項）。さらに，身分保障の観点から，監査役は，株主
総会において，その選任もしくは解任または辞任について意見を述べることが
でき，辞任した場合，株主総会に出席して，辞任した旨およびその理由を述べ
ることができる（会社345条4項）。

設問 4　監査役の任期について，説明しなさい。

第4章　会社の機関

　監査役の任期は，原則として，4年（選任後4年以内に終了する事業年度のうち最終のものに関する定時株主総会の終結の時まで）である（会社336条1項。例外として，同条4項各号に掲げる定款の変更をした場合には，当該定款変更の効力が生じた時に満了する）。取締役と同様に，公開会社でない会社においては，定款によって，任期を選任後10年以内に終了する事業年度のうち最終のものに関する定時株主総会の終結の時まで延長することができる（会社336条2項）。

　取締役と異なり，その独立性を担保するため，定款または株主総会の決議によって，その任期を短縮することはできない（会社332条1項ただし書対照）。

> **設問5**　監査役設置会社における監査役の具体的な権限について説明しなさい。

　<u>監査役設置会社</u>　　監査役は，取締役の職務の執行を監査する機関であり（会社381条1項），原則として，業務監査および会計監査を行う権限を有している。例外として，公開会社でない株式会社（監査役会設置会社および会計監査人設置会社を除く）では，その監査役の監査の範囲を会計に関するものに限定する旨を定款で定めることができる（会社389条1項）が，会社法の定義上，そのような定めのある会社は「監査役設置会社」には含まれず（会社2条9号），監査役の業務監査権限に基づく規定の適用はない（会社389条7項）。この規制は文言上分かりにくいものであるが，沿革として，平成17年改正前は，資本金の額が1億円以下の会社は「小会社」とされ，「小会社」の監査役には業務監査権限が与えられず，会計監査権限のみを有していたこと（平成17年改正前商法特例法22条以下参照）に対応した規定である。設問において，「監査役設置会社における」監査役の権限とされていることから，以下では，業務監査権限および会計監査権限の両方を有する監査役の権限について説明する。

　<u>監査役の権限</u>　　第1に，監査役は，法務省令で定めるところにより，監査報告を作成しなければならない（会社381条1項後段，会社施規105条）。具体的な内容について，会計監査人設置会社以外の場合は，会社計算規則122条1項に，また，会計監査人設置会社の場合は，同126条に定

125

第2編　株式会社

められている（計算規121条参照）。

第2に，監査役は，いつでも，取締役および支配人その他の使用人に対して事業の報告を求め，または会社の業務および財産の状況を調査することができる（会社381条2項）。また，監査役は，その職務を行うため必要があるときは，子会社に対して会計に関する報告を求め，または会社もしくはその子会社の業務および財産の状況の調査をすることができる（会社381条3項。子会社は正当な理由があるときは，報告または調査を拒むことができる，同条4項。なお，会計監査人に対する報告徴収権として，会社397条2項参照）。

第3に，監査役は，取締役が不正の行為をし，もしくは当該行為をするおそれがあると認めるとき，または法令もしくは定款に違反する事実もしくは著しく不当な事実があると認めるときは，遅滞なく，その旨を取締役（取締役会設置会社にあっては取締役会）に報告しなければならない（会社382条）。

第4に，監査役は，取締役会に出席し，必要があると認めるときは，意見を述べなければならない（会社383条1項前段）。前述の取締役会への報告義務を果たすためには，取締役会が招集される必要がある。このため，監査役は，必要があると認めるときは，招集権者に対して取締役会の招集を請求することができ，一定期間内に招集の通知が発せられない場合は自ら取締役会を招集することもできる（同条2項・3項）。

第5に，監査役は，取締役が株主総会に提出しようとする議案，書類，電磁的記録その他の資料を調査しなければならず，法令もしくは定款違反または著しく不当な事項があると認めるときは，その調査の結果を株主総会に報告しなければならない（会社384条，会社施規106条）。

第6に，監査役は，取締役が会社の目的の範囲外の行為その他法令もしくは定款に違反する行為をし，またはこれらの行為をするおそれがある場合において，当該行為によって当該会社に著しい損害が生ずるおそれがあるときは，当該取締役に対し，当該行為をやめることを請求することができる（会社385条1項）。その場合，裁判所が仮処分を命じる場合でも，担保を立てなくともよく（同条2項），株主による差止請求よりも条件が緩やかになっている（会社360条3項・422条参照）。

第4章　会社の機関

第7に，会社が取締役に対し，または取締役が会社に対し訴えを提起するなどの場合には，監査役が会社を代表する。ここでの取締役には，取締役であった者も含まれる（会社386条1項）。また，責任追及等の訴えにおいて，一定の場合には，監査役が会社を代表する（同条2項）。取締役間のなれ合い防止のため，中立性の高い監査役にこのような権限が与えられている。

第8に，株主総会に提出する会計監査人の選任および解任ならびに不再任に関する議案の内容は，監査役が（監査役が2人以上ある場合は監査役の過半数をもって，また，監査役会設置会社においては監査役会が）決定する（会社344条）。

設問6　監査役の監査における適法性監査と妥当性監査の関係について，論じなさい。

従来の通説は，取締役会による職務執行の監督（会社362条2項2号）が業務執行の妥当性の監査にまで及ぶのに対して，監査役による業務監査（会社381条1項）は，原則として，業務執行の適法性の監査に限られると解する（適法性監査限定説。その場合，「著しく不当」な事項について明文で報告義務が定められている場合〔会社382条・384条〕には，善管注意義務の問題となり，違法性の問題となる）。

これに対して，実際に監査活動を行う際に，適法性と妥当性の問題を明確に区別することは困難であることや（ある問題が違法かどうかは調査してみないと分からない），監査役の個別権限の中には相当性について判断すべき場合があること（後述の例を参照）などから，監査役の権限は妥当性監査についても及ぶとする説も有力に主張されている（妥当性監査包含説）。

確かに，内部統制の体制の整備について，取締役会の決議の内容の概要および当該体制の運用状況の概要について監査役は相当性を判断することが義務づけられていたり（会社施規129条1項5号・118条2項2号），株主代表訴訟については，提訴するべきか否かの判断において一定の裁量があると解されている（会社386条2項・847条1項参照）ことなどを考慮すると，適法性監査という用語から直裁にイメージされる権限より広範な権限を監査役が有していることは事実である。

第2編　株式会社

　もっとも，適法性監査限定説の立場からは，上記の内部統制に関して不相当
な意見が示された場合や，株主代表訴訟における判断において著しく不当な判
断がなされた場合は，監査役の善管注意義務違反が問題となり，それも違法性
の問題に含まれると解されるので，問題は生じない。かりに監査役の権限が一
般的に妥当性にも及ぶとすると，それは，監査役の義務となり，不作為が任務
懈怠となる点にも留意が必要である。そのため，学説においては，そもそも妥
当性監査をも含むかについて論じるという問題設定自体が適切でなく，個々の
権限ごとに判断せざるをえないという見解も主張されている。

> **設問7**　監査役と会社との関係（一般的義務，報酬および費用等の請求権）に
> ついて説明しなさい。

　まず，一般的な義務として，会社と監査役との関係は委任に関する規定に従
う（会社330条）。したがって，監査役は会社の受任者として善管注意義務を負っ
ている（民644条）。
　監査役の報酬等（会社361条1項）は，定款にその額を定めていないときは，
株主総会の決議によって定める（会社387条1項）。監査役が2人以上ある場合
において，各監査役の報酬等について定款の定めまたは株主総会の決議がない
ときは，当該報酬等は，前述の範囲内において，監査役の協議によって定める
（同条2項）。監査役は，株主総会において，監査役の報酬等について意見を述
べることができる（同条3項）。
　監査役がその職務の執行について，会社に対して，費用の前払や支出した費
用の償還等を請求をしたときは，会社は，それらが監査役の職務の遂行に必要
でないことを証明した場合を除き，これを拒むことができない（会社388条）。

> **設問8**　監査役会を設置しなければならないのはどのような場合か，説明しな
> さい。

128

第4章　会社の機関

監査役会　公開会社である大会社は監査役会を置かなければならない（会社328条1項）。このような会社には，多数の一般株主や債権者が存在することが多いことから，企業統治を充実させるとともに，計算書類等の適正を監査する必要があり，複数の者によって情報を交換する体制を整えることで，監査の実効性を確保する趣旨である。ただし，監査等委員会設置会社および指名委員会等設置会社では，監査等委員や監査委員が置かれていることから，監査役会の設置義務はない（同条同項かっこ書）。

　なお，監査役会設置会社においては，監査役は，3人以上で，そのうち半数以上は，社外監査役でなければならない（会社335条3項）。社会的に影響の大きい会社については，監査役の過半数を社外者とすることにより，監査機能が充分に発揮されることが期待されている。

設問9　監査役会の権限について，説明しなさい。

　監査役会は，すべての監査役で組織される（会社390条1項）。

　監査役会は，①監査報告の作成，②常勤の監査役の選定および解職，③監査の方針，会社の業務および財産の状況の方法その他の監査役の職務の執行に関する事項の決定を行う。もっとも，③については，各監査役の権限の行使を妨げることはできない（同条2項）。監査は，その性質上，個人個人の判断が優先され，多数決になじまないからである。これは監査役の独任制によるものと説明されている。

　②に関して，監査役会は，監査役の中から常勤の監査役を選定しなければならない（同条3項）。監査役は，監査役会の求めがあるときは，いつでもその職務の執行の状況を監査役会に報告しなければならない（同条4項）。

設問10　監査役会の運営について，取締役会の場合と比較しつつ，説明しなさい。

　監査役会は，各監査役が招集することができる（会社391条）。取締役会の場

129

第2編　株式会社

合と異なり，定款または取締役会決議によってあらかじめ招集権者を限定することは許容されていない（会社366条1項ただし書対照）。

　招集手続については，取締役会と同様である。監査役は，監査役会の日の1週間（定款で短縮することは可能）前までに，各監査役に対してその通知を発しなければならない（会社392条1項）。もっとも，監査役の全員の同意があるときは，招集の手続を経ることなく開催することができる（同条2項）。

　監査役会の決議は，監査役の過半数をもって行う（会社393条1項）。監査役会については，取締役会と異なり，決議の省略は認められない（会社370条対照）。議事録の作成，議事録に異議をとどめない者の扱い，および監査役会への報告の省略については，取締役会と場合と同様である。監査役会の議事については，法務省令で定めるところにより，議事録を作成し，出席した監査役は，これに署名または記名押印しなければならない（会社393条2項・3項，会社施規109条）。監査役会の決議に参加した監査役であって，議事録に異議をとどめないものは，その決議に賛成したものと推定される（会社393条4項）。監査役全員に対して通知した場合には，取締役等は，監査役会への報告を省略することができる（会社395条）。

第5節　会計参与

> **設問1**　会計参与とはどのような機関か，その資格を有するのはどのような者か，また，なぜそのような機関が設けられているか，説明しなさい。

　会計参与とは，取締役（指名委員会等設置会社では執行役）と共同して，計算書類等を作成する者である（会社374条1項・6項）。取締役および監査役とならんで，会社法上「役員」とされている（会社329条1項）。会社と会計参与との関係は委任に関する規定に従う（会社330条）。なお，会計参与の報酬等および費用の前払請求等は，基本的に，監査役と同じ規制に服する（会社379条・380条）。

　会計参与は，機関構成にかかわらず，すべての株式会社において，任意に設

130

置することができる（会社326条2項，監査等委員会設置会社または指名委員会等設置会社でない取締役会設置会社であって，公開会社でないものが監査役を置かない場合には，会計参与を置かなければならない，327条2項）。

会計参与は，公認会計士もしくは監査法人または税理士もしくは税理士法人でなければならない（会社333条1項。欠格事由について，同条3項2号・3号）。会社またはその子会社の取締役，監査役もしくは執行役または支配人その他の使用人は会計参与となることができない（同条3項1号，なお374条5項）。なお，会社の顧問税理士が会計参与となることは禁止されていない。

会計参与の制度は，平成17年の会社法の制定時に導入された。公認会計士または税理士の資格を有する者が，会社の機関として，取締役等と共同して計算書類を作成することにより，株式会社の計算書類の適正さを確保しようとする制度であり，とりわけ，中小企業における虚偽記載等の防止および計算書類の信頼性を高めることが期待される。

設問2 会計参与の選任，解任および任期について説明しなさい。

会計参与の選任，解任および任期については，取締役と同様の規制に服する（会社329条・339条・341条・334条1項・332条。累積投票に関する342条を除く）。ただし，身分保障の観点から，会計参与は，監査役などと同様に，株主総会において，その選任もしくは解任または辞任について意見を述べることができ，辞任した場合，株主総会に出席して，辞任した旨およびその理由を述べることができる（会社345条1項・2項）。

設問3 会計参与の具体的な権限について説明しなさい。

第1に，会計参与は，取締役（指名委員会等設置会社では執行役）と共同して，計算書類およびその附属明細書，臨時計算書類ならびに連結計算書類を作成する（会社374条1項前段・6項）。また，上記の書類の作成に関する事項について会計参与が取締役らと意見を異にするときは，会計参与は，株主総会において

第2編　株式会社

意見を述べることができる（会社377条1項・2項）。

　第2に，会計参与は，法務省令で定めるところにより，会計参与報告を作成しなければならない（会社374条1項後段）。会計処理に関する事項および計算書類作成に際して取締役（または執行役）と協議した主な事項等を内容とする（会社施規102条）。

　第3に，会計参与は，いつでも，会計帳簿またはこれに関する資料の閲覧および謄写をし，または執行役および取締役ならびに支配人その他の使用人に対して会計に関する報告を求めることができる（会社374条2項・6項）。また，会計参与は，その職務を行うため必要があるときは，子会社に対して会計に関する報告を求め，または会社もしくはその子会社の業務および財産の状況の調査をすることができる（会社374条3項。子会社は正当な理由があるときは，報告または調査を拒むことができる，同条4項）。

　第4に，会計参与は，その職務を行うに際して取締役の職務の執行に関し不正の行為または法令もしくは定款に違反する重大な事実があることを発見したときは，遅滞なく，これを監査役などの業務監査を担う機関に報告しなければならない（会社375条）。

　第5に，取締役会設置会社の会計参与は，計算書類等の承認をする取締役会（会社436条3項など）に出席しなければならず，必要があると認めるときは，意見を述べなければならない（会社376条1項）。

　第6に，会計参与は，原則として，各事業年度に係る計算書類およびその附属明細書ならびに会計参与報告について，定時株主総会の日の1週間（取締役会設置会社では，2週間）前の日から5年間，法務省令により，当該会計参与が定めた場所（会社施規103条）に備え置かなければならない（会社378条1項）。この場所は，登記事項である（会社911条3項16号）。会計参与設置会社の株主および債権者によるは閲覧等の請求については，会社378条2項に定められている。会社の本店・支店における閲覧請求（会社442条3項）に比べ，心理的抵抗が少ないという利点があるともいわれる。

第4章　会社の機関

第6節　指名委員会等設置会社

設問1　指名委員会等設置会社について，簡潔に説明しなさい。

> **指名委員会設置会社とは**

指名委員会等設置会社は，株式会社のうち，定款で指名委員会，監査委員会，報酬委員会を設置する会社である（会社2条12号）。指名委員会等設置会社になるには，会社の規模や公開会社であるか否かを問わないが，取締役会設置会社かつ会計監査人設置会社であることを要する。

> **指名委員会等設置会社における業務執行**

指名委員会等設置会社では，それ以外の取締役会設置会社と異なり，取締役会は執行役を選任し，業務執行に係る権限を大幅に委譲し，執行役がいわゆる経営者として会社の経営全般を執り行う。取締役は原則として業務執行ができない（会社415条）。

　なお，指名委員会等設置会社以外の取締役会設置会社において，特に取締役の数の減員を図る上場会社等に設けられるポストとして，「執行役員」と呼称される役職を設ける会社があるが，ここで言う「執行役員」は会社法で定める指名委員会等設置会社の執行役とは異なり，会社が任意に定める役職である。法的には会社の機関ではなく，一種の重要な使用人（会社362条4項3号）である。

> **指名委員会等設置会社における取締役会の権限**

取締役会では，①経営の基本方針（中長期計画等），②重要な業務執行組織等に係る事項（執行役の選解任，執行役相互の関係に関する事項，代表執行役の選定・解職，各委員会を組織する取締役の選定・解職），③内部統制システム（後述する）に係る事項，④定款で授権がある自己株式買受けに係る事項，⑤株主総会に係る事項，⑥計算書類等の承認，⑦中間配当の決定，⑧会社組織再編行為に係る事項，⑨利益相反取引等の承認・責任の一部免除等，会社経営の根幹に関わる基本方針の決定と執行役の監督機関としての役割を求められている（会社416条）（モニタリング・モデル）。

133

第2編　株式会社

　また，取締役会の監督機能を実効化するため，取締役会の中に社外取締役
（会社2条15号）が過半数を占める各委員会が置かれる。指名委員会，報酬委員
会の決定を取締役会が覆すことができないなど，各委員会には非常に強い権限
が付与されている。各委員会の各権限，役割は後述する。

> 設問❷　指名委員会等設置会社であるＡ社では，取締役Ｙが外部と不適切な取
> 引を行っている事実が判明したため，臨時株主総会での解任を検討し
> ている。取締役Ｙの解任手続について，関係する委員会の権限に触れ
> つつ説明しなさい。
> 　また，取締役ではなく，執行役の場合の解任はどうなるのか。

指名委員会の権限

　取締役の選任・解任は，株主総会の決議により行う
が，指名委員会等設置会社においては，指名委員会
が，株主総会に提出する取締役の選任・解任に関する議案の内容を最終的に決
定する権限を有する（会社404条1項）。取締役会は，取締役の選任・解任議案
に関する指名委員会の決定を覆すことはできない（会社416条4項5号かっこ書）。

取締役の解任手続

　本件では，取締役Ｙの解任が問題となっている。指
名委員会を構成する各委員に委員会の招集権限があ
り，取締役Ｙの解任を議題として，原則として委員会開催日の1週間前（ただ
し，取締役会でこれを短縮することは可能。会社411条1項）までに各委員に招集通
知を発し，委員会を招集する（ただし，委員全員の同意があれば省略可。同条2項）。

　指名委員会では，執行役・取締役・会計参与に必要な事項の説明を求めるこ
とができるため（同条3項），取締役Ｙに対し，委員会への出席を求め，事実関
係のヒアリングを行うことになろう。また，関係する執行役，取締役，使用人
などからも意見聴取を行うことになる。

　また，正当な理由のない取締役の解任について，取締役は会社に対して損害
賠償請求ができるため（会社339条2項），会社側としては，解任理由の正当性
を手続的に担保するため，指名委員会におけるヒアリングの場において，取締
役Ｙに弁明の機会を付与することもありえる。

　取締役Ｙの解任相当と判断された場合には，臨時株主総会の招集を取締役会
に提案するため，指名委員会において取締役会を招集し（会社417条1項），解

134

第 4 章　会社の機関

任に関する議案を提出することになる。

> ◁ 執行役の選任・解任

他方，　執行役の選任・解任は，取締役会決議により行う（会社402条 2 項・403条 1 項）。指名委員会は，取締役の選任・解任の議案決定権限が付与されている一方，執行役の選任・解任の権限は付与されていない。これは，取締役会に執行役に対する監督が求められているためである。

> ### 設問❸
>
> A社は，監査役設置会社であるが，監査役を廃止して，指名委員会等設置会社への移行を検討している。指名委員会等設置会社の監査の対象，範囲，方法がどのようになるのか。監査役設置会社と比較しつつ説明しなさい。

　指名委員会等設置会社には監査役を置くことができず，代わりに監査委員会が設けられる。監査役の場合，ほとんど部下を持たずに，自ら会社の業務・財産の調査等を行う独任制の機関であるのに対し，監査委員会は委員の過半数を社外取締役によって構成し，取締役会の設けた内部統制システムを通じて監査を行う。したがって，監査役設置会社では，大会社以外に内部統制システムの整備は義務付けられていないが，指名委員会等設置会社では，大会社以外も内部統制システムの整備が必須である（会社416条 1 項 1 号ホ）。

　指名委員会等設置会社における内部統制システムとは，①執行役の職務の執行が法令・定款に適合するための体制（会社416条 1 項 1 号ホ），②執行役の職務の執行に係る情報の保存・管理に関する体制，③損失の危険の管理に関する規程その他の体制，④執行役の職務の執行が効率的に行われることを確保するための体制，⑤使用人の職務の執行が法令・定款に適合するための体制，⑥会社・親会社・子会社から成る企業集団における業務の適正を確保するための体制（会社施規112条 2 項）である。

> ### 設問❹
>
> A社では，指名委員会等設置会社に移行したが，このたび，内部通報窓口に執行役Yの不正行為に関する情報提供があった。監査委員会ではどのような対応をとるべきか。

135

第2編　株式会社

　監査委員は，この内部統制システムが適切に構成・運用されているかを具体的に監視監督，指示することが任務であり，これを通じて執行役の職務の適法性（適法性監査）だけでなく，業務の効率性（妥当性監査）についても監査することが任務である。

　監査委員会は，執行役等の職務の執行に関する適法性監査の権限を有するため，必要な調査を行わなければならない（会社405条）。また，各監査委員には取締役会への報告権限があり，執行役の不正行為が判明した場合またはそのおそれがあると認められる場合には，遅滞なく，取締役会に報告しなければならない（会社406条）。

　さらに，各監査委員には執行役の行為に対する差止権限が付与されている。

　以上の権限があることを踏まえ，A社の監査委員会では，必要な調査を行い，その結果を取締役会に報告するとともに，執行役Yの行為が，会社の目的の範囲外の行為その他法令もしくは定款に違反する行為である場合において，それにより会社に著しい損害が生ずるおそれがあるときは，差止請求をすることができる。具体的には，各監査委員が自己の名において，執行役Yの行為差止請求の仮処分を裁判所に申し立てることになる（会社407条2項）。併行して，監査委員会の報告を受けた取締役会では，執行役の解任を決議することになろう（会社403条）

　その後，過去の不正行為について，会社が損害を受けた場合において，会社が執行役Yに損害賠償請求訴訟を提起する際には，監査委員会の選定する監査委員が会社を代表することになる（会社408条1項2号）。

設問5　指名委員会等設置会社において，執行役，取締役等の報酬はどのように決められるか。

　指名委員会等設置会社では，報酬委員会が執行役・取締役・会計参与が受ける個人別の報酬等（現金以外に，職務執行の対価として付与される新株予約権，退職慰労金等も含まれる）を決定する（会社404条3項）。

　具体的には，報酬委員会において，個人別の報酬等の内容に係る決定に関す

第4章　会社の機関

る方針（以下「報酬基準」という）を決定し（会社409条1項），報酬基準に従って，個々の報酬等を決定する（同条2項）。公開会社では，報酬基準を事業報告書に記載することが求められている（会社435条2項，会社施規121条5号）（具体例については，公開会社で指名委員会等設置会社のHP等で公表されるIR情報から閲覧することができる）。

第7節　監査等委員会設置会社

> **設問1** 監査等委員会設置会社について，簡潔に説明しなさい。

監査等委員会設置会社の導入の背景

企業統治において社外取締役導入が強く推奨される社会的背景を受け，平成26年改正会社法では社外取締役制度（会社327条の2），証券取引所の有価証券上場規程（有価証券上場規程436条の2）において，上場会社における社外取締役の設置が強く推奨されている。こうした流れの中で，従来型の監査役会設置会社と指名委員会等設置会社の中間形態として，平成26年改正により創設された形態の会社が，監査等委員会設置会社である。

なお，金融庁・東京証券取引所の策定にかかる上場会社の規律である「コーポレートガバナンス・コード」では，独立社外取締役を少なくとも2名以上設けることが求められている。

監査等委員会設置会社の概要

株式会社のうち，定款の定めにより，取締役会以外に，監査等委員会が置かれる（会社2条11号の2・326条2項）。監査等委員会は，指名委員会設置会社における監査委員会の有する権限に加え，指名委員会・報酬委員会の有する機能を一定程度代替し，取締役の選任等および報酬等について，株主総会に意見を述べる権限を有している。それゆえ，指名委員会設置会社の監査委員会と異なり，監査等委員会と呼称される。

会社の規模や公開会社（会社2条5号）であるか否かを問わないが，取締役

137

第2編　株式会社

会設置会社（会社327条1項3号）かつ会計監査人設置会社（会社327条5項・2条11号）であることを要する。また，監査役を置くことはできない（会社327条4項）。

　監査等委員会は，3人以上かつその過半数を社外取締役によって構成される（会社331条6項）。なお，監査等委員となる取締役は，独立性を確保する観点から，それ以外の取締役とは別に選任する必要がある（会社329条2項）。

> ### 監査等委員会設置会社の業務執行

監査等委員会設置会社の業務執行は，指名委員会等設置会社における執行役はおかれず，取締役会（会社399条の13）ならびに代表取締役（399条の13第3項）および業務執行取締役が行う。ただし，監査等委員である取締役は，社外取締役であるか否かにかかわらず，当該会社もしくは子会社の業務執行取締役，支配人その他の使用人，会計参与または子会社の執行役を兼ねることができない（会社331条3項・333条3項1号）。

> ### 監査等委員会の権限

監査等委員会は，その他の取締役等の職務執行の適法性・妥当性監査（会社399条の2～399条の7），監査等委員以外の取締役の選任・解任および報酬等についての意見を通じて行う経営評価（会社399条の2第3項3号・361条6項）を行う権限が付与されている。

設問2　A社は，取締役会設置会社（社内取締役3名），監査役会設置会社（社内監査役1名，社外監査役2名）である。近年，他社の株式を取得し，自社のグループ化を図り，事業の多角化を進めている。
　今後もその動きを活発化させるために，より迅速・機動的な意思決定を図りつつ，専断的な経営を廃し，ガバナンスを強化したいとも考えている。平成26年会社法改正を踏まえ，A社の法務部として，どのような機関設計を提案したらよいか検討しなさい。

　監査等委員会設置会社へ移行することが考えられる。

　監査等委員会設置会社では，①取締役の過半数が社外取締役である場合（会社399条の13第5項），または，②定款の定めがある場合（同第6項）には，取締役会決議によって，重要な業務執行の決定を特定の取締役に委任することができる。この委任を行えば，迅速・機動的な意思決定を確保することができる。

また，監査等委員会設置会社では，3名以上で，その過半数を社外取締役とする監査等委員会が設置されるため，独立性を有する社外取締役によって構成された監査等委員会による適法性監査・妥当性監査，社内論理にとらわれない社外取締役による取締役会での議決権行使を通じて，ガバナンスの強化も達成することができる。

したがって，A社法務部としては，①定款変更により監査役会設置会社から監査等委員会設置会社へ移行し，かつ，取締役会決議により重要な業務執行を特定の担当取締役に委任する旨の定款変更を行う，②既存の社外監査役2名を社外取締役に選任し，社内取締役1名の合計3名を監査等委員に選任して，監査等委員会を設置することが考えられる（実例としても，監査等委員は社外監査役からの横滑りが大半を占める）。

設問3　A社は取締役会設置会社であり，代表取締役Y_1，専務取締役Y_2，社外取締役Y_3がいる。Y_1は，B社の代表取締役も兼務しており，B社株式をすべて保有している。Y_2，Y_3はB社の取締役と兼務関係にない。

B社が銀行融資を受けるにあたり，A社が取締役会の承認のもとに連帯保証している。

今般，B社が倒産し，A社が保証債務の履行を余儀なくされ，多額の損失を被った。

（1）A社の株主Xから相談を受けた弁護士として，どのような対応を検討すべきか，簡潔に説明しなさい。

（2）A社が，Y_3以外にも2名の社外取締役がいる監査等委員会設置会社であり，上記事案で取締役会の承認だけでなく監査等委員会の承認を得ていた場合の取締役の責任はどうなるか。また，取締役会の承認を得ていないが，監査等委員会の承認を得ていた場合についても，説明しなさい。

（1）A社とB社では，Y_1が代表取締役を兼務しており，B社の株式のすべてをY_1が保有していることから，A社の保証行為は利益相反取引（会社356条1項3号）に該当する。

取締役会設置会社における利益相反取引については，取締役会の承認を要する（会社365条1項・356条1項3号）。

そして，利益相反取引を決定した取締役，これを取締役会で賛成した取締役

第2編　株式会社

についても，当該利益相反取引によって会社に損害が生じた場合，その任務を
怠ったものと推定される（会社423条3項）。

　したがって，本件では，Y₁以外に，取締役会の承認決議にY₂～Y₃が賛成
していれば，XはY₁～Y₃に対して株主代表訴訟により損害賠償請求をするこ
とができる。

　これに対し，取締役Y₁～Y₃は，任務を怠っていないことの立証責任を負
う。

　(2)　A社が監査等委員会設置会社の場合にも，XがY₁～Y₃に対して株主代
表訴訟により損害賠償請求をすることは，上記(1)と同様である。

　ただし，取締役会の承認に加え，監査等委員会の承認を得ていた場合，取締
役の任務懈怠の推定は働かない点が(1)との違いである（会社423条4項）。社外
取締役を過半数とする監査等委員会には利益相反の監督機能があることがその
理由とされる。

　その結果，株主X側でY₁～Y₃の任務懈怠の具体的事実を立証する必要があ
る。

　一方，監査等委員会の承認はあっても，取締役会の承認を得ていない場合，
明らかな法令違反があるため，会社423条4項の適用はなく，取締役の任務懈
怠になる。

第8節　会計監査人

> **設問 1**　会計監査人とはどのような機関か，また，会計監査人を設置しなけれ
> ばならないのは，どのような場合か，説明しなさい。

　会計監査人とは，計算書類等の監査を行う者である。会計監査人の制度は，
公認会計士という会計専門家によって，会社の経理内容をチェックさせること
により，会社の計算書類の適正さを確保しようとするものである。

　会社と会計監査人との関係は委任に関する規定に従う（会社330条）。なお，

140

第4章　会社の機関

取締役は，会計監査人の報酬等を定める場合には，監査役などの監査機関の同意を得なければならない（会社399条）。

　大会社，監査等委員会設置会社および指名委員会等設置会社は，会計監査人を置かなければならない（会社327条5項・328条）。大会社では経理が複雑なため専門家によるチェックが不可欠だからであり，また，監査等委員会設置会社および指名委員会等設置会社においては，会計監査人による計算書類等の監査が行われていることが，取締役会の権限を縮小することができる（会社416条4項・399条の13第5項・第6項参照）根拠の1つであるからである。

（設問❷）会計監査人の資格について，説明しなさい。

　まず，会計監査人は，公認会計士または監査法人でなければならない（会社337条1項）。また，会計監査人の特徴として，会計のプロであるという専門性とともに，会社外部の者による監査であるという点（外部監査）が挙げられる。そのため，被監査会社からの独立性が強く要求され，公認会計士法により監査をすることができない者に加えて，会社の関係者から監査法人の業務以外の業務により継続的な報酬を受けている者またはその配偶者等が，会計監査人となることができない（同条3項）。

　なお，会計監査人が監査法人である場合は，その社員の中から会計監査人の職務を行うべき者を選定し，これを会社に通知しなければならない（同条2項）。

（設問❸）定款において，会計監査人を選任する株主総会における定足数を3分の1未満とする旨を定めることはできるか，説明しなさい。

　会計監査人は，株主総会の普通決議によって選任および解任される（会社329条・339条）。会計監査人は役員ではないため（会社329条1項），会社法341条の適用はなく，定款によって，定足数を3分の1未満とすることや定足数を排除することも可能である（会社341条参照）。

　なお，会計監査人の任期は，原則として，1年（選任後1年以内に終了する事

141

第2編　株式会社

業年度のうち最終のものに関する定時株主総会の終結の時まで）である（会社338条1項）。もっとも，会計監査人は，その定時株主総会において別段の決議がされなかったときは，当該定時株主総会において再任されたものとみなす（同条2項）。

> **設問4**　会計監査人を株主総会の決議以外の方法で解任することができるのはどのような場合か，説明しなさい。

　会計監査人の解任は，株主総会の普通決議によって行われるが（会社339条），株主総会の開催には手続上一定の期間を要するため，緊急の必要がある場合には，監査役などの監査機関は，その会計監査人を解任することができる。具体的には，①職務上の義務に違反し，または職務を怠ったとき，②会計監査人としてふさわしくない非行があったとき，または③心身の故障のため，その職務の遂行に支障があり，またはこれに堪えないときである（会社340条1項）。

　この解任は，監査役（監査等委員または監査委員）が2人以上ある場合には，その全員の同意によって行わなければならない（会社340条1項・2項・4項〜6項）。かりに，会計監査人が欠けた場合，監査役などの監査機関は，一時会計監査人の職務を行うべき者を選任しなければならない（会社346条4項・6項〜8項）。

　なお，取締役による恣意的な選任等を防止するため，会計監査人の選任，解任および不再任に関する議案の内容は，監査役などの監査機関が決定する（会社344条）。また，身分保障の観点から，会計監査人は，株主総会において，その選任，解任もしくは不再任または辞任について意見を述べることができ，辞任または解任の場合，株主総会に出席して，辞任した旨およびその理由または解任についての意見を述べることができる（会社345条5項・1項）。

> **設問5**　会計監査人の具体的な権限について説明しなさい。

　第1に，会計監査人は，会社の計算書類およびその附属明細書，臨時計算書

類ならびに連結計算書類を監査する（会社396条1項前段）。

　第2に，会計監査人は，法務省令で定めるところにより，会計監査報告を作成しなければならない（同条1項後段，会社施規110条）。具体的な内容については，会社計算規則126条に定められている（計算規121条参照）。その中でも，会計監査人の会計監査報告の内容に，会社計算規則126条1項1号イの無限定適正意見が含まれていることは，計算書類承認の特則（会社439条）や剰余金分配の特則（会社459条2項）の要件とされており，重要である（計算規135条・155条参照）。

　第3に，会計監査人は，いつでも，会計帳簿またはこれに関する資料の閲覧および謄写をし，または取締役（指名委員会等設置会社では執行役，取締役）および会計参与ならびに支配人その他の使用人に対し，会計に関する報告を求めることができる（会社396条2項・6項）。また，会計監査人は，その職務を行うため必要があるときは，子会社に対して会計に関する報告を求め，または会社もしくはその子会社の業務および財産の状況の調査をすることができる（同条3項。子会社は正当な理由があるときは，報告または調査を拒むことができる，同条4項）。

　第4に，会計監査人は，その職務を行うに際して取締役の職務の執行に関し不正の行為または法令もしくは定款に違反する重大な事実があることを発見したときは，遅滞なく，これを監査役などの監査機関に報告しなければならない（会社397条1項・3項～5項）。報告された内容について，監査役などの監査機関が善管注意義務に基づいて対応することになる。

　第5に，会社の計算書類等が法令または定款に適合するかどうかについて会計監査人が監査役などの監査機関と意見を異にするときは，会計監査人は，定時株主総会に出席して意見を述べることができる（会社398条1項・3項～5項）。なお，定時株主総会において，その出席を求める決議があったときは，会計監査人は，出席して意見を述べなければならない（同条2項。この決議は，取締役会設置会社において，あらかじめ議題とされていなくとも株主総会において決議することができる例外の1つである〔会社309条5項〕）。

第2編　株式会社

第9節　検査役

> **設問1**　X社は，創業者である代表取締役社長A，常務取締役B（Aの長男），専務取締役C（Aの次男），監査役D（Aの妻）で役員を構成している非公開会社，取締役会設置会社，監査役設置会社である。X社では，Aが高齢で，Bが経営の実権を握っている。
>
> 　X社の議決権のある発行済み株式のうち，Aが20％，Bが15％，Cが10％，Dが4％を保有し，5％を製造部長であり，番頭格の従業員であるEが，残りは従業員持株会および元従業員，取引先等が保有している。
>
> 　X社では，B，Cが中心になって，Bの妻が代表取締役を務めるY社と通常より著しく低額の取引をしたり，Y社に回収可能性に問題のある多額の貸し付けをしたりしている疑いがある。
>
> 　Eは，X社の現状を是正したいと考えており，場合によってはB，Cらの責任追及をする必要もあると考えている。そのための第1歩として，会社の業務，財産状況を調査したいと考えている。
>
> 　Eから相談を受けた弁護士として，B，Cらの行為を是正するため，どのような手続をとればよいか。会計帳簿閲覧請求（会社442条3項）以外の手段を検討しなさい。

　会社の業務執行に関し，不正の行為または法令・定款に違反する重大な事実があると疑うに足りる事由があるときは，業務・財産状況を調査するため，裁判所に検査役選任の申立てをする方法が考えられる（会社358条）。

　検査役選任の申立適格は，総株主の議決権の100分の3以上の議決権を有する株主，または，発行済み株式（自己株式を除く）の100分の3以上の数の株式を有する株主に認められる。本件ではEが総株主の議決権の5％を有するため，検査役選任の申立てが可能である。

　なお，申立時点で上記議決権要件（または持株要件）を満たしていても，その後，新株発行により議決権比率（または持株比率）が3％を下回った場合，検査役選任申立てを妨害する目的で新株発行をした等の特段の事情がない限り，申立適格を欠き，当該申立ては不適法却下となることには注意を要する（最決平18・9・28民集60巻7号2634頁）。

申立てに際し，検査役による調査が会社の業務運営や信用に影響を及ぼす可能性があるため，裁判所は「疑うに足りる理由」について，相当に厳格な証明を要求する傾向にある。

検査役には実務上弁護士が選任され，補助者に公認会計士を利用することが多い。調査対象は会計帳簿に限定されないが（会社358条1項），裁判所が検査目的に照らして相当と認められる範囲内に調査事項を限定する。

本件の検査目的は，X社とY社との利益相反取引の該当性の調査が中心となると思われる。したがって，検査対象はX社の会計帳簿，Y社との取引契約書，発注書，仕入れ情報等，その他X社とY社の取引内容を把握するための資料が中心となろう。

検査役は，調査後に裁判所の調査結果を報告し（会社358条5項），検査役選任申立てをした株主にもその写しが提供される（同条7項，会社施規229条5号）。裁判所は，必要があると認めるときは，職権により，取締役に対し，①一定期間内に株主総会を招集すること，または，②検査役の調査結果を株主全員に通知すること，を命ずることができる（会社359条1項）。

以上が，B，Cの不正を是正するため，会社の業務・財産状況を調査する手続である。

なお，実務上，その後のB，Cの責任追及に向けた手続も重要となるため，簡潔に流れを整理しておく。

会社の業務・財産の検査結果を踏まえ，B，Cの業務執行に，会社の目的の範囲外の行為その他法令，定款に違反する行為があれば，Eは，B，Cの取締役解任，新取締役2名の選任を目的として，臨時株主総会の招集請求をし（会社297条1項），遅滞なく開催がされない等の場合には，裁判所の株主総会招集許可（同条4項）を得て，臨時株主総会を開催することになる。

臨時株主総会の開催にあたり，招集手続および決議の方法を検査させるため，総会検査役（会社306条）の選任申立てをすることもある。

臨時株主総会において，B，Cの解任，新取締役の選任がなされれば，Eとしては一定の目的を達成することになる。

そのためには，株主総会で多数派を形成する必要がある。しかし，本件の場

第2編　株式会社

合，ＡＢＣＤ合計の議決権比率は49％，Ｅは５％にすぎず，Ｅが他の株主の賛同を得て多数派を形成できるか微妙な状況である。

　したがって，Ｂ，Ｃの解任決議が否決された場合，次の方法として，Ｅは，Ｂ，Ｃの違法行為を差し止めるため，Ｂ，Ｃの職務執行停止の仮処分（民保23条2項）を申し立て，本案訴訟として，Ｂ，Ｃら取締役の解任の訴え（会社854条）または違法行為差止請求訴訟（会社360条），過去の利益相反取引等について，責任追及訴訟（会社847条）等を提起することが考えられる。

第5章　計算等

第1節　総　論

> **設問1**　株式会社における計算に関する規定の目的は何かについて説明しなさい。

　株式会社の計算とは，株式会社の会計のことであり，具体的な規定としては，計算書類，資本金，剰余金の配当等に関する規制がなされている。

　株式会社の計算に関する規定の第1の目的として，会社の財産状況や収益状況を明らかにすることがある。会社を効率的かつ合理的に運営していくために，経営者は会社の財産状況や収益状況を把握しておくことが必須であり，そのための資料として貸借対照表や損益計算書等の計算書類が必要となるのである。

　第2の目的として，会社債権者と株主の利益調整がある。株式会社においては，社員である株主が間接有限責任しか負わないことから（会社104条），会社債権者は，唯一の引当財産である会社財産が維持されることを求めるのに対し，株主はより多くの配当を得ることを求めるのが通常である。このような会社債権者と株主の利益調整として，資本金および準備金の制度が設けられ，剰余金配当のルールとして分配可能額が定められている。

　第3の目的として，会社の利害関係者に対する情報開示がある。会社の財産状況や収益状況が開示されることにより，会社債権者やこれから取引を行う相手方は債権の回収可能性を，株主や投資家は将来のリターン・リスクを判断することができるのである。

第2編　株式会社

第2節　会計帳簿

> **設問2**　会計帳簿の意義およびその具体的内容について説明しなさい。

　会計帳簿とは，会社の事業上生じる一切の取引を継続的かつ組織的に記録する帳簿である。各事業年度に係る計算書類およびその附属明細書は，会計帳簿に基づき作成される（計算規59条3項）。

　会計帳簿は，具体的には，仕訳帳および総勘定元帳という主要簿と，現金出納帳などの各種の補助簿を意味する。

　仕訳帳とは，日々発生する会計上の事実を借方と貸方に分けて複式記帳したものである。また，総勘定元帳とは，仕訳帳に記載された会計上の事実を，勘定口座ごとに分類転記したものである。現金出納帳は事業における現金の出入を取引順に記載したものである。補助簿には，他にも預金出納帳，仕入帳，売上帳，売掛金元帳，買掛金元帳，手形・小切手元帳など，さまざまなものが存在する。

> **設問3**　Y株式会社は，インターネット上のショッピングモールの運営等の情報通信関連事業を行っている会社である。X株式会社は小売業を中心に幅広い事業を行っている会社であるところ，インターネットビジネスの発展状況に鑑み，今後のインターネット関連事業での事業展開を目指してY社の株式の5％を取得した。そうしたところ，翌事業年度の計算書類において，Y社が他社に対して突如多額の貸付を行ったことが判明したことから，X社は，Y社の財務状況の悪化を危惧し，Y社が行った多額の貸付の内容を調査したいと考えている。この場合に，X社はY社による多額の貸付の内容を調査するためにどのような請求を行うことが考えられるか。また，当該請求は認められるか。

◆**会計帳簿閲覧等請求の請求権者**　　総株主の議決権の100分の3以上の議決権または自己株式を除く発行済株式総数の100分の3以上の株式を有する株主は，会計帳簿またはこれに関する資料の

第5章　計算等

閲覧または謄写（以下「閲覧等」という）を行うことができる（会社433条1項）。これは，株主が取締役の責任追及の訴えを提起するための調査を行うなど，会社の業務・財産の状況を調査することを可能とするために設けられた規定である。また，子会社を利用した親会社取締役の不正行為を防止するため，親会社社員も，その権利を行使するため必要があるときは，裁判所の許可を得て，子会社の帳簿閲覧等の請求をすることができる（同条3項）。

会計帳簿閲覧等請求の対象

会計帳簿閲覧等請求の対象は「会計帳簿又はこれに関する資料」であるが，その範囲は法文からは一義的に明らかではない。この点に関し，横浜地判平成3年4月9日（判タ768号227頁）は平成17年改正前商法293条の6についての事案であるが，「会計ノ帳簿」とは，通常会計学上の仕訳帳，元帳および補助簿を意味し，「会計ノ書類」とは，会計帳簿作成に当たり直接の資料となった書類，その他会計帳簿を実質的に補充する書類を意味するものと解するのが相当であるとして，法人税確定申告書はこれに含まれないと判断した。これに対して，「会計帳簿又はこれに関する資料」の意義を，会計監査人および定款の定めにより監査範囲が限定された監査役の閲覧・謄写権限の対象となる「会計帳簿又はこれに関する資料」（会社389条4項・396条2項）と異なるものと解すべき理由はなく，会社の会計に関する限り一切の帳簿・資料が会計帳簿の閲覧等の対象に含まれるとする見解もある。中小企業においては会計帳簿や計算書類の記載内容が事実と整合することを担保する材料として確定申告書が大きな意味を有しており，確定申告書が閲覧等の対象に含まれるか否かは大きな問題となる。

会計帳簿閲覧等請求の方法

会計帳簿閲覧等請求は，「請求の理由」を明らかにしてしなければならない（会社433条1項柱書第2文）。ここで，「請求の理由」として，どの程度具体的な事実を記載すればよいのか，および記載した事実が真実であることの立証を要するかが問題となる。そもそも会計帳簿等の閲覧等の請求において「請求の理由」の記載が求められているのは，会社が拒絶理由の存否および閲覧等を拒絶すべきか否かを判断するためである。そこで，請求の理由は，具体的に記載されなければならないが，請求をするための要件として，その記載された請求の理由を

第2編　株式会社

基礎づける事実が客観的に存在することについての立証は要しないと解すべきである（最判平16・7・1民集58巻5号1214頁〈百選79〉（百選77））。このように，立証を要しないとすべきことは，情報を有していない株主が情報収集を行うために会計帳簿等の閲覧等を請求することを可能としたという制度の目的からしても当然のことである。なお，上記最高裁判決が閲覧等を認めるべき会計帳簿等の範囲について審理させるために原審に差し戻していることからすると，閲覧等が認められる会計帳簿等の範囲は，「請求の理由」に応じて必要な範囲に限定されると考えられる。

会計帳簿閲覧等請求の拒絶事由

会計帳簿閲覧等請求には拒絶事由が定められており，会社はこれらを抗弁として主張することができる（会社433条2項）。これは，会計帳簿等には秘密とすべき情報も含まれていることから，閲覧権の行使により会社の業務の遂行が妨げられ，株主共同の利益が害されるおそれがあるためである。ところで，閲覧拒絶事由として，会社法433条2項3号は「請求者と当該株式会社の業務と実質的に競争関係にある事業を営み，又はこれに従事するものであるとき」を拒絶事由としている。これは株主が，取引先等の事業上の秘密に属する情報を取得し，これを競争上有利に利用する危険を防止するためのものである。そこで，「競争関係」とは，現に競争関係にある場合のほか，近い将来において競争関係に立つ蓋然性が高い場合をも含むと解すべきである（東京地判平19・9・20金判1276号28頁）。

　また，この点に関しては，実質的な競争関係の認定に当たり閲覧等請求を行った株主に，これによって得た情報を利用して競業を行う主観的意図が必要かどうかも問題となる。最判平成21年1月15日（民集63巻1号1頁〈百選80〉（百選78））は，会社が請求株主との間の実質的競争関係の存在さえ立証すれば，当該株主による会計帳簿等の閲覧等請求を拒絶することができ，請求株主の主観的意図は問題とならないと解している。もっとも，会社が競争関係の存在を立証すれば一応は請求を拒絶しうるのを原則としつつ，請求株主の側で競業の意図のないことを立証すれば閲覧等請求権の行使が認められるとする説も主張されている。

第5章　計算等

| 設問に対する解答 | X社はY社の会計帳簿のうち総勘定元帳を閲覧等す |

ることにより，Y社が貸付を行った相手方および各
貸付の金額を知ることができる。そこで，X社は，Y社の株式の100分の5を
有していることから，Y社の行った貸付の相手方および内容を調査することを
目的として，Y社の会計帳簿等の閲覧等を請求することが考えられる。これに
対しY社は，X社が「請求者と当該株式会社の業務と実質的に競争関係にある
事業を営み，又はこれに従事するものであるとき」にあたるとして，閲覧等を
拒絶することが予想される。そして，本問においては，Y社はインターネット
上のショッピングモールの運営などの情報通信関連事業を行っている会社であ
り，X社は，小売事業を中心事業として今後インターネット上での事業展開を
目指しているのであり，Y社の行っているインターネット上のショッピング
モールの運営事業と競業関係になる可能性が極めて高いことは客観的に明らか
である。したがって，上記の裁判例の見解からすると，Y社は，X社が「請求
者と当該株式会社の業務と実質的に競争関係にある事業を営み，又はこれに従
事するものであるとき」に該当するとして，閲覧等を拒絶することができると
考えられる。

第3節　計算書類

| 設問 4 | 計算書類の具体的内容について説明しなさい。 |

| 計算書類の意義 | 計算書類とは，貸借対照表，損益計算書，株主資本等 |

変動計算書および個別注記表をいう（会社435条2項，
計算規59条1項）。株式会社は，その成立の日における貸借対照表を作成すると
ともに（会社435条1項），各事業年度にかかる計算書類および事業報告ならび
にこれらの附属明細書を作成しなければならない（同条2項）。

| 貸借対照表 | 貸借対照表とは，一定の時点における会社の財産状況を明 |

らかにする計算書であり，一般に左側（借方）に「資産の部」

151

第2編　株式会社

を，右側（貸方）に「負債の部」および「純資産の部」が設けられる。

　資産の部は大きく「流動資産」，「固定資産」および「繰延資産」の3つに分けられ（計算規74条1項），固定資産の項目は，さらに「有形固定資産」，「無形固定資産」，「投資その他の資産」の項目に細分される（同条2項）。次に，負債の部は，「流動負債」と「固定負債」の2つに区分される（計算規75条1項）。また，純資産の部は，「株主資本」，「評価換算差額等」，「新株予約権」の3つの項目に区分され（計算規76条1項），株主資本は「資本金」，「新株式申込証拠金」，「資本剰余金」，「利益剰余金」，「自己株式」，「自己株式申込証拠金」に，評価・換算差額等は「その他有価証券評価差額金」，「繰延ヘッジ損益」，「土地再評価差額金」等に細分される（同条2項・7項）。

> **損益計算書**　損益計算書は，一会計期間（事業年度）に発生した収益とそれに対応する費用を記載することにより，その期間内の

会社の経営成績を明らかにする計算書である。損益計算書は，①売上高，②売上原価，③販売費および一般管理費，④営業外収益，⑤営業外費用，⑥特別利益，⑦特別損失に区分して表示される（計算規88条1項）。具体的には，①売上高から②売上原価を控除して売上総利益を算出する。次に，売上総利益から③販売費および一般管理費を控除することにより営業損益を算出する。ここから，利息，配当金や有価証券の売却・評価損益などの④営業外収益を控除したものが経常損益である。会社の経営成績の判断としては，この経常損益金額が大きな意味をもつこととなる。その上で，経常的でなく臨時に発生する損益および過年度に発生したが未記載の収益・費用である⑥特別利益および⑦特別損失につき，これらを加算ないし控除することにより税引前当期純損益を算出する。ここから課される税額を減じることにより，当期純損益が算出される。これが最終的な当該事業年度の損益である。

> **株主資本等変動計算書**　株主資本等変動計算書は事業年度における純資産の部の項目の変動を示す表である。これは，

会社法においては期中に剰余金の配当を行うことができるとされたこと，剰余金の配当が取締役会決議によって行う場合があることから作成を求められることとなったものである。株主資本等変動計算書においては，純資産を株主資

第 5 章　計算等

図表 5-1　貸借対照表の例

貸 借 対 照 表
(平成28年3月31日 現在)
(単位：百万円)

科 目	金 額	科 目	金 額
（ 資 産 の 部 ）		（ 負 債 の 部 ）	
流 動 資 産	199,017	流 動 負 債	38,775
現 金 及 び 預 金	90,128	買 掛 金	23,082
受 取 手 形	792	短 期 借 入 金	6,593
売 掛 金	54,930	未 払 金	6,949
商 品	41,712	未 払 費 用	2,030
前 払 費 用	422	そ の 他	121
未 収 入 金	10,248		
そ の 他	785	固 定 負 債	39,583
		長 期 借 入 金	37,591
固 定 資 産	333,202	そ の 他	1,992
有 形 固 定 資 産	69,147		
建 物	26,829		
車 両 及 び 運 搬 具	1	負 債 合 計	78,358
土 地	42,317		
無 形 固 定 資 産	57	（ 純 資 産 の 部 ）	
ソ フ ト ウ ェ ア	4	株 主 資 本	453,661
の れ ん	52	資 本 金	87,000
そ の 他	1	資 本 剰 余 金	97,199
投 資 そ の 他 の 資 産	263,998	資 本 準 備 金	95,227
投 資 有 価 証 券	27,913	そ の 他 資 本 剰 余 金	1,972
関 係 会 社 株 式	146,859	利 益 剰 余 金	361,382
長 期 貸 付 金	86,089	利 益 準 備 金	2,463
繰 延 税 金 資 産	5,682	そ の 他 利 益 剰 余 金	358,919
そ の 他	1,782	研 究 開 発 積 立 金	1,524
貸 倒 引 当 金	△4,327	繰 越 利 益 剰 余 金	357,395
		自 己 株 式	△91,920
		評 価 ・ 換 算 差 額 等	200
		その他有価証券評価差額金	200
		純 資 産 合 計	453,861
資 産 合 計	532,219	負債・純資産合計	532,219

図表 5-2　損益計算書の例

損 益 計 算 書
(自 平成27年4月1日 至 平成28年3月31日)
(単位：百万円)

科 目	金	額
売 上 高		247,526
売 上 原 価		189,410
売 上 総 利 益		58,116
販 売 費 及 び 一 般 管 理 費		53,249
営 業 利 益		4,867
営 業 外 収 益		
受 取 利 息	7,785	
受 取 配 当 金	7,873	
そ の 他	1,612	17,270
営 業 外 費 用		
支 払 利 息	608	
棚 卸 資 産 評 価 損	35	
為 替 差 損	24	
そ の 他	54	721
経 常 利 益		21,416
特 別 利 益		
固 定 資 産 売 却 益	217	
投 資 有 価 証 券 売 却 益	62	
貸 倒 引 当 金 戻 入 額	10	
そ の 他	5	294
特 別 損 失		
固 定 資 産 売 却 損	832	
投 資 有 価 証 券 評 価 損	7,359	
関 係 会 社 株 式 評 価 損	3,931	
そ の 他	8	12,130
税 引 前 当 期 純 利 益		9,580
法人税、住民税及び事業税	1,357	
法 人 税 等 調 整 額	4,300	5,657
当 期 純 利 益		3,923

本，評価・換算差額，新株予約権に分けて掲載される（計算規96条）。

個別注記表　個別注記表は，重要な会計方針に係る事項など，貸借対照表，損益計算書および株主資本等変動計算書等により株式会社の財産状態や損益を正確に判断するために必要な事項が記載される文書である（計算規97条以下）。

連結計算書類　事業年度の末日において大会社であって，かつ有価証券報告書提出会社（金商24条1項）では，会社およびその子会社からなる企業集団の財産および損益の状況を示すために連結計算書類を作成しなければならない（会社444条3項）。連結計算書類とは，具体的には，連結貸借対照表，連結損益計算書，連結株主資本等変動計算書，および連結注記表を指す（計算規61条）。

　かつては，当該会社自体の計算書類の作成が求められていたに過ぎなかった。しかし，近年の大規模企業では，親会社などを中心とした企業集団を形成し，一体となって営業活動を行うことが多くなっているところ，企業の財政状

第2編　株式会社

図表 5-3　株主資本等変動計算書の例

株主資本等変動計算書

(自 平成27年4月1日　至 平成28年3月31日)

	株			主			資		本		評価・換算差額等		純資産合計
	資本金	資本剰余金			利益剰余金				自己株式	株主資本合計	その他有価証券評価差額金	評価・換算差額等合計	
		資本準備金	その他資本剰余金	資本剰余金合計	利益準備金	その他利益剰余金		利益剰余金合計					
						研究開発積立金	繰越利益剰余金						
当期首残高	87,000	95,227	1,972	97,199	2,463	1,524	393,484	397,471	△91,920	489,770	1,802	1,802	491,572
当期変動額													
新株の発行													
剰余金の配当							△40,012	△40,012		△40,012			△40,012
当期純利益							3,923	3,923		3,923			3,923
自己株式の取得									△20	△20			△20
株主資本以外の項目の当期変動額(純額)											△1,602	△1,602	△1,602
当期変動額合計	—	—	—	—			△36,089	△36,089	△20	△36,109	△1,602	△1,602	△37,711
当期末残高	87,000	95,227	1,972	97,199	2,463	1,524	357,395	361,382	△91,920	453,661	200	200	453,861

況や経営状況を正確に把握するためには，企業集団全体の総合的な情報の開示が必要となるため，一定の規模の会社には連結計算書類の作成が求め義務づけられることとなったのである。

第4節　決算手続

設問**5**　株式会社の決算手続の流れについて説明しなさい。

　株式会社の決算とは，計算書類等の確定手続を指す。株式会社は，株主の資本に基づき経営されるものであることから，株主に対し，その財産状況および損益の状況を明らかにする必要がある。そこで，決算手続においては株主総会の承認ないし株主総会への報告が要求されている（会社438条2項・439条）。

　株式会社の決算手続としては，まず計算書類等の作成から始まる。会社は各事業年度において，計算書類（貸借対照表，損益計算書，株主資本等変動計算書および個別注記表），事業報告ならびにこれらの附属明細書を作成しなければならない（会社435条2項）。

　作成された計算書類等については，監査役設置会社では監査役の監査を（会

社436条1項，計算規121条以下），会計監査人設置会社では計算書類とその附属明細書については監査役（監査等委員会設置会社では監査等委員会，指名委員会設置会社では監査委員会）および会計監査人の監査を受ける（会社436条2項1号）。

　上記の監査を受けた計算書類等は，取締役会の承認を得なければならない（会社436条3項）。会計監査人設置会社以外の会社では，計算書類の確定には株主総会決議が必要であるが，会計監査人設置会社では，会計監査人の無限定適正意見がある等，計算書類が法令および定款に従い株式会社の財産および損益の状況を正しく表示しているものと認められる場合には，取締役会の承認により計算書類は確定する（会社438条2項）。

　計算書類等は，株主総会の前に株主に開示される。取締役会設置会社においては，取締役は，定時株主総会の招集の通知に際して，株主に対し，取締役会の承認を受けた計算書類および事業報告（監査報告または会計監査報告を含む）を提供しなければならない（会社437条，計算規133条）。また，定時株主総会の日の原則として2週間前から，各事業年度にかかる計算書類および事業報告ならびにこれらの附属明細書（監査報告または会計監査報告を含む）を本店に5年間，その写しを支店に3年間備え置かなければならない（会社442条1項）。

　取締役は，計算書類および事業報告を定時株主総会に提出し，計算書類については承認（会社438条2項）を受け（取締役会決議により確定している場合は報告），事業報告についてはその内容の報告を行う（同条3項）。計算書類について株主総会の決議事項とされ，事業報告については報告事項とされているのは，事業報告は事実の報告であり，株主総会においてその適否を判断するものではないからである。株主総会決議により計算書類が承認された場合，これにより当該計算書類が確定する。

　なお，株式会社は，株主総会終了後，遅滞なく貸借対照表（大会社では貸借対照表および損益計算書）を公告しなければならない。

第2編　株式会社

第5節　資本金・準備金の額の増加・減少

> | 設問 6 | A株式会社は産業用機器の製造・販売を主な事業とする株式会社であり取締役会設置会社である。同社の公告をする方法は官報に掲載してするとされている。
> 　A社の業績はこれまで順調に推移しており，剰余金も十分に存在している。同社は，今後，事業のさらなる拡大を目指していることから，信用を増すため，資本金を増加させたいと考えている。この場合にA社が採りうる方法および手続について説明しなさい。

資本金および準備金の意義

資本金の額は，会社財産確保の基準となる金額である。株主が間接有限責任しか負わない株式会社においては，債権者にとっての引当財産は会社財産のみであることから，資本金の額は会社の信用の基礎となるものであり，容易にその額を減少させることはできないとされている。逆に，資本金の額を増加させることは会社の信用力の増加につながることとなる。

　準備金は，資本金を補強して財務の安定性を保つために設けられた制度である。資本金以外の財産を全く確保していなかったとすると，業績が悪化するとすぐに会社財産が資本の額を割り込んでしまう。そこで，会社財産の変動に対するクッションとして準備金の制度が設けられており，資本準備金と利益準備金の2つに分けられる。

　株式会社の資本金の額は，原則として，設立または株式の発行に際して株主となる者が当該株式会社に対して払込みまたは給付した財産の額とされる（会社445条1項）。ただし，払込みまたは給付にかかる額の2分の1を超えない額は，資本金として計上しないことができる（同条2項）。この額は資本準備金として計上される（同条3項）。利益準備金は剰余金の配当を行う際，資本金額の4分の1に達するまで，当該剰余金の配当により減少する剰余金の額の10分の1を資本準備金ないし利益準備金として積み立てる必要があることから（同条4項），利益を原資として配当を行う際に計上される。

156

第5章 計算等

資本金および準備金の額を増加させる方法

資本金の額を増加させる主な方法として，新株発行による方法（第6章第2節参照）と，準備金または剰余金を資本金に組み入れる方法がある。資本金の額を増加させるのは，債権者にとってはメリットであるが，株主にとっては，分配可能額（会社461条）の減少につながることから，準備金または剰余金を減少させて資本金を増加させる場合であっても，株主総会決議が必要とされている（会社448条1項・450条2項）。

　準備金の額を増加させることも，資本金の額を増加させる場合と同様に，分配可能額（会社461条）の減少につながることから，株主総会の普通決議が必要とされている（会社451条2項）。

設問に対する解答

A社が資本金を増加させる方法として，準備金ないし剰余金を資本金に組み入れることにより，資本金の額を増加させることができる。この場合，株主総会の普通決議により減少する剰余金の額（効力発生日における剰余金の額を超えない額）および資本金の額の増加がその効力を生ずる日を定める必要がある（会社450条1項）。したがって，株主総会招集のための取締役会決議を行い，招集手続を履行したうえで，株主総会の普通決議により，上記の事項を定めることとなる。

　また，A社は新株発行によって資本金を増加させることもできる。この場合，原則として株主総会の特別決議を行う必要がある。

　他にも合併や吸収分割，新設分割等の組織再編によって資本金を増加させることも考えられる。これらの場合は，それぞれ定められた手続を履行することとなる。

> **設問 7** 設問6の事例において，A社はその後業績が悪化し，無配が続く状況となってしまった。そうしたところ，同社は，大株主のBから配当を強く求められたため，資本金を減少させることにより分配可能額を増やすことを検討している。この場合の手続について説明しなさい。

資本金および準備金の減少

欠損が発生した状態においては，会社財産確保の観点から配当が禁止されているた

157

第2編　株式会社

め，今後の配当の見込みが乏しくなる。この場合に配当を行う方法として，資本金を減少させることにより分配可能額を創出することが考えられる。

　資本金の減少は会社の一部解散・清算ともいえる行為であり，株主に対して大きな影響を持つ。また，会社財産が唯一の引当財産である債権者にとっては，会社財産確保の基準となる額の変更であり，その利害に重大な影響を与える。そこで，資本金の額を減少する際には，原則として株主総会の特別決議が必要とされており（会社309条2項），債権者保護手続をとる必要がある（会社449条1項）。もっとも，欠損の填補の場合には，定時株主総会であり，かつ減少する資本金の額が定時株主総会の日（計算書類を取締役会で確定する場合は，取締役会の承認のあった日）における欠損の額を超えない場合には株主総会の普通決議（会社309条1項）で足りる。また，株式会社が株式の発行と同時に資本金の額を減少する場合，合計で資本金が増加するときには，取締役会の決議で足りるとされている。これらは実質的な弊害が存在しないために認められる例外である。

　準備金の額の減少においても債権者保護手続は必要であるが，資本金の減少の場合と異なり，株主総会の普通決議（会社309条1項）によって行うことができる。これは会社財産確保の基準となる額である資本金と，資本金を確保するためのクッションの役割を果たす準備金の性質の違いに基づくものである。

　資本金または準備金の減少を行う場合，当該会社は債権者保護手続として，減少する資本金等の額および債権者が一定の期間に異議を述べること等を官報に公告し，かつ知れている債権者に各別に催告しなければならない（会社449条2項）。ただし，公告の方法として日刊新聞紙に掲載する方法または電子公告によるとの定款の定めを行っていた場合は，官報および当該方法によって公告を行えば，各別の催告は必要とされない（同条3項）。

　会社からの通知を受けるなどした債権者は，資本金の減少について異議を述べることができる。そして，債権者が異議を述べた場合，会社はその債権者に対し，弁済し，もしくは相当の担保を提供し，またはその債権者に弁済を受けさせることを目的として信託会社等に相当の財産を信託しなければならない（同条5項）。

第 5 章　計算等

　なお，資本金の額を減少しても当該債権者を害するおそれがないときは，債
権者保護手続は不要である（同条 5 項ただし書）。

⟨ 設問に対する解答 ⟩　A社が資本金を減少させるためには，原則として株
　　　　　　　　　　　主総会の特別決議が必要となる。具体的には，減少
する資本金の額，減少額の全部または一部を準備金とする場合はその旨および
準備金とする額，ならびに効力発生日を株主総会決議によって定めなければな
らない（会社447条 1 項）。したがって，株主総会招集のための取締役会決議を
行い，株主総会の招集手続を履行したうえで，株主総会の特別決議を行うこと
となる。

　加えて，A社は債権者保護手続を行う必要があり，減少する資本金等の額お
よび債権者が一定の期間に異議を述べることができること等を官報に公告し，
かつ知れている債権者に各別に催告しなければならない。

第 6 節　剰余金の配当

> **設問 8**　A株式会社は資本金100億円の会社であり，取締役会，監査役会およ
> び会計監査人を設置した上場会社である。A社は，平成27年 6 月の定
> 時株主総会における株主総会決議により総額20億円の剰余金の配当を行った。しか
> し，平成28年 2 月に，A社が架空取引によって実際には存在しない巨額の利益を計
> 上していたことが発覚し，上記の配当の時点において，実際には分配可能額は全く
> 存在しなかったことが判明した。
> 　平成27年 6 月の株主総会決議により配当を行った時点におけるA社の株主，取締
> 役，監査役および会計監査人は，上記配当につき，A社に対してそれぞれどのよう
> な責任を負うか。

⟨ 違法配当の意義と効力 ⟩　株式会社においては，株主は間接有限責任しか
　　　　　　　　　　　　　負わず，会社債権者の引当財産は会社財産に限
られる。そこで，株式会社における剰余金の配当は，分配可能額の範囲内に制
限されている（会社461条 1 項柱書および同項 8 号）。ここで，分配可能額は，①
剰余金の額（会社461条 2 項 1 号）と②臨時計算書類につき株主総会の承認を受

159

第 2 編　株式会社

けた場合における，臨時損益計算書の当期純損益金額等（計算規156条）と当該期間中に処分した自己株式の対価の額（会社461条 2 項 2 号）の合計額から，③自己株式の帳簿価格（同条同項 3 号），④最終事業年度の末日後に自己株式を処分した場合における当該自己株式の対価の額（同条同項 4 号），⑤②の場合における臨時損益計算書の当期純損益金額等のうち零未満の額（計算規157条，会社461条 2 項 5 号），および⑥③ないし⑤のほか会社計算規則158条で定める各勘定科目に計上した額の合計額を控除することによって算定される。

　株式会社における配当は，原則として株主総会の普通決議で決定される（会社454条 1 項）。もっとも，会計監査人設置会社かつ監査役会設置会社である会社，監査等委員会設置会社，および指名委員会等設置会社では，取締役の任期を 1 年と定めれば（監査等委員を除く），定款の定めにより取締役会決議により剰余金の配当を行うことができる（会社459条）。

　分配可能額が存在しないにもかかわらず分配可能額があるものとして配当を行うことが違法配当である。分配可能額は計算書類を基礎に算出されるが，算出の前提となる会計処理は，一般に公正妥当と認められる企業会計の慣行に従って行われなければならない（会社431条）。とりわけ，企業会計原則は，実務の中に慣習として発達したものの中から，一般に公正妥当と認められるところを要約し，企業会計の改善統一の目的で設定されたものであることから，原則としてこれに従うことが求められる。したがって，公正妥当な企業会計の慣行に違反した結果，公正妥当な企業会計の慣行に従ったならば，分配可能額が存在しないにもかかわらず配当を行うと違法配当となる。なお，経理基準が改正された場合に，過渡的な状況下において従来の経理基準に従って会計処理を行うことは，直ちに違法となるものではないとされる（最判平20・ 7 ・18刑集62巻 7 号2101頁〈百選77〉〈百選76〉）。

　違法配当の効力につき，会社法の立案担当者は，会社法461条 1 項および会社法463条 1 項が違法配当の有効性を前提とした規定の書き方とされていることを主な根拠とする。しかし，文言上から必ずしも違法配当が有効であるとは言えないこと，分配可能額を超過する剰余金の配当を決定する決議は法令違反であること，違法配当が現物でなされた場合，会社は違法配当を受けた株主か

第5章　計算等

らその現物の返還を求めることができると解すべきことから、多数説は、違法配当は無効と解している。

違法配当における会社に対する責任

違法配当がなされた場合、会社は株主に対し、株主が交付を受けた金銭などの帳簿価格に相当する金銭の支払を請求することができる（会社462条1項）。もっとも、会社が違法配当を受けた株主全員から違法配当額の返還を受けるのは現実的でないところ、返還を受けられない部分が存在した場合には、会社債権者の利益が害されることとなる。そこで、違法配当に関する職務を行った業務執行取締役および違法配当を決議した株主総会ないし取締役会に議案を提出した取締役等（会社462条1項6号、計算規159条8号）は、違法配当額を会社に対して支払う義務を負うこととされている（会社462条1項）。ここで、監査役や会計監査人は、会社法462条1項の「業務執行者」ではなく、同条によって返還義務を負うことはない。しかし、会計監査において監査役又は会計監査人に任務懈怠があり、これと違法配当の間に因果関係が認められるならば、監査役および会計監査人は会社に対して任務懈怠責任を負うこととなる（会社423条1項）。

上記の取締役等が会社に対して違法配当額を支払った場合、当該取締役等は悪意の株主に対して求償することができるが、善意の株主に対しては求償することはできない（会社463条1項）。これは自ら違法行為を行った業務執行者等が善意の株主に求償するのは不当と考えられるためである。

計算書類の虚偽記載による第三者に対する責任

設問の事例においては、違法配当の前提として、計算書類の虚偽記載がなされている（計算書類の虚偽記載の事例については第4章第3節設問17も参照）。計算書類の虚偽記載により第三者が損害を被った場合、虚偽記載を行った取締役ないし執行役は、当該第三者の被った損害につき損害賠償責任を負う（会社429条2項1号ロ）。この責任は、取締役ないし執行役において注意を怠らなかったことを証明しない限り免れることはできない（同条2項ただし書）。

また、虚偽記載行為に直接関係しなかった取締役についても、監視義務違反に基づき、計算書類の虚偽記載により損害を被った第三者に対して損害賠償責任を負う可能性がある（同条1項）。もっとも、この場合に取締役が責任を負う

161

第2編　株式会社

のは，当該取締役に「悪意又は重大な過失があったとき」に限られる。

　なお，金融商品取引法が適用される株式会社において，計算書類の虚偽記載がなされた場合，会社は虚偽記載がなされた有価証券報告書等を提出したこととなるので，当該会社は，同法に基づき，虚偽記載により生じた損害につき損害賠償責任を負う（金商21条の2第1項）。また，当該会社の役員や公認会計士・監査法人も虚偽記載による損害につき損害賠償責任を負う（金商24条の4・22条）。

<u>設問に対する解答</u>　　A社が平成27年6月の株主総会決議によって行った剰余金の配当は，分配可能額が存在しないにもかかわらずこれを行ったものであり違法配当である。したがって，A社の株主は，違法配当であることについて善意であったとしても，A社に対し，自身の受領した配当額について返還義務を負う。また，A社の取締役は，業務執行者または総会議案提案取締役として違法配当額につき会社に対する返還義務を負う。A社の監査役および会計監査人は，A社において架空取引による利益が計上されることにより分配可能額が存在しないにもかかわらず存在するとして配当がなされたことにつき，任務懈怠が認められたならば，会社に対して任務懈怠責任を負うこととなる。

設問❾　設問8の事例において，A社の債権者であるXは，A社が架空取引により実際には存在しない巨額の利益を計上していたことを報道で知ったためA社からの債権の回収可能性を危惧し，A社の大株主であり巨額の資産を有するYに対して，上記の配当により受領した金銭のうち，XのAに対する債権額について自身に支払うように請求した。Xの請求は認められるか。なお，Yは上記の剰余金の配当が分配可能額を超えて行われたことについて善意であった。

<u>違法配当における株主の
会社債権者に対する責任</u>　　違法配当がなされた場合，会社債権者は株主に対して違法配当額の返還を求めることができる（会社463条2項）。この際に善意の株主は返還義務を負わないとする見解もあるが，株主の会社に対する返還義務については，文言上も何ら制限がないことから善意悪意を問わず会社に対して返還義務を負うというのが一般的な解釈であり，会社に対して返還義務を負うことからすると，債権者に対する責任

162

も善意悪意を問わないと考えるべきである。

　会社債権者は違法配当を受けとった株主に対して，違法配当額を直接自身に支払うように請求することができるかが問題となる。ここで，会社法463条2項は，債権者が返還を求めることができる額につき「当該額が当該債権者の株式会社に対して有する債権額を超える場合にあっては，当該債権額」として，自己の債権額の範囲に限っていることから，債権者代位権（民423条1項）の特則として，会社債権者は会社に対する債権額の範囲で直接自身に支払うよう請求できると解されている。この点に関し，立案担当者は，会社の無資力を要件とすることなく，上記の会社債権者の株主に対する直接請求が可能であるとする。しかし，会社に支払能力があるにもかかわらず，あえて株主に対する直接請求を認めるべき必要性はないこと，一般投資家である株主に対して会社債権者から直接に請求がなされた場合には，会社に対する債権の有無およびその額についての調査および資料収集の能力を有しない一般投資家に当該判断を行わせることとなってしまうことから，会社債権者が株主に対して直接請求を行うにあたっては，会社の無資力を要件とする見解も有力である。

> **設問に対する解答**　Xは A 社の債権者として，違法配当を受領した A 社の株主である Y に対して，自己の A 社に対する債権

額の範囲で，直接自身への返還を請求することが考えられる。これは，X が違法配当であることについて悪意であるか否かを問わない。もっとも，会社債権者から株主への直接請求につき会社の無資力を要件とする見解に立つと，A 社が無資力でなければ X は A 社に対して請求を行えばよいのであり，Y に対して直接に請求を行うことはできない。

第6章 資金調達

第1節 総 説

設問1 会社が資金調達する方法にはどのようなものがあるか。各方法にはどのような特徴があるか。それぞれ説明しなさい。

本章では，会社の資金調達に関する会社法の規制について，募集株式の発行等・社債を中心に説明する。

会社が事業を営むためには，資金を調達する必要がある。資金調達方法にはさまざまなものがあるが，大きく分ければ株主や持分会社社員からの出資である資本と，金銭借入である負債とに分けられる。また，会社が自ら資金を調達する直接金融と，銀行など他者を介して調達する間接金融の区別もある。

株式会社を念頭に置くと，株主は出資した金銭に応じて，会社の持分を均一・細分化した株式を保有することになる。株主には会社の分配可能額の中から剰余金が配当されるが，会社に利益が出なければそもそも配当はできないし，剰余金を配当するかどうかは株主総会・取締役会などで決するため（会社454条・309条1項・459条など参照），剰余金があっても配当されるかは場合による。また，会社倒産・清算時には債権者への弁済が優先されるため，株主は残余財産分配において債権者に劣後する。以上の理由から，株主には会社財産を最大化するインセンティブ（動機付け）があるため，会社の経営参加が認められているとされる。

これに対して負債の場合，債権者は契約内容に応じて毎年一定額の利息と，弁済期に元本の支払を受けることができ，株主に比してその地位は安定的である。

もっとも，会社が負債によって資金を調達する場合，大口債権者以外からも広く借り入れるためには，個別契約は不便である。そこで会社法は，債権を均一化・細分化した社債という制度を用意し，特別の法規制に服させている。

第2節　新株発行

設問❷　上場会社であるＡ株式会社は，新株発行を計画している。新株発行の意思決定をするのは，通常どの機関か。市場の株価より低額で発行しようとする場合，手続はどのように異なるだろうか。また，Ａ社が全株式に譲渡制限を設けている非公開会社の場合には，どのように異なるか。それぞれ説明しなさい。

株式会社が新株を発行することと，新株発行に代えて保有する自己株式を放出する場合をあわせて，会社法は「募集株式の発行等」と呼んでいる。以下では，新株発行を念頭に置いて説明する。

株式会社が新株発行する場合，既存株主に与える影響についても考えなければならない。会社が新株を発行した場合，既存株主の持株比率はその分低下する。また，株式の時価より低額で発行した場合，同じ種類の株式の価値はすべて同一であるから，既存株主の保有株式の価格も下落する。

新株発行の場合は，特に誰がその引受人になるかが重要である。既存株主が割当を受ける株主割当の方法は，既存株主の持株比率低下を避けることができる一方，株主が払込の原資を用意できなかった場合には持株比率はやはり低下するし，会社の資金需要を満たせない可能性がある。市場から広く株主を募る公募増資の方法も一般的に行われている。他方で，特定の者に対して株式を割り当てる第三者割当は，既存株主の持株比率に大きな変動を与える恐れがあるため，法的規制の必要性が高い。

以上のように，新株発行は既存株主に重大な影響を及ぼすおそれがあるため，会社法は原則として，新株発行については株主総会の特別決議を必要とする（会社199条2項・309条2項5号）。株主割当の場合には，既存株主は持株比率

第 2 編　株式会社

低下を回避することができるので，例外が認められる（会社202条1項・5項）。最近は，新株予約権無償割当（会社277条）を行い，株主が当該新株予約権を行使しない場合にも，市場において売却を可能とするライツ・イシュー（ライツ・オファリング）という実務が発達している。

　一方で，特に大規模な会社の場合，資金調達を機動的に行う必要がある場合も多い。そのため会社法は公開会社の場合，発行可能株式総数（会社37条3項・114条）の範囲内で，取締役会限りで新株発行の意思決定をすることを認めている（201条1項による199条2項の例外）。これを授権資本制度（授権株式制度）と呼んでいる。

　もっとも，払込金額が新株を引き受ける者に特に有利な金額である場合には（有利発行と呼ばれる），公開会社でも非公開会社でも，取締役にはその理由を説明する義務があり，株主総会の特別決議を要する（会社199条3項・201条1項）。

　設問のA株式会社が公開会社（上場会社も含まれる。会社2条5号参照）の場合，新株発行は原則として取締役会決議によるが，有利発行の場合は株主総会の特別決議による。一方，非公開会社（全株式譲渡制限会社）の場合，すべて株主総会の特別決議を要する。

設問3　上場会社であるY株式会社では，経営陣と友好的な株主Aに対する第三者割当増資が計画されていた。この第三者割当が効力を生じると，発行済株式の過半数をAが有することとなる。他の株主は何らかの方策をとれないだろうか。

　非公開会社においては，新株発行にあたり株主総会の特別決議が必要だから，経営陣の強引な新株発行にも一定の歯止めをかけられる可能性がある。他方，公開会社の場合，授権資本制度の枠内においては，有利発行にあたらない限り新株発行は取締役会決議のみによって実施可能なのが原則である。しかし，議決権株式の過半数を有する株主は，株主総会において，特別利害関係人の議決権行使による著しく不当な決議として総会決議が取り消されない限り（会社831条1項3号），株主総会普通決議を自己の賛成のみにて可決することが可能であるなど，持株比率を超えて会社経営を左右できる地位を得ることにな

る。このような株主を支配株主と呼ぶが，公開会社では他の株主へ与える影響が大きいため，平成26年改正で規定が新設された。

新株の引受人が議決権の過半数を有することになるような新株発行の場合，株主への通知または公告が義務づけられる（会社206条の2第1項・第2項，会社施規42条の2。ただし会社206条の2第3項，会社施規42条の3）。議決権の10分の1（定款で軽減できる）以上の株主が通知・公告の日から2週間以内に当該引受に反対する旨を会社に通知したときは，株主総会普通決議による承認を要する。ただし，財務上逼迫している場合にはこの限りでない（会社206条の2第4項，会社施規42条の4。定足数につき会社206条の2第5項）。本問でも，議決権の10分の1以上の株主が反対通知をした場合には，株主総会普通決議で当該第三者割当の適否が判断されることになる。

設問4 A株式会社の新株発行にあたって，引き受けようとするBは金銭以外の財産による出資を希望しているが，可能だろうか。また，引受を申し込んだCが金銭の払込をしない場合には，どうなるだろうか。一旦株式を引き受けたDが詐欺を理由に引受を取り消した場合には，どうなるだろうか。それぞれ設立時の株式引受と比較しつつ説明しなさい。

株式の引受と払込の手続は設立時にも存在するが（詳しくは第2編第2章「設立」参照），設立時には発起人のみが現物出資が可能であったのに対し，通常の新株発行時には，すべての引受人に現物出資が認められている（会社207条）。会社に株式に見合った財産が出資されることを確保するため，検査役制度が設けられている点やその例外は設立と同様である（第2編第2章「設立」も参照）。本問のBも現物出資が認められる。

新株発行の場合，払込期日または期間の末日までに出資の履行をしないときは，当然に失権する（会社208条5項）。設立時の発起人に比して手続が簡素化されている（会社36条参照）。本問のCも払込をしないことによって当然に失権する。

株式会社の株式は広く流通することが予定されているため，その取引の安全を保護する必要がある。そのため，新株発行に関しては心裡留保の無効（民93

第2編　株式会社

条ただし書）・通謀虚偽表示の無効（民94条1項）の適用が排除されている（会社
211条1項）。また，引受人は，株主となった日から1年を経過した後またはそ
の株式について権利を行使した後は，錯誤を理由として引受の無効を主張し，
または詐欺・強迫を理由として取消しをすることができない（会社211条2項）。
本問のDの場合，条文上の要件に該当するかによって取消しの可否の結論が変
わることになる。

設問5　　Y株式会社では，直近の株価よりも2割近い安値で第三者割当による
新株発行が行われようとしていたが，株主総会の特別決議は行われ
ず，取締役会がこれを承認した。Y社の既存株主Xは，何らかの手段でこれを止め
ることはできるだろうか。
　　また，払込金額は特に有利な金額には当たらなかったものの，Xとの関係が悪化
していたY社が，良好な関係を築いていた取引先Z株式会社に新株を割り当てるこ
とにより，Xの持株比率低下とY社経営陣の保身を図ろうとしていた場合には，ど
うだろうか。

> **差止の手続**　　新株発行においては，既存株主の利益保護が重要であると
ともに，一旦発行された株式の取引の安全への配慮も重要
となる。そのため，会社法は後述する新株発行無効の訴え（会社828条1項2号・
3号・834条2号・3号）を設けているが，その無効原因は取引の安全への配慮
から，相当狭く解されている。そこで，会社法は新株発行の効力発生前に，一
定の場合新株発行の差止の手続を用意している（会社210条）。差止手続は訴訟
によることも可能であるが，効力発生前に迅速に手続を進めるため，通常は差
止請求権を本案とする仮処分手続（民保23条2項）による。

　差止の条文上の要件は，株主が不利益を受けるおそれがあること，および①
新株発行が法令または定款に違反する場合（会社210条1号），②新株発行が著
しく不公正な方法により行われる場合（同条2号）のいずれかに該当すること，
である。

> **法令・定款違反**　　1号事由の典型例は，設問に示したような，有利発行
規制に服すべき新株発行につき，株主総会の特別決議
が採られなかったなどの手続規制違反である。この場合，仮処分手続では当該

新株発行が「特に有利な金額」であったかが主たる争点となる。有利発行の判断基準については，改正前商法の「著シク不公正ナル発行価額」に関してではあるが，「発行価額決定前の当該会社の株式価格，右価格の騰落習性，売買出来高の実績，会社の資産状態，収益状態，配当状況，発行ずみ株式数，新たに発行される株式数，株式市況の動向，これらから予測される新株の消化可能性等の諸事情を総合し，旧株主の利益と会社が有効な資金調達を実現するという利益との調和の中に求められるべきものである」とした判例（最判昭50・4・8民集29巻4号350頁）が参考になる。一方で，資本参加・提携の機運を前提とする投機的思惑によって株価が異常に高騰したと認められる場合，払込金額が時価の半額以下であっても正当であるとする裁判例（東京高判昭48・7・27判時715号100頁）や，最判昭和50年4月8日の一般論を参照した上で，払込金額決定直前の株価から著しく乖離しているとして，有利発行に該当するとした裁判例（東京地決平16・6・1判時1873号159頁）もある。どのような場合に有利発行に該当するか否かの判断は，各事案に照らして慎重になされるべきであろう。本問前段の場合，直近の株価よりも2割近い安値であるから「特に有利な金額」に該当するのが通常であり，有利発行手続がとられていない新株発行は210条1号の差止事由に該当する。

> **不公正発行**

これに対して，2号事由（いわゆる不公正発行）については，裁判例上，主要目的ルールと呼ばれる考え方が蓄積されてきた。代表的な裁判例として，「株式会社においてその支配権につき争いがある場合に，従来の株主の持株比率に重大な影響を及ぼすような数の新株が発行され，それが第三者に割り当てられる場合，その新株発行が特定の株主の持株比率を低下させ現経営者の支配権を維持することを主要な目的としてされたものであるときは，その新株発行は不公正発行にあたるというべきであ」るとするものがある（東京地決平元・7・25判時1317号28頁〔忠実屋・いなげや事件〕。ただし，同決定は「また，新株発行の主要な目的が右のところにあるとはいえない場合であっても，その新株発行により特定の株主の持株比率が著しく低下されることを認識しつつ新株発行がされた場合は，その新株発行を正当化させるだけの合理的な理由がない限り，その新株発行もまた不公正発行にあたるというべきである」と続けている。現在

第2編　株式会社

は後半部分の先例性はないと理解する学説が一般的である）。

　一方で，新株発行による資金調達の必要性があり，本件事業計画にも合理性が認められる場合，支配権を維持する意図を有していたとしても，不公正発行に当たらないとした事案（東京高決平16・8・4金判1201号4頁）もある。

　主要目的ルールの裁判例を整理すると，①会社に資金調達の必要性がある程度具体的に認められるなど合理的な場合にはその新株発行には一定の妥当性が認められ，不公正発行には該当しない。②およそ資金調達の必要性などがないにもかかわらず支配権維持などの理由で発行が強行される場合には不公正発行に該当する，と理解することができるだろう。本問後段の場合，資金調達に合理性があったかが問題となるが，その合理性がなく問題文のような目的が中心であった場合には，210条2号の差止事由に該当する。

設問6　A株式会社では，取締役Y₁と新株の引受人Y₂が通謀して，本来払い込むべき金額よりもはるかに安価で株式を引き受けた。また，別の新株引受人Y₃もY₁と通謀して，実際には払込を行っていないにもかかわらず出資したように見せかけて株式の割当を受け，Y₃はそのことにつき善意無重過失のY₄に当該株式を譲渡した。A社の株主Xは，これらの者のどのような責任を追及できるか論じなさい。

　新株の引受人は，①取締役（指名委員会等設置会社にあっては，取締役または執行役）と通じて著しく不公正な払込金額で新株を引き受けた場合，当該払込金額と当該新株の公正な価額との差額に相当する金銭を，②新株の株主となった時における現物出資財産の価額が募集事項で定められた価額に著しく不足する場合は，当該不足額を支払う義務を負う（会社212条1項）。例外的に，②の場合，現物出資者が価額の不足について善意無重過失のときは，募集株式の引受の申込みまたは総数引受にかかる意思表示を取り消すことができる（同条2項）。

　①にいう「著しく不公正な払込金額」と199条3項の「特に有利な金額」とは文言が異なるものの，ほぼ同じものと考えてよいだろう。①②ともに，会社財産を確保するために必要な責任規定である。

　また，②の場合，当該新株の引受の募集に関する職務を行った業務執行取締

170

役，株主総会議案提案取締役，取締役会議案提案取締役その他の者は，当該不足額の支払義務を負う（会社213条1項，会社施規44条～46条）。ただし，検査役調査がある場合，取締役がその職務を行うについて注意を怠らなかったことを証明した場合には，義務を負わない（会社213条2項）。現物出資の証明者も同様である（同条3項）。両者は連帯債務者となる（同条4項）。本問のY_2は212条1項に基づき，Y_1は213条1項に基づき，本来払い込むべき金額との差額の支払義務を負う。

　従来会社法では，出資の履行を仮装した者について，特段の責任規定は置かれていなかった。しかし，このままでは，既存株主の損害のもとに当該株式引受人が不当な利益を得る。これを防ぐため，平成26年改正では，当該引受人に，仮装した金額の支払または現物出資の義務を課す（会社213条の2第1項・第2項）。当該責任は，株主代表訴訟による責任追及の対象となる（会社847条1項）。出資の履行の仮装に関与した取締役等も，支払義務を負う（会社213条の3第1項，会社施規46条の2）。引受人と取締役等は連帯債務者となる（会社213条の3第2項）。同趣旨の規定が設立についても置かれた（第2編第2章参照）。募集株式の引受人は，これらの支払がされた後でなければ，出資の履行を仮装した募集株式について，株主の権利を行使することができないが（会社209条2項），当該募集株式を譲り受けた者は，当該募集株式についての株主の権利を行使することができる。ただし，その者に悪意または重大な過失があるときは，この限りでない（同条3項）。本問のY_3は213条の2第1項に基づき，Y_1は213条の3第1項に基づき，本来払い込むべき金額の支払義務を負う。Y_4は善意無重過失の譲受人であるから，株主権を行使することができる。

設問7　公開会社であるY_1株式会社では，取締役会決議で新株発行が決議されたが，その後必要な株主への通知・公告義務が履践されなかった。もっとも，そのほかに当該新株発行に手続上の瑕疵はなかった。新株発行の効力発生時以降，Y_1社の株主X_1は，新株発行無効を主張することができるだろうか。

　また，非公開会社であるY_2株式会社では新株発行に際して株主総会の特別決議がとられなかった。もっとも，そのほかに当該新株発行に手続上の瑕疵はなかった。新株発行の効力発生時以降，Y_2社の株主X_2は，新株発行無効を主張することができるだろうか。

第2編　株式会社

> これら2つの設例は，新株発行に必要な手続が踏まれていない点で類似するが，その有効・無効は同様に考えてよいだろうか。

新株発行無効の訴え

株式会社の成立後における株式の発行の無効は，株式の発行の効力が生じた日から6ヶ月以内（非公開会社では1年以内）に，訴えをもってのみ主張することができる（会社828条1項2号。840条1項において新株発行無効の訴えと呼ばれる）。また，自己株式の処分にも同様の提訴期間の制限がある（会社828条1項3号）。ともに訴えを提起できるのは，株主等（株主，取締役または清算人（監査役設置会社にあっては，株主，取締役，監査役または清算人，指名委員会等設置会社にあっては株主，取締役，執行役または清算人）に限られる（会社828条2項2号・3号）。被告は株式の発行または自己株式の処分をした株式会社である（会社834条2号・3号）。

無効事由

無効事由は法定されておらず，解釈に委ねられている。従来は，重大な瑕疵がある場合にのみ無効とされると考えられてきた。具体的には，発行可能株式総数（会社37条1項）を超えた数の発行（東京地判昭31・6・13下民集7巻6号155頁）や，定款に定めのない種類の株式の発行が考えられてきた。これに対し，有効な取締役会決議を経ないでされた場合は，対外的に会社を代表する権限のある取締役が新株を発行した以上，たとえ右新株の発行について有効な取締役会の決議がなくとも有効とされ（最判昭36・3・31民集15巻3号645頁），有利発行も無効の原因とはならないとされた（最判昭46・7・16判時641号97頁）。また，不公正発行についても同様とした上で，株式の譲渡の有無や会社の閉鎖性は問題にすべきでないとする判決（最判平6・7・14判時1512号178頁）が現れた。

　もっとも，以上の事案はいずれも現行会社法上の公開会社についてのものであり，非公開会社についても同様に考えるべきかについては議論があった。公開会社においては授権資本制度の枠内で取締役会が自由に新株発行を決議することができる一方，非公開会社では授権株式数の上限がなく（会社37条3項ただし書）既存株主の不利益が大きいため，株主総会の特別決議が必ず求められるからである。そして，非公開会社で行使条件に違反した新株予約権が行使さ

第 6 章　資金調達

れ，それによってなされた株式発行の効力について，非公開会社については，その性質上，会社の支配権に関わる持株比率の維持に係る既存株主の利益の保護を重視し，その意思に反する株式の発行は株式発行無効の訴えにより救済するというのが会社法の趣旨と解されるのであり，非公開会社において，株主総会の特別決議を経ないまま株主割当以外の方法による募集株式の発行がされた場合，その発行手続には重大な法令違反があり，この瑕疵は上記株式発行の無効原因になるとされた（最判平24・4・24民集66巻6号2908頁）。

　差止事由と無効事由との関係についても判例の蓄積がある。新株発行差止仮処分命令が下されたにもかかわらず発行が強行された場合，差止請求権の実効性が害されるため，無効となる（最判平5・12・16民集47巻10号5423頁）。

　一方で，新株発行に関する事項の公示を欠くことは，新株発行差止請求をしたとしても差止の事由がないためにこれが許容されないと認められる場合でない限り，新株発行の無効原因となる（最判平9・1・28民集51巻1号71頁）。つまり，最判平成24年4月24日の射程の範囲外である公開会社では，差止事由があっても実際に差止仮処分命令がなければ無効事由とはならないし，通知・公告義務違反のみでも無効とはならないということである。

> ◁ **設問に対する解答**

設問の公開会社Y₁社については，通知・公告義務違反はあるが差止事由がないため，X₁は新株発行無効を主張できない。他方Y₂社は非公開会社であるから，既存株主の持株比率変動が重視される。X₂は株主総会の特別決議の欠缺を理由に，新株発行無効を主張できる。

設問 8　新株発行には無効の訴えのほか，不存在確認の訴えも法定されている。新株発行不存在確認の訴えにつき，民事訴訟法上の確認の訴えの特則を置く意味は，どのような点にあるのかについて説明しなさい。

　新株発行につき，当該行為が存在しないことの確認を，訴えをもって請求することができる（会社829条1号・2号）。不存在とは，新株発行の実態がないと評価しうるほど瑕疵が大きい場合を指す。このような場合，訴えによらずとも当事者は不存在を主張できるが，法的安定性の見地から特に確認の訴えが法定

173

第2編　株式会社

されている。被告は株式会社であり（会社834条13号・14号），認容判決は第三者に対してもその効力を有するが（会社838条），そもそも法的に不存在と評価されるものの確認訴訟であるから，判決の将来効に制限はない（会社839条参照）。結局，この訴えは，認容判決の効力が相対効ではなく第三者に対しても及ぶ点のみ，一般的な確認訴訟と別に規定されている意味があることになる。

第3節　新株予約権

設問9　上場会社であるＡ株式会社の現在の株価は1万円である。Ａ社では取締役Ｂに対して，報酬の一部を新株予約権で支給することとした。新株予約権割当時の払込金額は無償であるが，行使する際の払込金額は1万500円とされた。この新株予約権の支給には，どのような効果が期待できるだろうか。

新株予約権とは，株式会社に対して行使することにより当該株式会社の株式の交付を受けることができる権利をいう（会社2条21号）。その代表的な利用法には，ストック・オプションと呼ばれる取締役の「報酬等」（会社361条1項）としての交付と，買収防衛策が挙げられる。

設問のＡ社の場合，Ｂは，その時点では当該新株予約権を行使するメリットはない。市場で自社株を1万円で調達できるからである。しかし，業績が向上し株価が1万1,000円まで値上がりした場合，Ｂは新株予約権を行使し，交付された株式を売却することで500円の利益を得ることができる。もちろん，さらなる株価上昇が期待できるのであれば，行使期間中保持し続けることができ，この場合Ｂは，売却時の利益に相当する額の潜在的利益（含み益）を得ているといえる。

このように，報酬等として新株予約権を与えることは，取締役に業績向上のインセンティブ（動機付け）を与える報酬形態として，広く活用されている。本問のＢもＡ社の株価上昇のために職務を行おうとするだろうから，結果としてＡ社株主の利益に資することが期待できる。

第6章　資金調達

設問10　上場会社であるＢ株式会社は，募集新株予約権の発行を計画している。発行の意思決定をするのは，通常どの機関か。新株予約権を公正な価格より低額で発行しようとする場合，手続はどのように異なるだろうか。また，Ｂ社が全株式に譲渡制限を設けている非公開会社の場合には，どのように異なるだろうか。それぞれ説明しなさい。

募集新株予約権の発行手続は，新株発行の手続によく似ている。ここでは，募集株式の発行等と異なる点を中心に説明することとする。前述の通り，新株予約権の場合，発行・割当の手続と行使の手続が別に存在し，払込手続も割当時・行使時の２度ありうることに注意して欲しい。以下では便宜的に，割当時の払込金額は単に払込金額と呼び，行使時の払込金額は行使価格と呼ぶことにする。

株式会社は，その発行する新株予約権を引き受ける者の募集をしようとするときは，その都度，募集新株予約権（当該募集に応じて当該新株予約権の引受の申込みをした者に対して割り当てる新株予約権をいう）について，募集事項を定めなければならない（会社238条１項）。

非公開会社にあっては，募集事項の決定は株主総会の特別決議による（会社238条２項・309条２項６号）。取締役は，①募集新株予約権と引換えに金銭の払込を要しないこととすることが当該者に特に有利な条件であるとき，②払込金額が当該者に特に有利な金額であるときは，株主総会での説明義務を負う（会社238条３項各号）。

新株予約権の価値は，行使期間の長短や株価の変動幅など，株価以外の要素もあわせて決定されるとするのが企業金融（コーポレート・ファイナンス）の考え方である。価格算定方法としては，ブラック・ショールズ・モデルや二項モデルが有名である。有利発行か否かも，新株発行の場合の払込金額とは異なり，新株予約権の公正な価値に比して特に有利な金額であるかで判断されることには，注意すべきである。

新株発行と同様，非公開会社は株主総会の特別決議によって，募集事項の決定を取締役（取締役会設置会社にあっては，取締役会）に委任することができる（会

175

第2編　株式会社

社239条1項・309条2項6号。委任の手続について，会社239条2項～4項）。

　公開会社にあっては，募集事項の決定権は取締役会が有するが（会社240条1項），238条3項に該当する場合には，原則通り株主総会の特別決議を要し，取締役に説明義務が課される（会社238条3項）。払込金額が引き受ける者に特に有利な金額の場合（同条同項2号）に加え，金銭の払込を要しないこととすることが引き受ける者に特に有利な条件であるとき（同条同項1号）も含まれる。金銭の払込を要しない場合，当然に有利発行と思うかもしれない。しかし，ストック・オプションの場合には，取締役の職務執行の対価としての性質が存在するため，職務内容とストック・オプションの払込金額（の免除額）とが均衡する場合もある。その場合には，有利発行規制は及ばない。

　株主に新株予約権の割当を受ける権利を与える場合について特則があるのも，新株発行と同様である（会社241条）。

　設問のB社が公開会社の場合，新株発行は原則として取締役会決議によるが，有利発行の場合は株主総会の特別決議による。一方，非公開会社の場合，すべて株主総会の特別決議を要する。

> **設問11**　会社法には募集新株予約権の発行以外に，新株予約権無償割当の制度が設けられている。募集新株予約権を発行時の払込金額無償で発行する場合と新株予約権無償割当との違いについて説明しなさい。

　募集新株予約権を払込を要せずに割り当てる場合（会社238条1項2号）とは別に，会社法は新株予約権無償割当の制度を用意している（会社277条～279条）。両者の違いは，前者は割当の申込みをした者にのみ新株予約権を割り当てるものであるのに対し，後者は申込みを要せずに会社の判断で無償で割り当てる点にある（募集の語がついていないのはこの趣旨である）。新株予約権無償割当は，割り当てる株式会社以外の株主の有する株式の数に応じて割り当てることが必要である（会社278条2項）。つまり，一部の株主に払込金額無償で新株予約権を与えるのは，新株予約権無償割当ではなく，募集新株予約権の発行の一種となる。

　株式会社の新株予約権無償割当事項の決定は募集事項の決定と類似するが，

株主総会普通決議（会社309条1項。取締役会設置会社にあっては，取締役会決議）で足りる。ただし，定款に別段の定めがある場合は，この限りでない（会社278条3項）。

　新株予約権無償割当の効力が生ずる時期は会社の定める効力発生日であるが（会社279条1項），割り当てられた新株予約権者には行使の準備の期間が必要である。平成26年改正では割当通知のタイミングを，効力発生日後「遅滞なく」と定めるとともに（同条2項），平成26年改正前と同様，株主の新株予約権行使のための準備期間を確保するため，行使期間末日から2週間を経過するまでは新株予約権者が新株予約権を行使できるように手当てしている（同条3項）。

設問12　上場会社であるY株式会社では，会社経営に異を唱える投資ファンドXが，株主総会で取締役選任について会社に対抗する構えを見せていた。Y社はXに対抗するため，新株予約権無償割当権限を株主総会に委譲する定款変更の特別決議を経た上で，X以外の圧倒的多数の株主の賛成をもって，新株予約権無償割当を実施した。当該新株予約権は，Xにも割り当てられるものの，取得条項に加え，Xはそれを行使することができず，代わりに相当の対価が支払われるという差別的行使条件の付されたものであった。Xは当該新株予約権の割当を差し止めることができるかにつき論じなさい。

差止の手続

　新株発行と同様，募集新株予約権の発行についても，差止の制度が設けられている（会社247条）。株主が不利益を受けるおそれがあることと，①当該新株予約権の発行が法令または定款に違反する場合，または②当該新株予約権の発行が著しく不公正な方法により行われる場合，が要件とされている点でも変わらない。

　もっとも，募集新株予約権の割当を受けても当該新株予約権を行使するとは限らないので，行使価格が払い込まれるか否かは新株予約権者の判断による。また，特に新株予約権無償割当の場合は払込金額が無償であるため，行使価格も低額ならば新株発行に比べて資金調達の側面は薄い。また，新株発行の場合に比して，金銭払込のタイミングが遅くなることも考えられる。そのため，不公正発行について，完全に新株発行の差止と同様に考えることはできない。わが国においては，新株予約権を敵対的企業買収に対する防衛策として利用する

第2編　株式会社

実務が広く浸透しており，裁判例もそれに関するものが数多く見られる。

裁判例の検討　東京高決平成17年3月23日（高民集58巻1号39頁〔ライブドア対ニッポン放送事件〕）では，敵対的買収者に対抗するため取締役会決議で行われた，グループ会社に対する新株予約権第三者割当の適法性が争われた。裁判所は，会社の経営支配権に現に争いが生じている場面において，株式の敵対的買収によって経営支配権を争う特定の株主の持株比率を低下させ，現経営者またはこれを支持し事実上の影響力を及ぼしている特定の株主の経営支配権を維持・確保することを主要な目的として新株予約権の発行がされた場合には，原則として著しく不公正な方法による新株予約権の発行に該当するとした。他方で，株主全体の利益の保護という観点から新株予約権の発行を正当化する特段の事情がある場合には，例外的に，経営支配権の維持・確保を主要な目的とする発行も不公正発行に該当しないと解すべきであるとし，例外的に買収防衛策としての新株予約権発行が認められるとした。

　本決定は結論として差止を認めているため，経営支配権の維持・確保を主要な目的とする新株予約権の発行が認められる旨の部分は傍論に過ぎない。しかし，資金調達などの目的が認められない場面で買収防衛策として新株予約権の発行が適法とされる余地を認めた決定として，注目を浴びた。

　最決平成19年8月7日（民集61巻5号2215頁〔スティールパートナーズ対ブルドックソース事件〕）では，敵対的買収者に対して，対象会社が株主総会の特別決議で行った新株予約権無償割当の適法性が問題となった。この新株予約権は取得条項に加え，買収者関係者のみ行使できず金銭を受け取れるという，差別的行使条件のついたものであった。裁判所は買収者の差止請求を退けた。まず，会社法247条の新株予約権無償割当の類推適用を認めた上で，株主平等の原則は本件で直接適用されるものではないが，会社法278条2項が株式の内容・数に応じた無償割当を前提としていることから，その趣旨が及ぶものとした。その上で，会社の企業価値が毀損され，会社の利益ひいては株主の共同の利益が害されることになるような場合には，差別的取扱いも一定程度認められるとした。そしてその判断は，株主に委ねられるべきとした。そして本件では，買収者関係者以外の圧倒的多数の株主が新株予約権無償割当に賛成していること，

第6章　資金調達

買収者関係者には相応の対価が支払われていることなどから，本件無償割当は
株主平等の原則の趣旨に違反しないとされた。著しく不公正な方法について
も，ほぼ同様の判断が下されている。

> **設問に対する解答**

通常の新株予約権無償割当は取締役会の判断で行われるが，本件で，会社はあえて，定款変更で当該無
償割当権限を株主総会に委譲し，圧倒的多数の賛成によって無償割当を実行し
た。このように，経営陣ではなく大多数の株主の意思に基づいて買収防衛策が
発動されているという手続が存することによって，会社の利益・株主の共同の
利益に沿っていると最高裁に判断されたのである。一方で，買収者に対価が支
払われていること，実際に敵対的買収が発生してから防衛策を策定・発動して
いるなどの事案の特徴もあるため，本決定の射程をどのように考えるかは難し
い問題として残されている。設問のY社の防衛策はブルドックソースのそれに
極めて類似しており，Xの差止は認められにくいだろう。

第4節　社　債

> **設問13**　会社が個別の融資を受ける場合に比して社債で資金調達することにはど
> のような特徴があるか。また株式による出資は株式会社のみ可能である
> が，社債には会社形態による制限はあるか。それぞれ説明しなさい。

社債とは，会社法の規定により会社が行う割当により発生する当該会社を債
務者とする金銭債権であって，676条各号に掲げる事項についての定めに従い
償還されるものをいう（会社2条23号）。つまり，社債は会社の負債（借金）の
一種である。

会社の負債による資金調達の中でもあえて社債について会社法が規定してい
るのは，証券化によって広く市場から資金を調達できるという特徴と，そのこ
とに伴い広く分散した社債権者の権利を保護する必要があると考えられたこと
によるものである。

社債に関する規定は，株式会社・持分会社の規定と独立して，会社法の第4

179

第2編　株式会社

編にまとめられている。立案担当者によれば，これは株式会社・持分会社の区別にかかわらず，いずれの会社形態でも社債を発行できることを意味するとされ，学説・実務もこれに従っている。

> **設問14**　社債を発行する場合，会社法上，一部の例外を除いて社債管理者の設置が義務づけられている。それはなぜだろうか。そして，例外はどのような場合に認められているか。それぞれ説明しなさい。

　社債は会社に対する債権を細分化，均一化したものであるため，多数の社債権者が存在することが多い。これら社債権者に会社への請求等の行為をさせることは社債権者にとって煩雑であるし，市場などで社債を購入する個々の社債権者と会社との関係は緊密でない。そのため，社債権者の利益に反する会社の行為が生じる可能性がある。会社法は，社債権者全体の利益に資するための制度として，社債管理者制度を整備している。

　会社は，社債を発行する場合には，社債管理者を定め，社債権者のために，弁済の受領，債権の保全その他の社債の管理を行うことを委託しなければならない。ただし，各社債の金額が1億円以上である場合その他社債権者の保護に欠けるおそれがないものとして法務省令で定める場合（ある種類の社債の総額を当該種類の各社債の金額の最低額で除して得た数が50を下回る場合（会社施規169条））は，この限りでない（会社702条）。各社債の額が大きかったり社債権者が少数の場合は金融機関や大口投資家が社債権者のことが多く，通常社債権者が契約条項を緻密に定めたり会社を厳しく監督することで自衛できると考えられているからである。

> **設問15**　社債発行会社であるY株式会社は資金繰りに行き詰まり，社債の償還に支障を来す状態となった。そのため社債権者集会が開かれることとなった。社債権者集会にはどのような意義があるだろうか。個別の社債権者Xら多数が一挙に償還を請求した場合などを想定して考えてみよう。

　会社が社債全額の元利金を償還できない事態に陥った場合，倒産手続で債権を回収する場合には高い費用が必要になる。社債権者がその総意によって弁済

第6章　資金調達

期の猶予や元利金の削減に応じると，倒産手続の場合より債権回収率は高くなりうる。しかし社債権者が個別に債権回収するのを認めると，いずれの社債権者も回収を急ぎ，結果として回収率が下がることもありうる。そのため，会社法は一定の場合に，社債権者が集団で意思決定をなす機会を定めている。これが社債権者集会である。

社債権者集会には，常設の機関ではないこと，決議の効力発生のために裁判所の認可が必要であることなど，さまざまな特色がある。

社債権者は，社債の種類ごとに社債権者集会を組織する（会社715条）。社債権者集会は，会社法に規定する事項および社債権者の利害に関する事項について決議をすることができる（会社716条）。

社債権者集会の決議（議決権につき会社723条。決議方法について724条）は，ただちに効力が生じるものではなく，裁判所の認可が必要である（会社732条～734条）。

第5節　新株予約権付社債

> **設問16**　新株予約権付社債には，どのような特徴があるか。また，会社法上，新株予約権・社債の規定以外に，どのような特則が置かれているか。それぞれ説明しなさい。

新株予約権付社債とは，新株予約権を付した社債をいう（会社2条22号）。

平成13年改正前商法は，新株を償還期限に株式に転換できるものを転換社債（ＣＢ），新株を引き受ける権利を付した社債を新株引受権付社債（ワラント債）と呼んでいた。同改正は新株引受権制度を整理して新株予約権とした上で，転換社債は新株予約権の行使価格を社債の発行価額と捉えなおすことで，転換社債・ワラント債を新株予約権付社債に一本化した。新株予約権の行使価格と社債の発行価額を一致させれば，社債から株式に転換する効果を新株予約権付社債で実現可能である。

現行会社法は，社債の発行価額と新株予約権の行使価格とを直結させず，社

181

第2編　株式会社

債を新株予約権の行使に際してする出資の目的と捉えている（会社236条1項3号）。もっとも前者は，実務上，今でも転換社債型新株予約権付社債と呼ばれている。

このような制度は実務上のニーズがあり，また新株予約権を付することで，会社の業績がよい場合に株主となることができるなど，社債よりも投資商品としての魅力を増やし，その結果社債の利息を減らせるというメリットもある。会社法は新株予約権・社債と区別して，一部特に規定を設けている。

新株予約権付社債には，原則として新株予約権・社債の規制の双方が適用される。ただし，新株予約権付社債の発行は，募集新株予約権の発行手続による（会社238条1項6号・7号参照）。そのため，公開会社では取締役会（会社240条1項），非公開会社では株主総会の特別決議（会社238条2項・309条2項6号）による。なお，新株予約権付社債に付された新株予約権の数は，当該新株予約権付社債についての社債の金額ごとに，均等に定めなければならない（会社236条2項）。募集社債についての規定は，適用しない（会社248条）。有利発行規制も，新株予約権を基準に適用される（会社238条3項1号・2号）。

新株予約権付社債も，証券を発行するか否かは会社が自由に決定できる（会社236条1項10号）。会社法上このような新株予約権付社債は，証券発行新株予約権付社債と呼ばれている（会社249条2号）。

新株予約権付社債の最大の特徴は，新株予約権・社債の一方を分離して譲渡・質入れできない点にある（会社254条2項・3項・267条2項・3項）。ただし，いずれか一方が消滅した場合には，もう一方を単独で譲渡・質入れ可能である。

第7章　定款変更

> **設問 1**　京都市左京区に本店を構えるＡ株式会社は，事業の拡大を図り東京都港区へ本店を移転するとともに，商号をＢ株式会社に変更することを計画している。会社法上，どのような手続が必要か説明しなさい。

定款変更の意義

会社が，成立後にその定款に記載した事項の実質的内容を変更することを定款変更という。設問にある会社の商号（会社27条2号）や本店所在地（同条3号）は定款記載事項であるので，その実質的内容を変更するためには，定款変更の手続が必要である。

定款変更の手続

会社は，その成立後，原則として株主総会の特別決議によって定款を変更することができる（会社466条・309条2項11号）。会社の目的，商号，本店所在地など定款の絶対的記載事項だけでなく，相対的記載事項，任意的記載事項についても定款で定めた内容を実質的に変更する場合は，原則としてこの手続が必要である。

　株式の種類の追加，株式の内容の変更および発行可能株式総数または発行可能種類株式総数の増加を目的とする定款変更が，ある種類の株主に損害を及ぼすおそれがあるときは，株主総会の特別決議に加えて，原則として，当該不利益を被るおそれのある種類の株式を有する株主を構成員とする種類株主総会の特別決議が必要である（会社322条1項1号・324条2項4号）。

　発行するすべての株式の内容として譲渡制限の定めを設ける定款変更は，株主の投下資本回収に対して一定の制約を課すこととなるため，特別決議ではなく，資本多数決に頭数多数決の要素を加えた特殊な決議を要する（会社309条3項）。非公開会社において，株主ごとに異なる取扱いを行う旨を定め，またはその内容を変更することを目的とする定款変更も特殊決議を要する（同条4項）。

　また，発行するすべての株式の内容として取得条項を定める場合は，株主の意思にかかわらず会社が強制的に株式を取得することができることとなるた

183

第2編　株式会社

め，株主全員の同意を得なければならない（会社107条1項3号・110条）。

　なお，株式分割と同時に一定の範囲で単元株式数の定めを設け，または増加する定款変更（会社191条）や単元株式数を減少し，または廃止する旨の定款変更（会社195条）のように株主に不利益を及ぼすおそれのない場合は，株主総会決議によらずに定款を変更できる。

　一定の定款変更を行う場合には，反対株主に株式買取請求権が保障される（会社116条1項1号～3号，ただし322条2項参照）。

　変更の登記　定款変更の効力は，その実質的内容を変更する旨の株主総会決議等が成立した時に生じる。ただし，株式会社の商号および本店所在地は登記事項である（会社911条3項2号・3号）。このように変更内容が登記事項でもある場合，原則として定款変更の効力発生日から2週間以内に，本店所在地において，変更の登記をしなければならない（会社915条）。

第8章　事業譲渡等

> **設問1** スーパーマーケット事業とスポーツクラブ事業を営むＡ株式会社は，赤字経営が続いているスポーツクラブ事業から撤退し，スーパーマーケット事業に専念したいと考えている。そこで，Ａ社は，スポーツクラブ事業を構成する一切の財産を，スポーツクラブ事業で成功しているＢ株式会社に譲渡し，その対価をスーパーマーケット事業の拡大に投資することとした。Ａ社においてどのような手続が必要か説明しなさい。

事業譲渡の意義

　設例の行為は，Ａ社にとって事業の重要な一部の譲渡に該当する可能性がある。一定の事業目的のために組織化された有機的一体として機能する会社の財産の全部または重要な一部を譲渡することを事業の全部または重要な一部の譲渡という（会社467条1項1号・2号）。判例は，①有機的一体として組織化された財産の譲渡であり，②譲受会社が事業活動を承継し，③その範囲で譲渡会社が法律上当然に競業避止義務（会社21条）を負う結果を伴うものをいう（最大判昭40・9・22民集19巻6号1600頁〈百選87〉〈百選85〉参照），とする。この3要素を事業譲渡か否かを判断する際の不可欠の要件ととらえているという評価が一般的であるが，②，③は，必ずしも事業譲渡に該当するための不可欠の要件ではないと解する見解も有力である。

　また，重要な一部の譲渡に該当するか否かは，譲渡会社の資産状況や譲渡する事業財産の割合，譲渡が譲渡会社の経営に及ぼす影響等諸般の事情を考慮して判断しなければならないが，譲渡資産の帳簿価額が譲渡会社の総資産額の20％を超えない場合は，重要な一部に該当しない（会社467条1項2号かっこ書）。

　その他，子会社株式の全部または一部の譲渡（同条同項2号の2），事業全部の譲受（同項3号），事業全部の賃貸，経営委任，損益共通等に関する契約の締結，変更または解約（同項4号）を総称して事業譲渡等といい（会社468条1項かっこ書），事業譲渡と同じ手続を要する。

第2編　株式会社

　なお，事業全部の譲渡・譲受は吸収合併と，事業の重要な一部の譲渡は吸収分割と経済的効果において類似しており，その手続に共通点も多い。もっとも，事業譲渡は取引行為であり特定承継であるため，事業を構成する個別の財産ごとに対抗要件を具備する必要があるが，合併や会社分割は組織法上の法律行為であり，包括承継である点で異なる。また，合併や分割では個別に対抗要件を備えることなく包括的に債務も承継されるため，債権者保護のための手続を要する（会社789条等参照）。合併や会社分割等については，第9章を参照。

> ### 事業譲渡等の手続

　事業譲渡を行う場合には，事業譲渡等の契約締結後，原則として，効力発生日の前日までに株主総会の特別決議により当該契約の承認を受けなければならない（会社467条1項）。ただし，事業譲渡等を行う会社の特別支配会社が契約の相手方である場合は，株主総会の特別決議が成立することは明らかであるため，総会決議による承認は必要ない（略式事業譲渡等という。会社468条1項）。特別支配会社とは，ある株式会社の総株主の議決権の90％以上を有する会社をいう。また，事業全部の譲受において，譲り受ける事業の対価として交付する財産の帳簿価額が譲受会社の純資産額の20％を超えない場合には，原則として，株主総会の特別決議による承認を要しない（簡易事業譲受という。会社468条2項）。ただし，一定の議決権を有する株主が反対の通知をなした場合には，総会決議を省略できない（同条3項）。

　事業譲渡等をしようとする会社は，効力発生日の20日前までに，株主に対して所定の事項を通知または公告しなければならず（会社469条3項・4項），事業譲渡等に反対の株主には，簡易事業譲受で株主総会決議による承認を省略できる場合を除き，株式買取請求権が認められる（同条1項・2項）。

> ### 事後設立

　なお，会社の成立後に，成立前から存在する財産であって，会社の事業のために継続して使用するものを一定の対価以上で取得する場合（いわゆる事後設立）も事業譲渡等と同様に，株主総会の特別決議による承認を要する（会社467条1項5号）。現物出資や財産引受に関する規制を潜脱する行為を抑制する趣旨であるが，検査役の調査は要しない。会社成立後の取引であるため，業務執行者に対する監視・監督体制が会社内に構築され

ていると考えられるためである。また，事業譲渡等と異なり会社法468条～470条の適用はない。

第9章　組織再編

第1節　組織再編の意義と機能

> 設問1　組織再編の意義および機能について説明しなさい。

組織再編の意義　　営利の追求を目的とする会社は，常に自己を取り巻く社会・経済環境の変化に対応して自己革新を実現しなければならない。そのための手段として，事業譲渡等・組織変更・合併・会社分割・株式交換・株式移転が利用される。一般的にこれらを総称して組織再編と呼んでいる。

組織変更　　組織変更とは，会社が自らの法人格の同一性を維持しながら他の会社類型へと変更することをいう。会社法上，株式会社から持分会社（合名会社・合資会社・合同会社）へ（会社2条26号イ），または持分会社から株式会社へ（同条26号ロ）の組織変更がある。合名会社から合資会社への変更など持分会社間の変更は，持分会社類型内の種類の変更に過ぎず，組織変更ではなく定款変更により行うことができる（会社637条・638条参照）。

　株式会社と持分会社とでは，定款自治の許される範囲や機関設計，社員の責任等において，それぞれ長所・短所がある。会社法は，会社の経営環境の変化に対応して適した会社類型を選択できるよう相互に組織変更することを可能にしている。

合併（吸収合併・新設合併）　　合併とは，複数の会社が1つの会社へと統合する組織再編行為をいう。複数の会社のうち1つの会社が存続会社となり，他の会社（消滅会社）の権利義務を包括的に承継する吸収合併と既存の会社全部が消滅会社となり，その権利義務を包括的に

図表9−1　吸収合併・新設合併

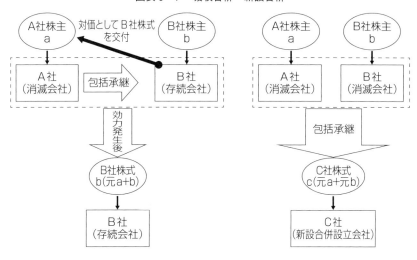

承継する新設会社を設立する新設合併がある（図表9−1参照）。

　グループ子会社を統合して意思決定の迅速化や役員人件費の削減を図ったり，買収により支配した会社を自社ブランドに統合したり，同一業界の会社同士が結合して市場競争力や経営基盤を強化したり多様な目的で利用できる。

　株式会社と持分会社との合併も可能であり，株式会社・持分会社ともに存続会社または新設会社となることが可能であるが，市場における競争秩序を維持するため独占禁止法による制限がある（独禁15条）。

　消滅会社の株主には，存続会社または新設会社の株式が対価として交付されるのが一般的であるが，平成17年会社法のいわゆる「対価の柔軟化」により，吸収合併の場合は，金銭のみ（キャッシュ・アウト・マージャー）や存続会社の親会社の株式のみ（三角合併）を対価とすることも可能となった。

会社分割（吸収分割・新設分割）

　会社分割とは，1つの会社または複数の会社（分割会社）が共同して，その事業に関して有する権利義務の全部または一部を既存の会社（承継会社）または新設会社に包括承継させ，その対価として承継会社または新設会社の株式を

分割会社に交付することをいう。会社法上、会社分割とは、このいわゆる物的分割型を意味する。なお、会社分割の効力発生日に分割対価として交付された承継会社または新設会社の株式を分割会社が剰余金の配当等の形でその株主に交付すること

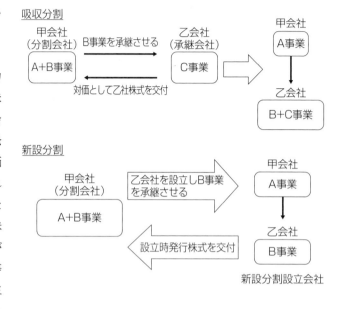

図表9-2 会社分割

も可能である（会社758条8号）。これは、従来人的分割と呼んでいたのと同じ結果を生じさせる（以下「いわゆる人的分割型の会社分割」という）。

　既存の会社に承継させる場合を吸収分割といい（会社2条29号）、新設会社に承継させる場合を新設分割という（同条30号）（図表9-2参照）。

　会社は、1つの法人格のもと、複数の事業を営むことが可能であるが、1つの事業部門での債務超過が会社全体の財務状況を悪化させるおそれがある。あるいは、1つの事業部門として試験的に運営した事業が軌道に乗った時点で当該事業を子会社として独立させたいという場合もありうる。このように、さまざまな目的で単一の企業を複数の企業へと分化させるために利用できるのが会社分割という組織再編行為である。

　吸収分割・新設分割いずれにおいても、株式会社または合同会社のみが分割会社となりうるが、承継会社または新設会社となりうる会社には制限はない（会社757条・762条）。

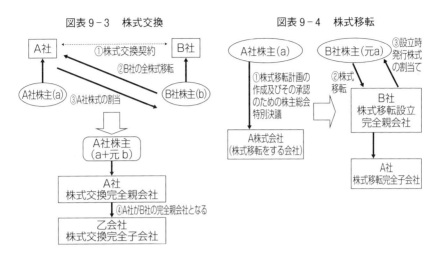

　吸収合併の場合と同様，吸収分割においては，対価の柔軟化が図られている。

> 株式交換・株式移転

　株式交換および株式移転とは，いずれも完全親子会社関係を創設するために用いられる組織再編行為である。既存の会社間に完全親子会社関係を創設する場合を株式交換といい（会社2条31号），既存の会社の完全親会社となる会社を新設する場合を株式移転という（同条32号）（図表9-3・9-4参照）。

　株式交換においては，株式会社のみが完全子会社となることができ，完全親会社には株式会社または合同会社のみがなることができる。株式移転においては，完全子会社となる会社および新設する完全親会社ともに株式会社でなければならない。

　平成9年の独占禁止法改正により，自らは事業活動を行わず，他の株式会社の株式保有を通じて資金調達や統一的な経営管理を行うことを主たる目的とする，いわゆる純粋持株会社の設立が解禁された。それぞれに事業を行う企業が株式を持ち合うことによってグループを形成する場合，企業ごとに株主構成が異なるため，役員人事や経営方針についてグループとしての意思統一が徹底されないこともありうる。グループ内の事業会社を1個の持株会社の完全子会社

191

第2編　株式会社

（事業子会社）として統合することにより，グループ全体としての意思決定の統一が図られる。また，異なる企業グループ間での経営統合を図る際に，それぞれの企業グループのブランドを維持したい場合，合併による強固な統合ではなく，共通の持株会社の傘下に入ることで事業子会社レベルではそれぞれの企業名を残しつつ，緩やかな統合を実現できる。

　吸収合併や吸収分割とともに吸収型再編に属する株式交換においては，対価の柔軟化が図られている。

第2節　組織再編の原則的手続と効力の発生

設問❷　株式会社の組織変更の手続を説明しなさい。

組織変更の手続　　株式会社が組織変更を行う場合，以下の手続によって行われる。

①　組織変更計画の作成と株主・債権者への開示

②　組織変更計画の承認（総株主の同意）

③　債権者異議手続

④　登記

①　組織変更を行うには，まず組織変更計画を作成し，組織変更に関する基本的事項を決定しなければならない（会社743条・744条）。なお，社員の責任についての定めは，組織変更後持分会社の種類に応じて定める（会社744条2項〜4項）。

　なお，組織変更をする株式会社は，組織変更計画備置開始日から効力発生日までの間，組織変更計画の内容等を記載等した書面等をその本店に備え置き，株主や債権者の閲覧・謄写の請求に応じなければならない（会社775条）。

②　組織変更計画は，効力発生日の前日までに，総株主の同意を得なければならない（会社776条）。株主総会の招集は必ずしも必要ではない。

③　組織変更をする株式会社の債権者は，当該会社に対し，組織変更につい

て異議を述べることができる（会社779条1項）。このため，会社は，上記のように組織変更計画を開示し，債権者の閲覧に供するとともに，所定の事項および1ヶ月以上の期間を設けて，債権者が異議を述べることができる旨を官報に公告し，かつ知れている債権者には，各別に催告しなければならない（同条2項）。ただし，官報に加えて，定款の定めにしたがい電子公告等の方法によっても公告を行う場合は，各別の催告は必要ない（同条3項）。期間内に異議を述べた債権者に対しては，会社は当該組織変更が当該債権者に損害を与えるおそれがない場合を除き，弁済もしくは相当の担保を提供する等債権者を保護する措置をとらなければならない。期間内に異議を述べなかった債権者は，組織変更を承認したものとみなされる（同条4項・5項）。この手続を債権者異議手続と呼んでいる。

　④　組織変更の効力は，所定の手続が適法に進められることにより，組織変更計画で定めた効力発生日に生じ，株式会社は，組織変更計画で定めた持分会社となり（会社745条1項），株主は組織変更計画の定めにしたがい組織変更後持分会社の社員となる（同条3項）。効力発生後，2週間以内に，その本店所在地において組織変更前の株式会社について解散の登記を，組織変更後持分会社について設立の登記をしなければならない（会社920条）。この登記は，組織変更の効力発生要件ではない。

　なお，組織変更前の株式会社が新株予約権を発行している場合，組織変更後持分会社においては新株予約権が認められていないため，効力発生日に当該新株予約権は消滅することになる（会社745条5項）。このため，組織変更計画において，新株予約権を組織変更後持分会社が買い取ることとし，その対価等を定めることができる（会社744条1項7号）。これに不服がある新株予約権者は，公正な価格で買い取ることを株式会社に対して請求することができる（会社777条・778条）。

> ### 組織変更の無効

組織変更の手続に瑕疵がある場合，その無効は，効力発生日から6ヶ月以内に，所定の提訴権者のみが組織変更無効の訴えによってのみ主張することができる（会社828条1項6号・2項6号）。無効原因について明文の定めはないが，組織変更計画に重大な法令違反

第2編 株式会社

がある，組織変更計画について総株主の同意がない，債権者異議手続がとられていない等，重大な手続上の瑕疵が無効原因にあたると解される。組織変更無効判決が確定した場合，組織変更は，将来に向かって効力を失う（判決の遡及効の制限。会社839条）。また，確定した組織変更無効判決は，第三者に対しても効力を有する（対世効。会社838条）。

> **設問3** 吸収合併の場合を中心に合併，会社分割，株式交換，株式移転の原則的手続について説明しなさい。

◁ **吸収合併等の手続** 　会社法の組織再編手続に関する規律は，吸収合併，吸収分割，株式交換を吸収型再編とし，新設合併，新設分割，株式移転を新設型再編とグループ化した上で，吸収型再編においては，さらに利害状況が類似する消滅会社等（吸収合併消滅会社，吸収分割会社，株式交換完全子会社）と存続会社等（吸収合併存続会社，吸収分割承継会社，株式交換完全親会社）に分類してそれぞれについてとるべき手続を規定している。それぞれの組織再編行為および消滅会社等か存続会社等かによって，特有の規定もあるが，基本的な手続の流れは概ね共通している。そこで，ここでは，吸収合併の場合を例として，これら組織再編行為の原則的手続について解説する。なお，組織再編の当事者となる会社はすべて株式会社であるものと想定し，持分会社に関する規律については割愛する。

株式会社間で吸収合併を行う場合，以下のような手続をとる必要がある。

① 吸収合併契約等の締結および株主・債権者への事前の情報開示

② 吸収合併契約等の株主総会による承認決議（反対株主の株式買取請求手続を含む）

③ 債権者異議手続

④ 登記および事後の情報開示

① 吸収合併を行う場合，当事会社（消滅会社と存続会社）の間でそれぞれの代表機関（代表取締役，代表執行役等）により，吸収合併契約が締結される。契約内容については，原則として契約自由の原則が及ぶと解されるが，会社法

は，株主等保護の観点から，一定の法定事項（会社749条）を定めている。

なお，新設合併においては新設合併契約（会社753条），吸収分割においては吸収分割契約（会社758条），株式交換においては株式交換契約（会社768条）を締結する。新設分割と株式移転は，単独の会社が行うことができるため，「契約」ではなく，当事会社が新設分割計画（会社763条）あるいは株式移転計画（会社773条）を作成する。

吸収合併契約においては，存続会社および消滅会社の商号および住所，合併対価の内容およびその割当に関する事項，効力発生日等を定めなければならない（会社749条1項）。

合併契約等の内容や対価の相当性についての情報は，株主や債権者にとって，その後の株主総会における議決権行使や債権者異議手続における異議を述べるか否かの重要な判断資料であり，また，効力発生後無効の訴えの提起のための資料でもあるから，合併契約の内容および会社法施行規則所定の事前開示事項を記載・記録した書面または電磁的記録を，その備置開始日から効力発生日後6ヶ月を経過する日までの間，本店に備え置き，株主や債権者の閲覧・謄写請求に応じなければならない（会社782条・794条，会社施規182条～184条・191条～193条。ただし，吸収合併消滅会社においては，効力発生日まで）。新設合併等についても同様である（会社803条，会社施規204条～206条）。

②　吸収合併契約等（吸収合併契約・吸収分割契約・株式交換契約）の内容については，契約で定めた効力発生日の前日までに原則として消滅会社および存続会社それぞれの株主総会の特別決議によって承認を受けなければならない（会社783条1項・795条1項・309条2項12号）。新設合併契約等（新設合併契約・新設分割計画・株式移転計画）についても，同様に新設会社の設立登記前に新設合併消滅会社，新設分割会社，株式移転完全子会社において株主総会の特別決議により承認を受けなければならない（会社804条1項・309条2項12号）。

ただし，当該組織再編によって公開会社の株主に対して，譲渡制限株式等（会社783条3項）が交付される場合には，当該対価の交付を受ける株主にとって投下資本の回収機会が制限されることから，特殊決議による承認を要する（会社309条3項）。なお，合併契約等の承認を要しない場合については，次節に

おいて解説する。

　反対株主には，会社に対して，自己の株式を公正な価格で買い取ることを請求する株式買取請求権が原則として保障される（会社785条・797条・806条）。

　反対株主とは，合併契約等の承認を要する場合は，当該決議に先立って，会社に対して反対の通知をしたうえで，株主総会において反対した者または当該株主総会において議決権を行使できない者をいい，合併契約等について承認を要しない場合は，原則として，すべての株主をいう（例外として会社785条2項2号・797条2項2号の各かっこ書参照）。

　合併等が当事会社の株主の財産上の地位に重大な影響を与えるものであるため，少数派株主に投下資本を公正な価格で回収するための機会を保障する制度である。ここにいう公正な価格とは，合併等を行うこと自体に反対の株主にとっては，当該組織再編行為を行うことを承認する決議が成立しなければ当該会社の株式が有したであろう価格ということになろう。他方，組織再編行為自体には反対しないが，対価の内容や相当性（特にシナジーが対価に反映されていない等）に疑問をもつ株主にとっては，本来合併等によって生じるであろうと思われるシナジー（相乗効果）を考慮した価格ということになろう。平成17年会社法が，単に「公正な価格」と改正したのは，当事者間における買取価格の協議や，裁判所に価格決定の申立てがなされた場合（会社786条・798条・807条）において，シナジーを考慮した買取価格を設定することも可能にするためである。

　③　合併等組織再編行為は，当事会社の財産状態を変動させる効果を有する場合が多いが，類似の経済的効果を有する事業譲渡とは異なり，包括的な財産等の移転を生じる1個の行為であるから，個別の債権・債務の承継について各別に対抗要件を備えるのではなく，債権者異議手続によって債権者の保護が図られる（会社789条・799条・810条）。

　異議を述べることができる債権者とは，合併の場合は消滅会社および存続会社のすべての債権者である（会社789条1項1号・799条1項1号・810条1項1号）。会社分割の場合，承継会社の債権者（会社799条1項2号）は常に対象となるが，分割対価が分割会社に交付される場合には，承継される事業に関する権利義務

を分割会社が承継会社または新設会社の株式等を通じて把握しているため，全体として分割会社の財産状態に変更がないといえるため，分割後，分割会社に債務の履行を請求することができない分割会社の債権者のみが，異議を述べることができる。ただし，いわゆる人的分割型の会社分割の場合には，分割会社のすべての債権者が異議手続の対象となる（会社789条1項2号・810条1項2号）。株式交換・株式移転においては，株主構成に変動が生じるにすぎず，当事会社の財産状態に変動が生じないため，完全子会社となる会社においては，原則として債権者異議手続を要しない。しかし，株式交換契約新株予約権および株式移転計画新株予約権が新株予約権付社債に付された新株予約権である場合，当該新株予約権付社債の社債権者にとっては，債務者の変更を生じるため，このような社債権者についてのみ債権者異議手続を要する（会社789条1項3号・810条1項3号）。株式交換において対価が柔軟化されたことから，株式交換対価が完全親会社の株式以外の財産である場合には，完全親会社の財産に変動が生じるため，完全親会社となる会社の債権者も異議を述べることができる（会社799条1項3号）。

　債権者は，当該会社に対し，組織再編について異議を述べることができる。会社は，上記①の事前の情報開示において，債権者に情報提供するとともに，所定の事項および1ヶ月以上の期間を設けて，債権者が異議を述べることができる旨を官報に公告し，かつ知れている債権者には，各別に催告しなければならない（会社789条2項・799条2項・810条2項）。ただし，官報に加えて，定款の定めに従い電子公告等の方法によっても公告を行う場合は，吸収分割会社の不法行為による損害賠償債務の債権者に対するものを除き，各別の催告は必要ない（会社789条3項・799条3項・810条3項）。期間内に異議を述べた債権者に対しては，会社は当該組織再編が当該債権者に損害を与えるおそれがない場合を除き，弁済もしくは相当の担保を提供する等債権者を保護する措置をとらなければならない。期間内に異議を述べなかった債権者は，当該組織再編を承認したものとみなされる（会社789条4項～5項・799条4項～5項・810条4項～5項）。

　会社に知れたる債権者とは，債権者が誰か，またどのような原因に基づく請求権かの大体が会社に知られている債権者を意味する（大判昭7・4・30民集11

第2編　株式会社

巻706頁）。

　④　吸収合併等吸収型再編行為の効力は，吸収合併契約等で定めた効力発生日に生じる（会社750条1項・759条1項・769条1項）が，当事会社の法律状態に変更を生じるため効力発生日から2週間以内に所定の登記をしなければならない（会社921条・923条）。この登記は，吸収型再編の効力発生要件ではない。

　これに対して，新設合併等新設型再編行為の効力は，新設会社の成立の日に生じる（会社754条・764条・774条）ため，新設会社の設立の登記（会社922条・924条・925条）は，新設型再編の効力発生要件といえる。同時に，新設合併消滅会社では解散の登記，新設分割会社では変更の登記も必要である。

　なお，後述するように，組織再編の効力発生日から6ヶ月以内であれば，その無効の訴えを提起することができるため，事後の情報開示として，効力発生日から6ヶ月間は，組織再編に関する所定の事項を記載・記録した書面等を作成し，本店に備え置くとともに，株主等の閲覧・謄写請求に応じなければならない（会社791条・801条・811条・815条）。

　　＞新株予約権の　　吸収合併消滅会社や新設合併消滅会社のように，合併
　　　承継・買取請求　　の効力発生により消滅する会社が新株予約権を発行している場合，合併の効力発生により当該新株予約権は効力を失う。新株予約権が発行される際に，このような事態が将来生じた場合には，当該新株予約権に代えて合併存続会社の新株予約権を交付するものとし，合併存続会社が新株予約権に関する義務を承継する旨を定めることができる（会社236条1項8号）。

　さらに，合併契約において，消滅会社の新株予約権者に対して，存続会社の新株予約権または金銭を交付する旨およびその条件等を定めなければならない（会社749条1項4号～5号・753条1項10号～11号）。

　また，会社分割や株式交換・株式移転においては，新株予約権が消滅することはないため，必ずしも定める必要はないが，株式交換や株式移転によって完全親子会社関係を成立させても，完全子会社となる会社が発行していた新株予約権が残存しており，効力発生後に当該新株予約権が行使されると，完全親子会社関係が消滅してしまう。そのため，会社分割契約等において新株予約権の承継について定めることもできる（会社758条1項5号～6号・763条1項10号～11号・

768条1項4号～5号・773条1項9号～10号）。これらを吸収分割契約新株予約権，新設分割計画新株予約権，株式交換契約新株予約権，株式移転計画新株予約権という。

　他方，新株予約権者にとっては，株主となるべき対象会社に変更が生じるため，一定の新株予約権者には，新株予約権を公正な価格で買い取るよう会社に請求する権利が保障される（会社787条・808条）。

　新株予約権買取請求を行うことができる新株予約権者とは，合併の場合，吸収合併契約または新設合併契約で定められた新株予約権の承継条件が当該新株予約権の発行の際に定められた条件に合致する場合以外の新株予約権者をいい（会社787条1項1号・808条1項1号），会社分割の場合，吸収分割契約新株予約権または新設分割計画新株予約権もしくはそれ以外の新株予約権であって発行の際に承継会社または新設会社の新株予約権を交付する旨の定めがあるもののうち，吸収分割契約または新設分割計画で定められた承継条件が発行の際に定められた条件に合致する場合以外の新株予約権者をいい（会社787条1項2号・808条1項2号），株式交換・株式移転の場合は，株式交換契約新株予約権または株式移転計画新株予約権もしくはそれ以外の新株予約権であって発行の際に完全親会社の新株予約権を交付する旨の定めがあるもののうち，株式交換契約または株式移転計画で定められた承継条件が発行の際に定められた条件に合致する場合以外の新株予約権者をいう（会社787条1項3号・808条1項3号）。

　新株予約権買取請求による新株予約権の買取りは，吸収型再編においては効力発生日に効力を生じ（会社788条6項），新設型再編においては新設会社の設立登記の日に生じる（会社809条6項）。

　買取価格について当事者間で協議が調わない場合は，裁判所に対し，価格決定の申立てを行うことができる（会社788条2項・809条2項）。

設問4　Ａ株式会社とＹ株式会社は，資本金額や総資産額，1株当たりの株式価値等において，ほぼ同等の会社である。両社は，Ａ社を存続会社，Ｙ社を消滅会社とする吸収合併契約を締結した。Ｙ社の株主Ｘは，本件吸収合併契約において定められた合併対価の内容（合併比率）がＹ社株式10株に対し，Ａ社株式1株を割り当てるという内容であり，Ｙ社の企業価値に照らして著しく不公正で

第 2 編　株式会社

> あると考えている。Ｘが本件吸収合併を差し止めることができるか論じなさい。

吸収合併等の差止

平成26年改正によって，吸収合併等が法令または定款に違反することにより，不利益を受けるおそれのある株主は，会社に対して吸収合併等をやめることを請求することができるとする差止請求権が認められた（会社784条の 2 第 1 号・796条の 2 第 1 号・805条の 2 ）。改正前は，後述する略式組織再編の場合にのみ差止請求権が規定されており，その他の場合に差止請求が可能なのか否かについては，議論が錯綜していた。

　本設問の事案の場合，Ｙ社にとって著しく不公正な合併比率を内容とする合併契約を締結することは，Ｙ社の取締役の善管注意義務・忠実義務に違反し，法令違反に基づく差止請求（会社360条の適用または類推適用）が可能であるとする見解もある。もっとも，合併対価が著しく不公正であることにより不利益を被るのは株主であるのに対し，会社法360条の差止請求では，会社に「著しい損害」または「回復することができない損害」が発生するおそれがあることが要件となるため立証は困難である。

　そこで，Ａ社がＹ社の大株主としてＹ社における株主総会の特別決議において議決権を行使した結果，著しく不公正な合併比率による合併契約が承認された場合には，当該決議には取消事由がある（会社831条 1 項 3 号）として，当該株主総会決議取消の訴えを本案とする合併手続の差止仮処分（民保23条 2 項）が可能であるとする見解も主張されている。

　現行会社法は，株主が不利益を受けるおそれがある場合に差止請求を認めるので，本設問の事案においてもＸは，株主が不利益を受けるおそれがあるとして，Ｙ社取締役の善管注意義務・忠実義務違反という法令違反を理由に著しく不公正な合併比率による合併を差し止めることができるとも考えられる。

　もっとも，合併比率の決定は，高度な経営判断であり，単純に当事会社の合併前の企業価値の比較だけを基準にその相当性を判断することはできない場合もある。不服のある株主には反対株主の株式買取請求権が保障されており，最終的には，株主総会の特別決議による判断に委ねるべきであるとも考えられる。会社法784条の 2 第 1 号等いう法令には，取締役の善管注意義務・忠実

200

第9章　組織再編

義務を定める規定は含まれないとして，合併比率の著しい不公正のみを理由とする差止請求は認められないというのが，平成26年改正の趣旨である。

　よって，合併比率が不公正であるだけでなく，合併契約に関する情報開示手続がなされなかった場合など，合併の手続に法令違反がある場合で，株主が不利益を被るおそれがある場合に会社法784条の2第1号等による差止請求（およびこれを被保全権利とする差止仮処分）が可能であると解される。

第3節　組織再編の手続（略式再編と簡易再編）

> **設問⑤**　A株式会社とB株式会社は，A社を消滅会社，B社を存続会社とする吸収合併契約を締結した。本件吸収合併契約においては，A社の株主に対して交付される合併対価はB社の株式のみである。次の①または②の各場合における吸収合併の手続は，原則的手続と比較してどのような違いがあるか説明しなさい。なお，①と②はそれぞれ独立の事案とする。
> ①B社がA社の総株主の議決権の90％を保有する場合
> ②A社の株主に交付されるB社株式の数にB社の1株当たり純資産額を乗じて得た額がB社の純資産額に対する割合が20％を超えない場合

略式合併等　吸収合併契約は，各当事会社の株主総会の特別決議により承認を受けなければならないのが原則である。しかし，事案①において，A社の株主総会で合併契約を承認する特別決議が否決されることは考えられない。合併契約の相手方であるB社がA社の総株主の議決権を90％有している以上，A社の株主総会で特別決議が成立することが確実であるからである。

　A社に対するB社のように，相手方の総株主の議決権を90％以上支配する会社を特別支配会社という（会社468条1項かっこ書参照）。

　吸収合併等吸収型の組織再編行為において，一方が他方の特別支配会社である場合（上記事案のB社），特別支配会社に支配されている側の会社（上記事案のA社）においては，吸収合併契約等について株主総会の特別決議による承認を要しない（会社784条1項本文）。これを略式合併等と呼ぶ。上記の例のように，

201

第2編　株式会社

存続会社等（吸収合併存続会社，吸収分割承継会社，株式交換完全親会社）が特別支配会社である場合は，消滅会社等（吸収合併消滅会社，吸収分割会社，株式交換完全子会社）における承認を要しないが，存続会社等においては，原則通り株主総会の特別決議による承認が必要である。

　他方，消滅会社等が存続会社等の特別支配会社である場合は，存続会社等における承認を要しない（会社796条1項本文）。

　ただし，合併契約および株式交換契約について，特別決議ではなく特殊決議（会社309条3項2号）による承認を要する場合は，議決権を90％支配しているというだけでは，決議を単独で成立させることはできないので，略式手続によることはできない（会社784条1項ただし書・796条1項ただし書）。

　略式手続がとられる場合，当該会社の株主には，当該吸収合併等が法令・定款に違反する場合の他，吸収合併等の対価が当事会社双方の財産状況その他の事情に照らして著しく不当であるときにも差止請求権が認められる（会社784条の2第2号・796条の2第2号）。株主総会の承認を要しないため，吸収合併契約等に定められた対価が当該会社にとって不利な条件であり，当該会社の株主が不利益を被るおそれがあったとしても，株主総会の場で反対する機会はない。そのため，特別支配会社の影響力による著しく不当な条件での合併等に対しては，この差止請求権を被保全権利とする差止仮処分（民保23条2項）を申し立てることが認められている。

　略式手続による場合にも，反対株主の株式買取請求権は認められるが，特別支配会社は権利行使できない（会社785条2項2号かっこ書・797条2項2号かっこ書）。

> ### 簡易組織再編

吸収合併等における存続会社等（吸収合併存続会社，吸収分割承継会社，株式交換完全親会社）が消滅会社等（吸収合併消滅会社，吸収分割会社，株式交換完全子会社）に対して交付する対価が，存続会社等の純資産額に照らして小さく，存続会社等の株主に与える影響が大きくない場合，存続会社等において株主総会を開催するコストを費やしてまで吸収合併契約等について承認を求める必要性は乏しいといえる。そのため，会社法は，次のように簡易な組織再編の要件をみたす場合には，合併契約等について

原則として株主総会の承認を要しないものとした（会社796条2項）。

(1) **存続会社等における簡易手続** 簡易な組織再編と認められるのは，消滅会社等に交付する対価総額と評価される額が存続会社等の純資産額の20%を超えない場合である。上記事案②では，B社にとって簡易吸収合併の要件をみたすため，B社においては，吸収合併契約について株主総会の承認を要しない。

ただし，簡易手続によることについて，一定の議決権を有する株主が吸収合併等について反対する旨を存続会社等に通知したときは，簡易手続によることはできず，原則通り株主総会の特別決議により承認を受けなければならない（会社796条3項，会社施規197条）。

簡易手続による場合には，差止請求権や反対株主の株式買取請求権は原則として認められないが（会社796条の2ただし書・797条1項ただし書），承継債務額が承継資産額を超える場合等差損の生じる場合（会社795条2項各号）や合併契約および株式交換契約について，特別決議ではなく特殊決議（会社309条3項2号）による承認を要する場合（会社796条1項ただし書），簡易手続につき少数株主の異議があった場合（会社796条3項）には，差止請求権や株式買取請求権の行使は可能である。

(2) **吸収分割会社および新設分割会社における簡易手続** 吸収分割および新設分割においては，承継会社または新設会社に承継させる資産の帳簿価額の合計額が吸収分割会社または新設分割会社の総資産額の20%を超えない場合には簡易手続によることが認められる（会社784条2項・805条）。この場合，差止請求権（会社784条の2ただし書・805条の2ただし書）や反対株主の株式買取請求権（会社785条1項2号・806条1項2号）は認められない。

第4節　会社分割と債権者保護

設問❻　Y株式会社とA株式会社は，Y社を分割会社，A社を承継会社とする吸収分割契約を締結した。本件吸収分割契約においては，分割にかか

第2編　株式会社

るＹ社の事業に関する債務は，免責的にＡ社に承継され，分割の効力発生後，債権者はＹ社に対して履行を請求することができないという内容であった。Ｙ社は債権者異議手続において，官報に加えて，定款に基づき電子公告の方法により異議を述べることができる旨の公告を行い，債権者に対する各別の催告は行わなかった。ＸはＹ社の債権者である。ＸのＹ社に対する債権は，本件吸収分割によりＡ社に承継されたが，Ｘは本件吸収分割の公告に気づかず，期間内に異議を述べることができなかった。

　Ｘは，本件吸収分割の効力発生後に，Ｙ社に対して債務の履行を請求することができるか。ＸのＹ社に対する債権が不法行為に基づく損害賠償請求権であった場合はどうか。

> **各別の催告を受けなかった債権者の保護**

　吸収分割会社の債権者であって，吸収分割後に分割会社に対して債務の履行を請求することができない債権者は，債権者異議手続の対象となり（会社789条1項2号本文），会社に知れている場合は，各別の催告を受けることができる（同条2項）。ただし，会社が官報の他，所定の方法による公告を行った場合，不法行為債権者を除き，各別の催告を要しない（同条3項）。

　そのため，債権者異議手続において，吸収分割につき異議を述べることができる債権者でありながら，会社の過失により各別の催告を受けなかった者や，各別の催告を要しない場合であったため異議を述べることができることを知らなかった者が生じうる。

　そこで，会社法は，異議を述べることができる吸収分割会社の債権者であって，各別の催告を受けなかった者は，吸収分割契約において吸収分割後に吸収分割会社に対して債務の履行を請求することができないものとされているときであっても，吸収分割会社に対して，吸収分割会社が効力発生日に有していた財産の価額を限度として，当該債務の履行を請求することができる（会社759条2項）として保護している。もっとも，会社が各別の催告を要しない場合には，不法行為債権者に限って保護される。平成17年改正前商法では，このような保護は，条文上，各別の催告を受けるべき債権者が各別の催告を受けなかった場合に認められるとも読めたため，債権者異議手続の時点で会社に知れていなかった債権者は保護されないのか，という解釈問題があった。しかし，平成

204

第9章　組織再編

26年改正により，異議を述べることができる債権者が各別の催告を受けなかった場合に保護されることとなり，債権者異議手続の対象である債権者であれば，会社に知れているか否かを問わないことが明確になった。

　本問のXは，異議を述べることができる債権者ではあるが，Y社は不法行為債権者を除き，各別の催告を要しないため，Xが効力発生後にY社に債務の履行を請求することができるのは，XのY社に対する債権が，不法行為に基づく損害賠償請求権である場合に限られる。

　なお，吸収分割により承継されず，分割後も分割会社に対してのみ履行の請求をすることができるものとされている分割会社の債権者であって，各別の催告を受けなかった者は，吸収分割契約の内容にかかわらず，吸収分割承継会社に対して，承継した財産の価額を限度として，当該債務の履行を請求することができる（会社759条3項）。吸収分割後に分割会社に対して債務の履行を請求できる債権者は，異議を述べることができる債権者には該当しないのが原則であるが，いわゆる人的分割型の吸収分割の場合には，分割会社のすべての債権者が異議を述べることができるためである（会社758条1項8号・789条1項2号参照）。

　新設分割における分割会社の債権者についても同様（会社764条2項・3項）。

設問7　複数の事業部門をもつA株式会社は，a事業とb事業を営んでいたが，b事業部門の業績が極端に不振であり，会社全体の業績低迷の要因となっていた。A社は，a事業を新設分割により設立したY株式会社において独立させて事業再生を図ることを計画した。その新設分割計画によれば，A社の資産のほとんどがY社に承継される一方で，債務についてはb事業にかかる債務のほとんどがY社に承継されず，Y社による債務引受もなされないこととなっていた。A社は債務の履行の見込みがないことが明らかであった。

　Xは，A社のb事業に関する債権を有する債権者であるが，XのA社に対する債権は，Y社に承継される債務には含まれていなかった。本件新設分割の効力発生後，A社は実質的に事業を行っておらず，事務所も引き払い，会社としての実体はない。Xは，A社に対する債権回収のためどのような手段をとることができるか説明しなさい。

第2編　株式会社

> ### 詐害的会社分割に対する
> ### 残存債権者の保護

(1)　会社分割と債権者保護　　会社分割は，不採算部門を切り離し，他の部門の事業を再生する手段として利用されるが，不採算部門に割り当てられた債権者は不利益を受けるおそれがある。そのために債権者異議の手続がとられるが，分割後，分割会社に債務の履行を請求できる債権者は，原則として債権者異議手続の対象ではない（会社789条1項2号・810条1項2号参照）。本問のXは，このような立場の債権者である。

　本問のA社のように分割の効力発生後に債務の履行見込みがないことが明らかな場合でも会社分割は許されるのか，については争いがある。平成17年の会社法改正前は，「債務の履行の見込みがあること」が分割の実体要件と解されていた。しかし，会社法施行規則は，事前の情報開示において開示すべき内容として，「履行の見込みに関する事項」（会社施規183条6号・192条7号・205条7号）とし，必ずしも「履行の見込みがあること」を実体要件としないという解釈も可能となった。会社法の下でも「履行の見込みがあること」が実体要件であると解するとしても，会社分割の無効主張は後述する無効の訴えによらねばならず，会社分割を承認しなかった債権者でなければ訴えを提起できない（会社828条1項9号～10号・2項9号～10号）。ここにいう承認しなかった債権者とは，債権者異議手続において異議を述べることができる債権者に限るとされる（東京高判平23・1・26金判1363号30頁）ため，本問のXは会社分割無効の訴えを提起することはできない。

　平成26年の会社法改正前の判例は，このような債権者の救済として，当該会社分割が詐害行為（民424条）にあたるとして，債権者による取消しを認める（東京高判平22・10・27金判1355号42頁〈百選92〉，最判平24・10・12民集66巻10号3311頁）が，取消しの具体的な効果については，事例によって異なっていた。

(2)　詐害的会社分割に対する残存債権者の保護　　平成26年の会社法改正により，Xのように会社分割において，承継会社または新設会社に承継されない債務の債権者を残存債権者といい，分割会社が残存債権者を害することを知って会社分割をした場合には，残存債権者は，吸収分割承継会社または新設分割設立会社に対して，承継した財産の価額を限度として，当該債務の履行を請求

することができることになった（会社759条4項本文・764条4項）。ただし，吸収分割の場合は，吸収分割承継会社が吸収分割の効力発生時において残存債権者を害すべき事実を知っていた場合に限りこの請求が認められる（会社759条4項ただし書）。

　詐害行為取消権（民424条）とは異なり，裁判上での行使に限定されない。いわゆる人的分割型の場合は，すべての債権者が異議手続で異議を述べることができるため，本請求権は適用されない（会社759条5項・764条5項）。承継会社や設立会社の責任は，分割会社が残存債権者を害することを知って会社分割を行ったことを知った時から2年以内に請求または請求の予告をしない残存債権者に対しては，その期間を経過した時に消滅する。会社分割の効力発生から20年を経過したときも同様である（会社759条6項・764条6項）。

　なお，分割会社について破産手続開始決定，再生手続開始決定または更生手続開始決定があったときは，当該手続を通じた資産回収を優先すべきであると考えられることから，本規定による残存債権者の請求権は行使できない（会社759条7項・764条7項）。

　設問の例では，新設分割であるので，Xは，A社がXら残存債権者を害することを知って新設分割を行ったことを立証すれば，Y社に対して承継した財産の価額を限度として，債務の履行を請求することができる（会社764条4項）。

第5節　組織再編の無効

> **設問❽**　Y株式会社とA株式会社は，資本金額や総資産額，1株当たりの株式価値等において，ほぼ同等の会社である。両社は，Y社を存続会社，A社を消滅会社とする吸収合併契約を締結した。A社の株主Xは，本件吸収合併契約において定められた合併対価の内容（合併比率）がA社株式10株に対し，Y社株式1株を割り当てるという内容であり，A社の企業価値に照らして著しく不公正であると考え，A社の株主総会において本件吸収合併契約に反対したが，特別決議は賛成多数により可決され，本件吸収合併は効力を生じた。Xは，本件吸収合併の効力を争いたいと考えているが，会社法上どのような手段をとることができるか論じなさい。

第2編　株式会社

> 　Y社がA社の総株主の議決権の65％を保有しており，Y社がA社の株主総会において議決権を行使した結果，本件合併契約が承認された場合はどうか。

組織再編行為の無効

組織再編行為の手続に法令違反があり，利害関係者に不利益を生じるおそれがある場合でも，一旦その効力が生じると，これを前提に多くの法律関係が形成されるため，一般原則にしたがって，組織再編行為の無効主張を認めることは，法的安定性を著しく害する。また，多数の利害関係者が存在するため，組織再編行為が有効であるか無効であるかは，画一的に確定させる必要がある。

　そのため，会社法は，組織再編行為にかかる無効は，訴えによってのみ主張しなければならないものとし，その提訴期間を効力が生じた日から6ヶ月に制限し（会社828条1項7号～12号），提訴権者を制限している（同条2項7号～12号）。無効の訴えについては，専属管轄が定められ（会社835条1項），組織再編行為に応じて被告適格を有する会社が定められている（会社834条7号～12号）。

　本設問におけるXは，吸収合併における消滅会社の株主であるから，効力発生日から6ヶ月以内に吸収合併無効の訴えを提起しなければ，本件吸収合併の効力を争うことはできない。

無効の訴えの無効原因

もっとも，どのような瑕疵があれば無効とされるか（無効原因）については，明文の規定がなく，解釈に委ねられている。①組織再編行為当事会社，新設会社としての適格を欠く場合，②組織再編契約等が法定の要件を充足していない場合，③組織再編契約等について株主総会決議を要する場合において，決議が不存在または無効であるか，もしくは決議が事後的に取り消された場合，④債権者保護手続がとられなかった場合等が無効原因となると解されている。

　設問前段については，合併比率が著しく不公正であることが，無効原因となるか，が問題となる。これを肯定する見解も主張されている。しかしながら，合併比率は，当事会社の財産状況，収益力，株価，合併によるシナジー（相乗効果）等の諸要因を勘案して決定される高度な経営判断に属する。それに対して，合併比率に不服の株主には，株主総会において説明を求め，反対に議決権

を行使する機会が原則として保障され，株式買取請求権も保障されている。し
たがって，合併比率の不公正は，それのみでは合併の無効原因にはならないと
解される（東京高判平2・1・31資料版商事法務77号193頁〈百選90〉（百選90））。

　これに対して，設問後段のように，親子会社間の合併等支配従属関係にある
会社間の合併において，支配会社の影響力行使により従属会社の株主にとって
著しく不公正な合併比率による合併契約が承認された場合，当該承認決議は特
別利害関係を有する株主の議決権行使によって成立した著しく不当な決議とし
て総会決議取消しの訴えにより取り消しうる（会社831条1項3号）。当該決議が
取り消された場合，合併契約の承認という合併手続の主要な要素に瑕疵がある
ことになり，合併の無効原因になると解される。このように解しても，総会決
議取消の訴えは提訴期間が決議成立から3ヶ月以内と短期に制限されており，
無効判決の効力は遡及しないことから，法的安定性への影響は小さいと言え
る。

　合併契約の承認決議の日から合併の効力発生日までの期間が3ヶ月以上ある
場合は，株主は，まず株主総会決議取消しの訴えを提起しなければならない。
他方，3ヶ月未満の場合は，株主総会決議取消しの訴えと合併無効の訴えを両
方提起しなければならないとする見解，株主総会決議取消しの訴えを提起し，
決議取消判決が確定すれば，合併は無効となるとする見解，合併無効の訴えの
みを提起し，当該訴訟の中で総会決議に取消事由があり取り消されるべきこと
を合併無効原因として主張することができるとする見解（吸収説）が対立して
いる。判例は，決議取消しの訴えや決議の無効確認の訴えのみを提起すること
は許されず，合併無効の訴えを提起しなければならないとし（東京地判昭30・2・
28下民集6巻2号361頁），吸収説に立つとみられている。

> **無効判決の効力**　組織再編行為の無効の訴えを認容する判決には遡及効
> がなく，当該行為は将来に向かってその効力を失う

（会社839条）。また，多数の利害関係者間で法律関係を画一的に確定させる必要
があるため，確定した請求認容判決の効力は，第三者に対しても及ぶ（会社838
条）。

　なお，一旦効力を生じ，所定の登記がなされた組織再編行為の無効の訴えに

第2編　株式会社

かかる請求認容判決が確定した場合には，裁判所書記官は，職権で遅滞なく，各会社の本店所在地を管轄する登記所に所定の登記を嘱託しなければならない（会社937条3項）。

第10章　企業結合

設問1　　A株式会社は，自動車の製造販売を目的とする会社である。A社は，自動車部品の製造販売を目的とするB株式会社およびC株式会社の総株主の議決権の70％を保有する会社法上の親会社であり，A社を中心に自動車メーカーとして企業グループを形成している。近時，C社は経営難に陥っていた。そこで，A社の代表取締役Y₁は，B社の代表取締役Y₂に対して，C社からの自動車部品購入価格を平均的な市場価格に10％上乗せした価格に設定するよう指示をした。Y₂がこの指示に従うことに会社法上問題はないか。

▷ 企業結合の意義

　会社はそれぞれ独立した法人格を有しており，会社法も原則として単独の会社を前提に規定している。しかし，現実の社会においては，複数の会社がさまざまな目的・態様・方法により相互に結びついている。このような複数の会社の結びつきが相当程度に密接になった状態を企業結合という。

　複数の会社が結合しグループを形成する一般的な目的は，競争力の強化と経営の効率化のためであるといえるが，その態様は多様である。企業結合の態様は，企業間で業務提携に関する契約を締結し，継続的取引関係において相互に協力関係を構築する「業務提携」と，株式の保有により他の会社に資本参加する「資本提携」とに大別できる。業務提携が資本提携により強化されることも多い。資本提携の形態にも，一方が他方の会社の議決権の過半数を保有する等の方法で経営を実質的に支配する親子会社関係，双方が互いの株式を保有しあう相互保有関係，自らは事業を行わず，他の会社の株式を100％保有することで，その会社の経営を支配する持株会社（完全親子会社関係）等がある。

▷ 会社法上の企業結合規制
の現状と課題

　結合企業の形成方法は，さまざまであるが，①事業譲渡等，②組織再編行為，③株式の取得によって行われることが多い。①，②については，第8章，第9章でみたように会社法上の規制が整備されている。③については，金融商品取引法上，一

211

第2編　株式会社

定の場合に公開買付けによることが義務付けられ（金商2章の2），また，大量保有状況について情報開示が義務づけられる（金商2章の3）等の規制はあったものの，会社法上，結合企業の形成という観点からの規律はなかった。

　平成26年改正会社法は，会社支配権の異動を伴う募集株式の発行等について，公開会社では一定の議決権を有する株主の反対がある場合には，原則として株主総会決議による承認を要するものとし（会社206条の2・244条の2），親会社による子会社株式の譲渡が会社支配権の異動を伴う場合について，事業譲渡と同様の手続を要するものとする（会社467条1項2号の2）等，支配権の移転の場面における利害関係者間の利害調整について規律した。

　もっとも，結合企業としての事業運営の場面における規律は，いまだ十分に整備されているとはいえないように思われる。すなわち，企業グループを形成する目的の1つが経営の効率化にあるとすれば，これに対する会社法規制も企業グループとしての効率的経営を不当に制約するものであってはならないであろう。他方で，結合企業間には支配従属関係が生じることから，従属会社に少数派株主が存在する場合には，支配会社による経営指揮によって従属会社が不利な条件での取引に応じざるを得ない結果，その少数派株主が不利益を被るおそれがある。支配従属関係にある会社とはいえ，それぞれに独立の法人格を有し，それぞれの取締役は，それぞれの会社に対して善管注意義務・忠実義務を負っている。それゆえ，従属会社の業務執行者が，自社に不利な内容の支配会社からの経営指揮に応じることは，善管注意義務・忠実義務に違反すると言わざるを得ず，企業グループ間においても，その取引条件は，独立の当事者間におけるのと同様の条件でなければならないとも考えられる。しかしながら，企業グループ全体の利益を図るための経営指揮が一切許されないとすれば，企業グループとしての経営の効率化は十分には達成できないであろう。

　設問におけるY_2も自身の取締役としての地位を支配する親会社A社からの指揮命令とB社に対して負う善管注意義務・忠実義務との板挟みとなる。企業グループ全体の利益を考慮して一時的にA社からの指示に従うことが望ましい場合もあり得ようが，B社の少数派株主からの責任追及のおそれもある。なお，故意にB社に損害を与えるためY_1がY_2に指示したような場合，Y_1には

不法行為責任（民709条）が生じうる。この場合，A社も損害賠償責任を負う（会社350条）。

第11章　解散および清算

第1節　解　散

> **設問1**　株式会社は，どのような場合に解散するか説明しなさい。解散した株式会社はどのようになるか説明しなさい。

　会社の解散とは，会社の法人格が消滅する状態に入ることをいう。株式会社は，解散後，清算手続に入り，清算が結了するまで存続する（会社476条）。

　株式会社は，①定款で定めた存続期間の満了，②定款で定めた解散事由の発生，③株主総会の決議，④合併（消滅会社），⑤破産手続開始の決定，⑥解散を命ずる判決（解散命令または解散判決），という解散事由によって解散する（会社471条）。③株主総会の決議は，特別決議による。解散決議に手続上の瑕疵がある場合，または定款違反がある場合には，株主総会決議取消しの訴えにより，解散決議の効力が争われることがある（東京高決昭37・12・4）。

　休眠会社（会社に関する登記が最後にあった日から12年経過した株式会社）のみなし解散も，解散事由の1つと考えられる。会社法上，取締役の任期は，最大で選任後10年以内に終了する事業年度のうち最終のものに関する定時株主総会の終結時の時まで伸長されることから（会社332条2項），継続中の会社は少なくとも10年に1度は変更登記をするはずである。休眠会社は，法務大臣が当該休眠会社に対し2ヶ月以内に本店所在地を管轄する登記所に事業を廃止していない旨の届出をすべき旨を官報に公告したにもかかわらず，その届出をしないときは，その2ヶ月の期間の満了時に解散したものとみなされる（会社472条1項）。

　上記の解散事由のうち，①定款で定めた存続期間の満了，②定款で定めた解散事由の発生，③株主総会の決議による解散，および休眠会社のみなし解散の

場合には，解散した株式会社は，株主総会の特別決議により再び継続させることができる。会社の継続の手続は，①定款で定めた存続期間の満了，②定款で定めた解散事由の発生，③株主総会の決議による解散の継続に関する手続は，会社の清算が結了するまで，⑦休眠会社のみなし解散の場合には，解散したものとみなされた後3年以内に行わなければならない（会社473条）。

解散した株式会社は，清算の目的の範囲内において，清算が結了するまではなお存続する。解散した株式会社は，合併における存続会社とはなれないが，消滅会社となることはできる（会社474条1号かっこ書）。吸収分割による承継会社となること（同条2号），株式交換・株式移転の当事会社となることもできない（会社509条1項3号）。

設問2　X家およびZ家は，Y株式会社の株式を等分で保有し，同数の役員を選出し平等の立場で経営に携わり，利益も平等に分配していた。しかし，X家から選出されていた代表取締役Aの死後，Z家から選任されていた代表取締役Bは，AからY社の株式を取得し，同社の株式を過半数保有していると主張して，X家側の役員を解任し，X家の影響力を排除した。その後，BがY社の経済的基盤をほしいままに利用したことにより，Y社は支払不能に陥った。株主であるX家は，Y社の解散判決を求めることができるか説明しなさい。

解散を命ずる判決には，解散命令および解散判決がある。解散命令とは，裁判所が，法務大臣または株主，社員，債権者その他の利害関係人の申立てにより，公益確保のために会社の存立を許すことができないと認めるときに，会社の解散を命ずるものである（会社824条1項）。

解散判決は，①会社が業務の執行において著しく困難な状況に至り，それにより回復困難な損害が生じ，または生じるおそれがあるとき，②会社の財産の管理または処分が著しく失当で，会社の存立を危うくするときにおいて，やむを得ない事由があるときに，少数株主が訴えをもって会社の解散を請求することによってなされるものである。この請求は，総株主（株主総会において決議をすることができる事項の全部につき議決権を行使することができない株主を除く）の議決権の10分の1（定款で軽減可）以上の議決権を有する株主または発行済株式（自己株式を除く）の10分の1（定款で軽減可）以上の数の株式を有する株主がする

第2編　株式会社

ことができる（会社833条1項）。解散判決の請求は，持分会社の場合にはやむを得ない事由がある場合に可能であるが（同条2項），株式会社の場合には，会社の損害が要件となっている。

　設問のX家とZ家の持分比率は等分であるが，両家の間には激しい対立があり，妥協の見込みがなく，取締役会や株主総会による意思決定も不可能な状態となっていた。このように取締役の選任もできないほど業務の執行上著しい難局に逢着しており，打開策が講じられない場合のことをデッド・ロックの状態にあるという。本設問では，株主X家は，上記の解散事由①により解散を請求することができると考えられ，会社の解散による膠着状態の打開策が提示されることになろう（東京地判平元・7・18判時1349号148頁〈百選94〉（百選94））。

第2節　清　算

> **設問3**　A株式会社は，経営不振が常態化している。A社の代表取締役Bは，社内で会社を継続する意義が見いだせないと主張する役員が多勢となったことから，A社を解散し，自己を清算人として清算手続を行う決断をした。A社の資産状況は思いのほか深刻であり，債務超過の疑いがある。A社はどのような清算手続をとることになるか説明しなさい。

　清算とは，会社の法人格が消滅する前に，会社の現務を結了し，債権を取立て，債務を弁済し，残余財産を株主へ分配することをいう（会社481条）。清算は，①会社が解散した場合（合併による解散および破産手続が開始した場合を除く），②設立の無効の訴えに係る請求を認容する判決が確定した場合，③株式移転の無効の訴えに係る請求を認容する判決が確定した場合に開始されなければならない（会社475条）。株式会社においては，会社債権者の債権回収の原資は会社財産のみであるため，法定の手続により清算をしなければならない（持分会社は任意清算による（会社668条から671条参照））。

　株式会社の清算手続には，通常清算および特別清算がある。通常清算は，法定の手続の範囲内で，会社の自治による処理が認められるものである。解散し

216

た会社について，①清算の遂行に著しい支障を来すべき特別な事情がある場合，②債務超過の疑いがある場合には，清算は特別清算の方法により行われなければならない。

　倒産手続は，清算型手続と再建型手続に区別される。清算型手続とは，債務者の総財産を換価し，その換価金を各債権者の債権額に応じて配分する手続をいう。清算型手続には，破産と特別清算がある。特別清算は簡易で迅速な倒産処理手続であり，破産のほうが厳格な手続である。再建型手続とは，債務者の総財産を直ちに換価し債権者へ弁済するのではなく，債務者の所得を維持しまたは事業の収益性を向上させつつ，債務者の支払可能な額まで債務額の減免等を行い，債務者の支払能力を回復させる手続をいう。再建型手続には，民事再生と会社更生がある。

　特別清算は，親会社が債務超過の子会社を整理する場合等に利用される。特別清算は，債権者，清算人，監査役または株主が申立てを行い，裁判所が特別清算の命令をすることによって開始する。清算株式会社に債務超過の疑いがあるときは，清算人は，特別清算開始の申立てをしなければならない（会社510条・511条）。清算人は，債権者・清算株式会社および株主に対し，中立的な立場から，公平かつ誠実に清算事務を処理する義務を負う（会社523条）。清算人は，裁判所の関与の下，協定案を作成して債権者集会と協定を締結し，清算会社は裁判所から認可を受けた協定に従って弁済を行う（会社563条〜572条）。債権者集会において協定案が債権者の同意を得られず否決された場合，特別清算を遂行することはできない（会社567条）。裁判所は，特別清算開始後，協定に実効性がないなど清算株式会社に破産手続開始の原因となる事実があると認めるときは，職権で，破産手続開始の決定をしなければならない（会社574条）。特別清算は，裁判所の監督に属するため，客観性が認められる。

　設問のA社の清算人Bは，倒産処理として破産手続を選択しない場合には，特別清算開始の申立てをする義務がある。もっとも，途中で破産手続へ移行する可能性がある。

第2編　株式会社

> **設問 4**　清算株式会社の機関構成について説明しなさい。清算株式会社において清算人および監査役となる者について説明しなさい。

> **機関の設置**　清算株式会社は，株主総会のほか，1人または2人以上の清算人を置かなければならない（会社477条1項）。清算株式会社は，定款の定めによって，清算人会，監査役または監査役会を置くことができる（同条2項）。監査役会を置く旨の定款の定めがある清算株式会社は，清算人会を置かなければならない（同条3項）。清算の開始原因に該当することとなった時において，公開会社または大会社であった清算株式会社は，監査役を置かなければならない（同条4項）。

> **清算人**　清算人会設置会社では3人以上の清算人を置かなければならない（会社478条8項・331条5項）。原則として，解散当時の取締役が清算人となる（会社478条1項1号。法定清算人）。清算の開始原因が生じた時において，監査等委員会設置会社であった清算会社においては，監査等委員である取締役以外の取締役が清算人となる（会社478条5項）。定款で定める者，株主総会の決議によって選任された者がある場合には，その者が清算人となる（同条1項）。これらにより清算人となる者がいないときは，裁判所は，利害関係人の申立てにより清算人を選任する（同条2項）。清算人の欠格事由は，取締役に関する規定が準用される（会社331条1項）。解散を命ずる判決により解散した清算株式会社においては，利害関係人もしくは法務大臣の申立てによりまたは職権で，裁判所が清算人を選任する（会社478条3項）。設立無効の訴えまたは株式移転無効の訴えに係る請求を認容する判決の確定により解散した場合においては，裁判所が，利害関係人の申立てにより，清算人を選任する（同条4項）。裁判所が選任した清算人を除き，清算人はいつでも株主総会の決議によって解任することができる（会社479条1項）。重要な事由があるときは，裁判所は，少数株主の請求により清算人を解任することができ，裁判所が選任した清算人もその対象となる（同条2項）。

> **代表清算人**　清算人は，清算株式会社を代表する。ただし，他に代表清算人その他清算株式会社を代表する者を定めた場合は，そ

第11章　解散および清算

の者が代表する（会社483条1項）。清算人が2名以上いるときは，各自が会社を代表する。（同条2項）。清算株式会社は，清算人会設置会社を除いて，定款，定款の定めに基づく清算人の互選または株主総会の決議によって，清算人の中から代表清算人を定めることができる（同条3項）。清算人会設置会社では，代表清算人がある場合を除いて，清算人会が代表清算人を選定しなければならない（会社489条2項3号・3項）。清算人会は，原則として代表清算人を解職することができるが，裁判所が定めた代表清算人については解職することができない。

> **清算人の職務**　清算人の職務は，現務の結了，債権の取立ておよび債務の弁済，残余財産の分配である（会社481条）。非清算人

会設置会社では，清算人が業務を執行し（会社482条1項），清算人が2人以上の場合には，清算会社の業務は，定款に別段の定めがある場合を除き，清算人の過半数をもって決定する（同条2項）。清算人会設置会社における清算人会の職務は，業務執行の決定，清算人の職務執行の監督，代表清算人の選定および解職である（会社489条2項）。清算人と清算株式会社との関係は，委任に関する規定に従う（会社478条8項）。取締役の権限・義務等，株主による取締役の行為の差止め，取締役の報酬等の規定は，清算人に準用される（会社482条4項）。清算人の清算株式会社に対する損害賠償責任，第三者に対する損害賠償責任についても同様である（会社486条・487条・488条・847条）。

> **監査役，監査役会**　公開会社または大会社であった清算株式会社が，清算開始時に監査等委員会設置会社または指名委員会

等設置会社であった場合には，監査等委員である取締役または監査委員が監査役となる（会社477条5項・6項）。清算株式会社が監査等委員会設置会社または指名委員会等設置会社であった場合には，清算株式会社である監査役会設置会社においては，監査役は3名以上で，そのうち半数以上は社外監査役の要件に該当する者でなければならない（会社478条7項）。清算株式会社が監査役を置く旨の定款の定めを廃止する定款変更をした場合には，監査役は定款変更の効力が生じた時に退任する（会社480条1項）。

第2編　株式会社

設問5　清算株式会社の残余財産の分配・清算結了に係る手続について説明しなさい。

　清算人は，その就任後遅滞なく，清算株式会社の財産の現況を調査し，法務省令で定めるところにより，清算の開始原因に該当することとなった日における財産目録および貸借対照表を作成しなければならない（会社492条1項）。清算株式会社は，各清算事務年度に係る貸借対照表および事務報告ならびにこれらの附属明細書を作成しなければならない（会社494条1項）。清算人会設置会社においては，これらの書類は，清算人会の承認を受けなければならない（会社492条2項・495条2項）。清算人は，これらの書類を株主総会に提出し，承認を受けなければならない（会社492条3項・497条1項・2項）。

　清算株式会社は，清算の開始原因に該当することとなった後遅滞なく，当該清算株式会社の債権者に対し，一定の期間内（2ヶ月以内）にその債権を申し出るべき旨を官報に公告し，かつ，知れている債権者には各別にこれを催告しなければならない。この公告には当該債権者が当該期間内に申出をしないときは清算から除斥される旨を付記しなければならない（会社499条1項・2項）。

　清算株式会社は，原則として債権申出の期間内に債務を弁済することはできないが，その債務の不履行によって生じた責任を免れることはできない（会社500条1項）。ただし，この期間内であっても，裁判所の許可を得て，少額債権，清算株式会社の財産に存する担保債権，その他これを弁済しても他の債権者を害するおそれがない債権に係る債務については，その弁済をすることができる（同条2項）。清算株式会社は，原則として当該清算株式会社の債務を弁済した後でなければ，その財産を株主に分配することができない。ただし，その存否または額に争いのある債権に係る債務について，その弁済をするために必要と認められる財産を留保した場合は，分配することができる（会社502条）。株主は，残余財産が金銭以外の財産であるときは，清算株式会社に対して，当該残余財産に代えて金銭を交付するよう請求する金銭分配請求権を有する（会社505条1項）。

第11章　解散および清算

　清算株式会社は，清算事務が終了したときは，遅滞無く決算報告書を作成し，清算人会設置会社においては清算人会の承認を受けなければならない（会社507条1項・2項）。清算人は，決算報告書を株主総会に提出し，その承認を受けなければならない（同条3項）。以上により，清算は結了する。清算が結了したときは，決算報告の承認の株主総会の日から2週間以内に，本店所在地において決算結了の登記をしなければならない（会社929条1号）。

第3編

持分会社

第3編　持分会社

第1節　総　説

設問1　会社法は，企業の組織形態として，株式会社以外に持分会社について規定している。持分会社の特徴を説明しなさい。

　会社法は，株式会社と異なり，会社利害関係人の範囲が狭く小規模な会社を想定して，持分会社という企業組織形態を規定している。持分会社の特徴として，民法上の組合と同様に内部関係における定款自治が広く認められている。ガバナンスについては，社員が業務執行を行い（所有と経営の一致），株式会社とは異なりさまざまな機関を置く必要がないこと，社員間に緊密な関係があり会社の意思決定が迅速に行われること，損益の分配については出資比率に関係なく配分を調整できること，構成員の変更については出資の払戻や退社による持分の払戻が比較的容易であることが挙げられる。外部関係については，持分会社の社員に課せられる会社債権者に対する直接責任は持分会社の信用力を高めること，会社設立の際の定款に公証人の認証が不要であること，設立のための費用が少額であること，決算報告が不要であること等が挙げられる。

　持分会社とは，合名会社，合資会社，合同会社の総称である（会社575条1項）。合名会社とは，無限責任社員のみで構成される会社であり（会社576条1項5号・2項），社員間の信頼関係を基礎とする小規模閉鎖会社に適合する会社形態である。合名会社の社員は，会社債権者に対して直接に無限の連帯責任を負う。会社債権者は，社員の個人財産からも債権を回収できることから，取引の信頼性が確保される。合資会社は，無限責任社員および有限責任社員により構成される会社である（同条3項）。合資会社の無限責任社員は，合名会社の場合と同様に，会社債権者に対して直接に無限の連帯責任を負う。有限責任社員は，各自の出資の価額を限度として，会社債権者に対して直接に連帯責任を負う。平成17年会社法により創設された合同会社は，有限責任社員のみで構成される会社であるが（同条4項），所有と経営が分離せず，原則として各社員が業

224

務執行を行うことから，持分会社として整理されている。合同会社は，社員の有限責任と定款自治による柔軟な内部構造，および損益配当の厳格な規制を兼ね備えるものである。

> **設問２** Ａ合資会社は老舗の和菓子屋であり，創業以来，地域の固定客により支えられてきた。Ａ合資会社の業務執行社員Ｂは，更なる販路拡大のため，ネット販売やデパート出店を検討している。さらにＢは，無限責任社員全員を有限責任社員として，企業組織形態を合同会社または株式会社へ変えようと考えている。企業組織形態の変更にはどのような手続が必要となるか説明しなさい。

　合資会社を合同会社へと変更するように，ある種類の持分会社を他の種類の持分会社とすることを持分会社の「種類の変更」（会社638条），合資会社を株式会社へと変更するように，持分会社が法人格の同一性を保ちながら株式会社となること，または株式会社が持分会社となることを「組織変更」という（会社746条・747条）（組織変更につき，第2編第9章設問1・2参照）。

　持分会社は，その社員になろうとする者（合資会社の場合には無限責任社員および有限責任社員各1人以上）が定款を作成し，その全員がこれに署名または記名押印し（会社575条1項），設立登記をすることによって成立する（会社579条）。設立しようとする持分会社が合同会社である場合には，合同会社の社員になろうとする者は，定款作成後，合同会社の成立前までに出資の履行をしなければならないが（会社578条），合名会社，合資会社の社員は，会社成立後に出資を履行することができる。株式会社とは異なり，持分会社の定款に，公証人の認証は必要ない。有限責任社員の出資の目的は金銭等（現物出資も可能）に限られるが，無限責任社員はその他に信用や労務を出資の目的とすることができる（会社576条1項6号）。

　Ａ合資会社が合同会社へ持分会社の種類の変更を行う場合，無限責任社員は有限責任社員となるため，社員の責任態様等，種類の変更に関連する定款の絶対的記載事項を変更する必要がある。定款変更は，持分会社の構成員に多大な影響を及ぼすため，定款に別段の定めがある場合を除き，総社員の同意をもって行われる（会社637条）。

第3編　持分会社

　持分会社が株式会社へ組織変更するときは，定款に別段の定めがある場合を除き，総社員の同意を（会社781条1項），株式会社が持分会社へ組織変更するときは総株主の同意を得なければならない（会社776条1項）。組織変更は会社債権者に不利益を与えるおそれがあるため，債権者保護手続も必要となる（会社779条・781条2項）。

　持分会社の設立に対しては，設立無効の訴えのみならず，設立取消しの訴えを提起することも可能である（株式会社の設立無効の訴えについて，第2編第2章設問10参照）。設問のA合資会社を株式会社へ組織変更する場合，総社員の同意および債権者保護手続が必要となる。当該組織変更では，A合資会社の社員に課されている直接無限責任または直接有限責任が間接有限責任へと変更する。

第2節　持分の譲渡および退社

> **設問3**　A合資会社の熟練した和菓子職人である無限責任社員Cは，業務執行役員Bの経営戦略は高度な職人技が必要な和菓子製作とは相容れないと考えており，真っ向から反対している。CがA合資会社の社員から退こうとする場合，どのような方法をとることになるか説明しなさい。

　定款変更および登記　持分会社の社員が社員としての地位を辞するためには，持分の譲渡または退社をすることになる。社員は定款の絶対的記載事項であり，社員に変動があるときは，定款を変更する必要がある（会社576条1項4号）。社員が退社した場合には，退社した時に当該社員に係る定款の定めを廃止する定款の変更をしたものとみなされる（会社610条）。合名会社および合資会社では，すべての社員の氏名または名称および住所（会社912条5号・913条5号），合同会社においては，業務執行社員の氏名または名称が登記事項となっている（会社914条6号）。

　持分の譲渡　持分会社は社員間の信頼を基礎とする会社形態であるため，他の社員の全員の承諾がなければ，持分会社の社員はその持分の全部または一部を他人に譲渡することができない（会社585条1項）。

ただし，業務を執行しない有限責任社員がする持分の全部または一部の譲渡は，業務執行社員の全員の承諾で足りる（同条2項）。以上について，定款で別段の定めをすることは妨げられない（同条4項）。持分会社自身は，社員の持分を譲り受けることはできない（会社587条1項）。持分会社が当該持分会社の持分を合併等により結果的に取得した場合には，当該持分会社がこれを取得した時に消滅する（同条2項）。

　持分の全部を他人に譲渡した社員であっても，その旨の登記をする前に生じた持分会社の債務については，従前の責任の範囲内でこれを弁済する責任を負う（会社586条1項）。この責任は，登記後2年以内に請求または請求の予告をしない持分会社の債権者に対しては，当該登記後2年を経過した時に消滅する除斥期間が設けられている（同条2項）。

> **退社**　持分会社の社員は，任意に退社することができる。持分会社の存続期間を定款で定めなかった場合，またはある社員の終身の間持分会社が存続することを定款で定めた場合には，各社員は，事業年度の終了の時において退社をすることができる。各社員は，6ヶ月前までに持分会社に退社の予告をしなければならない（会社606条1項）。以上について，持分会社が定款で別段の定めをすることは妨げられない（同条2項）。各社員は，やむを得ない事由があるときは，いつでも退社することができる（同条3項）。任意の退社のほか，法定の退社事由として，①定款で定めた事由の発生，②総社員の同意，③死亡，④合併（合併により当該法人である社員が消滅する場合に限る），⑤破産手続開始の決定，⑥解散，⑦後見開始の審判を受けたこと，⑧除名が規定されている（会社607条1項）。除名とは，除名の訴えにより，当該社員の意思に反して社員資格を剥奪するものである（会社859条）。

　持分会社では，株式会社と異なり，退社に伴い持分の払戻を受けることが可能である。持分会社の社員は，出資の種類を問わず持分の払戻が受けられ，金銭等以外のものを出資の目的とした社員が退社する場合であっても，金銭で払い戻すことが可能である（会社611条1項・3項）。社員が除名により退社するときであっても，当該社員は原則として持分の払戻を受けることができる（同条5項・6項）。

第3編　持分会社

　合同会社の場合は，退社に伴う持分の払戻について制限がある。合同会社に
おいては，会社財産のみが債権者の債権回収の原資となる。合同会社が持分の
払戻により社員に対して交付する持分払戻額が，当該持分の払戻をする日にお
ける剰余金額を超える場合は，当該合同会社の債権者は，当該合同会社に対し
て，持分の払戻について異議を述べることができる（会社635条）。

　退社した社員の出資義務が定款および登記簿上は履行されていることになっ
ているが，実際には履行されていない場合，当該社員の持分払戻請求が認めら
れるか問題となりうる。判例は，合資会社の事案において，社員の金銭出資義
務は，定款または総社員の同意によりその履行期が定められていないときは，
会社の請求によりはじめて履行期が到来し，特定額の給付を目的とする金銭債
務として具体化されるものというべきであり，かかる金銭債務となる前の出資
義務は社員たる地位と終始するものであるとして，退社した社員の合資会社に
対する持分払戻請求権は成立しないとしている（最判昭62・1・22判時1223号136
頁〈百選83〉〈百選81〉）。

<u>退社した社員の責任</u>　退社した社員は，その旨の登記をする前に生じた
持分会社の債務については，従前の責任の範囲内
でこれを弁済する責任を負う（会社612条1項）。この責任は，登記後2年以内
に請求または請求の予告をしない持分会社の債権者に対しては，当該登記後2
年を経過した時に消滅する除斥期間が設けられている（同条2項）。

　合資会社の有限責任社員が退社したことにより，当該合資会社の社員が無限
責任社員のみとなった場合には，当該合資会社は合名会社となる定款の変更を
したものとみなされる（639条1項）。合資会社の無限責任社員が退社したこと
により，当該合資会社の社員が有限責任社員のみとなった場合には，当該合資
会社は合同会社となる旨の定款の変更をしたものとみなされる（同条2項）。

　設問の無限責任社員Ｃは，他の社員の全員の同意を得て，持分の全部を他人
に譲渡することができる。やむをえない事由があるなどとしてＡ合資会社を任
意に退社することもでき，その際には持分の払戻を受けることができる。

第3節　社員の責任，業務執行

> **設問4** A合資会社は，事業の拡大路線をとりすぎたため資産状況が悪化し，会社債権者に対して会社財産をもって債務を完済できないおそれがある。A合資会社の各社員は，会社の債務を弁済する必要があるか説明しなさい。

　持分会社の債務について，当該持分会社の財産をもってその債務を完済することができない場合，または当該持分会社の財産に対する強制執行が功を奏しなかった場合には，社員は，連帯して持分会社の債務を弁済する責任を負う（会社580条1項）。ただし，社員が，当該持分会社に弁済をする資力があり，かつ強制執行が容易であることを証明した場合は，その責任を免れる（同条1項2号かっこ書）。

　持分会社の無限責任社員は，会社債権者に対し，連帯して，持分会社の債務を弁済する責任を負う。有限責任社員のうち，その出資の価額につき未だ持分会社に対し出資の履行をしていない価額がある者は，会社債権者に対し，その価額を限度として直接持分会社の債務を弁済する責任を負う（同条2項）。

　社員が持分会社の債務を弁済する責任を負う場合には，社員は会社が主張することができる抗弁権（弁済，時効または同時履行等）をもって当該持分会社の債権者に対抗することができる。持分会社が債権者に対して相殺権，取消権または解除権を有するときは，社員は，当該債権者に対して債務の履行を拒むことができる（会社581条）。

　持分会社の社員の責任は二次的なものであり，A合資会社の各社員は，持分会社の会社財産により弁済が完了せず，各社員が会社債権者に対する抗弁を用いることができない場合には，債務を弁済する責任がある。

> **設問5** A合資会社の有限責任社員Dは，企業組織形態を合同会社または株式会社へ変更するとの同社の経営方針について不安を抱き，自己の出資価額を減少させる手続をした。A合資会社の無限責任社員Eは，自己が無限責任社員であることに不安を抱き，社員の態様を有限責任社員に変更した。社外の者であ

229

第3編　持分会社

> るＦは，Ａ合資会社の経営方針に賛同し，同社に新たに加入した。Ａ合資会社は，
> 以上について定款変更および登記をした。Ｄ，Ｅ，Ｆが負う責任は，それぞれどの
> ようになるか説明しなさい。

　持分会社の社員は，持分会社に対し，すでに出資として払込または給付をし
た金銭等の払戻（出資の払戻）を請求することができる（合同会社について，設問
7を参照）。金銭等以外の財産が出資された場合であっても，当該財産の価額に
相当する金銭の払戻を請求することを妨げない（会社624条1項）。合名会社お
よび合資会社の出資の払戻に関して債権者保護手続は不要である。ただし，合
同会社においては，合同会社の社員は，定款を変更してその出資の価額を減少
する場合に出資の払戻を請求することができるが，出資払戻額が剰余金額また
は出資減少額を超える場合には，合同会社は出資の払戻請求を拒むことができ
る（会社632条）。合同会社が資本金の減少をする場合には，債権者保護手続が
必要となる（会社627条）。

　合資会社の有限責任社員Ｄが出資の価額を減少した場合，Ｄは，出資の価額
の減少の登記をする前に生じた持分会社の債務について，従前の責任の範囲内
でこれを弁済する責任を負う（会社583条2項）。この責任は，登記後2年以内
に請求または請求の予告をしない持分会社の債権者に対しては，当該登記後2
年の除斥期間がある（同条4項）。

　合資会社の無限責任社員Ｅが有限責任社員となった場合，Ｅは，その旨の登
記をする前に生じた持分会社の債務について，無限責任社員として債務を弁済
する責任を負う（同条3項）。この責任についても，上記と同様の除斥期間があ
る（同条4項）。

　持分会社の成立後に新たに加入した社員Ｆは，その加入前に生じた持分会社
の債務についても，これを弁済する責任を負う（会社605条）。ただし，合同会
社に新たに加入する社員は間接有限責任社員であり，加入に係る定款変更をし
た時に，その出資に係る払込または給付の履行を完了していなければ，合同会
社の社員にはなれない（会社604条3項）。ゆえに，合同会社に新たに加入した
社員については，加入後に持分会社の債務を弁済する責任自体が発生しない。

有限責任社員が無限責任社員となった場合には，その者が無限責任社員となる前に生じた持分会社の債務についても，無限責任社員としてこれを弁済する責任を負う（会社583条1項）。

> **設問❻** A合資会社の熟練した和菓子職人である無限責任社員Cは，近日中にA合資会社を退社し，独立して和菓子店を経営しようと考え，店舗用の不動産賃貸借契約を締結するなど具体的に準備を始めた。Cの行為は認められるか説明しなさい。

　持分会社の業務執行は，原則として各社員が行う（会社590条1項）。社員が2人以上ある場合，定款に別段の定めがある場合を除き，業務の執行は社員の過半数をもって行う（同条2項）。持分会社の常務は，その完了前に他の社員が異議を述べた場合を除き，各社員が単独で行うことができる（同条3項）。

　業務執行社員を定款で定めた場合において，業務執行社員が2名以上あるときは，持分会社の業務は，定款に別段の定めがある場合を除き，業務執行社員の過半数をもって決定する（会社591条1項）。ただし，支配人の選任および解任は，定款に別段の定めがない限りにおいて，社員の過半数をもって決定する（同条2項）。

　持分会社においては，株式会社と異なり，法人も業務執行社員となることができる。このとき，当該法人は，当該業務執行社員の職務を行うべき者を職務執行者として選任し，その氏名および住所を他の社員に通知し（会社598条1項），登記する必要がある（会社912条7号・913条9号・914条8号）。業務執行社員は，全員が持分会社を代表する権限を有する。ただし，他に持分会社を代表する社員その他持分会社を代表する者を定めた場合は，この限りではない（会社599条1項）。代表権を持つ社員が限定されている場合には，持分会社を代表する社員の氏名または名称を登記する必要がある。合同会社の場合は，社員の住所も登記しなければならない（会社912条6号・913条8号・914条7号）。

　業務執行社員は，善管注意義務および忠実義務を負い（会社593条1項・2項），競業取引や利益相反取引にかかる制限を受ける。持分会社の業務執行社員は，当該社員以外の社員全員の承認を受けなければ，自己または第三者のために持

231

第3編　持分会社

分会社の事業の部類に属する取引をすること，および持分会社の事業と同種の事業を目的とする会社の取締役，執行役，または業務執行社員となることはできない（会社594条1項）。業務執行社員ではない社員が競業取引をする場合には，承認は不要である。持分会社の業務執行社員は，自己または第三者のために持分会社と取引をすること，および持分会社が業務執行社員の債務を保証すること，その他社員でない者との間の取引において持分会社と当該社員との利益が相反する取引をしようとするときは，当該社員以外の社員の過半数の承認を受けなければならない（会社595条1項）。業務執行社員でない社員が利益相反取引をする場合には，承認は不要である。業務執行社員は，その任務を怠ったときは，持分会社に対し，連帯して，これによって生じた損害を賠償する責任を負う（会社596条）。業務執行社員である有限責任社員が，その職務を行うについて悪意または重大な過失があったときは，当該有限責任社員は，連帯して，これによって第三者に生じた損害を賠償する責任を負う（会社597条）。

　設問の無限責任社員Ｃの行為は競業取引の類型に該当する。当該取引につき，他の社員全員の承認を要するかという点は，無限責任社員ＣがＡ合資会社の業務執行社員であるか否かに左右される。平成17年改正前商法では，有限責任社員は業務執行に関与できなかったが，現行会社法では，無限責任社員と有限責任社員との業務執行権限の区別が撤廃された。業務執行社員が定款により定められていない場合は，持分会社のすべての社員が業務執行権限を有することになる。無限責任社員が業務執行社員である場合において，他の社員全員の承認を得ている場合には競業取引は認められ，承認を得ていない場合には認められない。

> **設問7**　Ａ合資会社の企業組織形態を合同会社へ変更した場合，計算等に関する取扱いも合同会社の規定が適用される。合同会社とその他の持分会社の計算および利益配当に関する規定について説明しなさい。

　持分会社は，法務省令で定めるところにより，適時に，正確な会計帳簿・計算書類を作成しなければならない（会社615条・617条）。

　持分会社は，計算書類の公告をする必要はない。持分会社の社員は，会社の

営業時間内はいつでも，計算書類の閲覧または謄写の請求をすることができる（会社618条1項）。合同会社は有限責任社員のみであることから，会社債権者も計算書類の閲覧または謄写の請求をすることができる（会社625条）。

持分会社の社員は，持分会社に対して，利益の配当を請求することができる（会社621条1項）。合名会社および合資会社は，利益配当を請求する方法その他の利益配当に関する事項を定款で定めることができ，損益分配を出資の割合に関係なく調整できる（同条2項）。損益分配の割合について定款の定めがないときは，その割合は，各社員の出資の価額に応じて定められる（会社622条1項）。合名会社および合資会社は，配当額が当該利益の配当をする日における利益額を超える場合であっても，配当が可能である。ただし，合資会社の有限責任社員に対する配当はこの限りではなく，当該利益の配当をする日における利益額を超えて配当を受けた有限責任社員は，会社に対し，連帯して，当該配当額に相当する金銭を支払う義務を負う（会社623条1項）。

合同会社は，会社債権者保護のため，配当額が当該利益の配当をする日における利益額を超える場合には，当該利益の配当をすることができず，社員の利益配当請求を拒むことができる（会社628条）。合同会社がこれに違反して利益配当をした場合には，当該利益配当に関する業務執行社員は，その職務を行うにつき注意を怠らなかったことを証明した場合を除き，会社に対し，当該利益配当を受けた社員と連帯して，当該配当額に相当する金銭を支払う義務を負う（会社629条1項）。このとき，合同会社の債権者は，利益配当を受けた社員に対し，配当額に相当する金銭を支払わせることができる（会社630条2項）。

第4編

外国会社

第4編　外国会社

第1節　総　説

> **設問 1** ニューヨーク州法により設立されたA株式会社は，日本で法人格を認
> められ，事業を行うことができるか論じなさい。

　外国会社とは，外国の法令に準拠して設立された法人その他の外国の団体で
あって，会社と同種のものまたは会社に類似するものをいう（会社2条2号）。

　ある国において設立した会社に関する法律関係が，どこの国の法律によって
規律されるか，従属法が問題となる。従属法をどのように決定するかについ
て，設立準拠法主義と本拠地準拠法主義がある。設立準拠法主義とは，会社が
その国の法律に準拠して設立された国の法律を準拠法とする立場である。本拠
地法主義とは，会社の本拠地が存続する国の法律を準拠法とする立場である。
本拠地法主義は，会社が本拠地を移転した場合に，再度設立手続が必要となる
等，本拠地の確定に係る問題がある。設立準拠法主義は，会社登記により法的
安定性が確保でき，当事者自治にも合致する。日本法は，外国法人の認許の制
度や外国会社の定義から，従属法は設立準拠法主義をとると解されている。

　外国法人の認許とは，設立準拠法に基づき法人格が付与された外国法人に対
し，内国で取引等をする権利能力を認めることをいう。日本では，外国会社は
当然に認許され（民35条1項），日本において成立する同種の法人と同一の私権
を有するものとして事業を行うことが認められる（同条2項，会社823条）。いっ
ぽう，外国で設立された非営利法人は認許されることが難しく，日本法人を設
立する等の実務上の措置が取られている。

　設問のA株式会社は，ニューヨーク州法を設立準拠法とする外国会社である
が，日本で法人格を認められ事業を行うことができる。

> **設問 2** 外国会社が日本で取引を継続して行おうとするときに必要な手続につ
> いて説明しなさい。

外国会社が日本で取引を継続して行おうとするときは，日本における代表者を定めなければならない。この場合において，日本における代表者のうち1人以上は，日本に住所を有する者でなくてはならない（会社817条1項）。外国会社の日本における代表者は，当該外国会社の日本における業務に関する一切の裁判上または裁判外の行為をする権限を有する（同条2項）。そして，その権限に加えた制限は，善意の第三者に対抗することができない（同条3項）。外国会社は，日本における代表者がその職務を行うについて第三者に加えた損害を賠償する責任を負う（同条4項）。

外国会社は，日本国内に営業所を設置する必要はない。平成14年改正前商法は，外国会社に対して，日本における営業所の設置および登記を課していたが，平成14年改正法は，電子商取引の発展に対応して，新たな事業形態にとって営業所設置義務が参入障壁とならないよう，これを廃止した。

外国会社は，外国会社の登記をするまでは，日本において取引を継続してすることができない（会社818条1項・933条）。この規定に違反して取引をした者は，相手方に対し，外国会社と連帯して，当該取引によって生じた債務を弁済する責任を負う（会社818条2項）。外国会社の登記は，日本における代表者が行う（商登128条）。

設問3 外国会社の日本国内における債権者を保護する手段として，どのような制度があるか説明しなさい。

外国会社の日本国内における債権者保護を図る手段として，日本における代表者の設置義務（設問2参照），貸借対照表に相当するものの公告がある。外国会社の登記をした外国会社であって，日本における同種の会社または最も類似する会社が株式会社であるものは，法務省令で定めるところにより，株式会社における計算書類の株主総会における承認と同種の手続またはこれに類似する手続の終結後遅滞無く，貸借対照表に相当するものを日本において公告しなければならない（会社819条1項）。外国会社の公告方法が官報または時事に関する事項を掲載する日刊新聞に掲載する方法であるときは，その要旨を公告する

第4編　外国会社

ことで足りる(同条2項)。当該公告は電子的方法によることもでき(同条3項),有価証券報告書を提出しなければならない外国会社については,貸借対照表の公告義務に関する規定を適用しない(同条4項)。内国の株式会社と同様に,債権者保護のため財産状況の開示を求めるものである。

　そのほか,日本に住所を有する代表者が退任する際の債権者保護手続が規定されている。外国会社の日本における代表者全員が退任しようとするときは,外国会社は,当該外国会社の債権者に対し異議があれば1ヶ月以上の一定の期間内に異議をのべることができる旨を官報に公告し,かつ,知れている債権者には各別にこれを催告しなければならない(会社820条1項)。債権者が異議を述べたときは,外国会社は,退任をしても当該債権者を害するおそれがないときを除き,当該債権者に対して,弁済し,もしくは相当の担保を提供し,または当該債権者に弁済を受けさせることを目的として信託会社等に相当の財産を信託しなければならない(同条2項)。外国会社の日本における代表者全員の退任は,債権者異議手続の終了後にその登記をすることによって,その効力を生じる(同条3項)。外国会社の日本における代表者は,業務に関する一切の権限を有する。外国会社の普通裁判籍は,日本における主たる事務所または営業所であり,これがないときは日本における代表者その他の主たる業務担当者の住所により定まるが(民訴4条5項),外国会社の日本における代表者全員が退任し,外国会社が日本国内に未払債務を残したまま,債権者による訴えの提起ができなくなることを防止するものである。

　擬似外国会社(日本での事業活動を行う目的をもちながら日本会社法の適用を回避するために外国法を準拠法として設立された会社)は,外国会社として法人格が認められているが,日本における継続的な取引はできず(会社821条1項),これに違反して取引をした者は,相手方に対し,外国会社と連帯して,当該取引によって生じた債務を弁済する責任を負うと規定されている(同条2項)。

事 項 索 引

あ 行

預合い	33
一時取締役制度	91
一人会社	7
一括説明	76
違法行為差止請求	109
——権	118
違法配当	160
英米法	3
営利性	5
親会社	16
——等	16

か 行

開業準備行為	27
会計監査人	140
——の解任	142
会計参与	130
会計帳簿	148
外国会社	236
解散事由	214
解散判決	215
解散命令	215
会 社	5
——と取締役との関係	98
——の経営にかかわる機関	85
——分割	189
——法	2
合 併	188
株 式	18
——移転	3，191
——会社	18
——交換	3，191
——等売渡請求	38
——の自由譲渡性	39

——の譲渡制限	40
株 主	
——総会の権限	60
——総会の招集者	62
——総会の招集手続	61，65
——代表訴訟	118
——提案権	65
——平等原則	37
——名簿	43
——名簿の確定的効力	45
——名簿の資格授与的効力	45
——名簿の名義書換（未了）	43，46
——名簿の免責的効力	45
——有限責任	18
——優待制度	37
簡易事業譲受	186
簡易な組織再編	202
監 査	
——委員会	135
——等委員会	138
——等委員会設置会社	4，56，137
——役	122
——役会	129
——役設置会社	125
——役の選任	124
——役の任期	125
完全親会社	16
完全子会社	16
議案の通知請求に関する権利	65
議案の提出権	65
議員立法	3
機 関	54
——設計	55
企業結合	211
議決権の代理行使	71
議決権の不統一行使	74

239

議題の提案権················65
キャッシュ・アウト··········38
　　──・マージャー·········189
吸収合併··················188
　　──無効の訴え··········208
吸収分割··················190
共益権····················36
競業取引制限の意義·········108
協同組合····················6
業務執行社員··············231
経営判断の原則············100
経済成長····················3
計算書類··················151
決議の取消しの訴え·········78
決議不存在の確認の訴え······81
決　算··················154
検査役··················144
現物出資··················30
権利義務取締役制度··········90
公益社団法人················5
公開会社··················15
合同会社····················4
子会社····················16

さ 行

財産引受··················30
最終完全親会社·············16
裁量棄却··················82
詐害的会社分割············206
差　止··············168，177
三角合併··················189
残存債権者················206
GHQ······················3
自益権····················36
事業譲渡··················185
自己株式··················51
事後設立··············31，186
執行役··················133
失念株····················49

資　本
　　──確定の原則··········20
　　──金··············18，156
　　──充実（維持の）原則···20
　　──の三原則············20
　　──不変の原則··········20
指名委員会················134
　　──等設置会社··········133
社員の責任················229
社外監査役················59
社外取締役················58
社　債··················179
　　──管理者制度··········180
　　──権者集会············181
社　団····················7
従属法··················236
重要な財産の処分··········117
授権資本制度（授権株式制度）··21，166
出資の払戻················230
出資の履行の仮装··········171
主要目的ルール············169
準則主義··················24
準備金··················156
上場会社··················15
少数株主権················36
少数株主による解任の訴え···106
承認手続············109，111
職務代行者の意義および権限···91
書面投票制度··············69
新株発行··················165
　　──無効の訴え··········172
新株予約権················174
　　──付社債············181
　　──無償割当··········176
新設合併··················189
新設分割··················190
ストック・オプション·····3，174
清　算··················216
　　──結了··············220
設立中の会社··············28

事項索引

設立無効……………………35
全員出席総会………………63
潜在的社団…………………7
創立総会……………………25
組織変更……………………188
　　──無効の訴え………193
ソフトロー…………………2
損益計算書…………………152
損益分配……………………233
損害の範囲…………………104

た　行

大会社………………………15
「第三者」の範囲…………105
退　社………………………226
貸借対照表…………………151
退職慰労金…………………115
代表者………………………237
代表取締役の権限濫用行為…94
代表取締役の包括的代表権…93
多重代表訴訟（制度）……4，121
妥当性監査…………………127
単独株主権…………………36
定　款………………………29
　　──変更………………183
敵対的企業買収に対する防衛策…177
適法性監査…………………127
電子投票制度………………70
ドイツ法……………………3
登記簿上の取締役の対第三者責任…119
特殊の決議…………………77
特別決議……………………76
特別支配会社………………16，201
取締役
　　──会権限の例外的措置…87
　　──会設置会社…………86
　　──会の決議を経ていない取引の効力…117
　　──会の権限……………87
　　──会の招集手続および決議方法…92
　　──等の説明義務………75

　　──の会社に対する責任…100
　　──の義務………………98，99
　　──の選解任……………89
　　──の第三者に対する責任…103
　　──の任期………………90
　　──の報酬等……………114
　　特別──…………………87

な　行

内部統制システム…………135
任務懈怠責任の免除および軽減制度…102
能力外理論…………………13

は　行

バブル崩壊…………………3
払込取扱場所………………23
一株一議決権の原則………68
非取締役会設置会社………86
表見代表取締役……………95
普通決議……………………76
分配可能額…………………159
分離原則……………………8
ヘルマン・ロェスレル……3
変態設立事項………………30
法概念の相対性……………14
報酬委員会…………………136
法　人………………………7
　　──格の形骸化…………9
　　──格の濫用……………10
　　──格否認の法理………8
募集株式の発行等…………165
募集設立……………………23
発起設立……………………23
発起人………………………26

ま　行

見せ金………………………33
みなし決議…………………78
無効確認の訴え……………80
名義書換の不当拒絶………46

241

名目的取締役の対第三者責任⋯⋯⋯⋯⋯120

持分会社⋯⋯⋯⋯⋯⋯⋯⋯⋯⋯⋯224

　──の種類の変更⋯⋯⋯⋯⋯225

持分の譲渡⋯⋯⋯⋯⋯⋯⋯⋯⋯226

持分の払戻⋯⋯⋯⋯⋯⋯⋯⋯⋯227

や　行

有限会社⋯⋯⋯⋯⋯⋯⋯⋯⋯⋯⋯4

ら　行

利益相反取引⋯⋯⋯⋯⋯⋯⋯⋯139

　──制限⋯⋯⋯⋯⋯⋯⋯⋯⋯111

略式合併等⋯⋯⋯⋯⋯⋯⋯⋯⋯201

略式事業譲渡等⋯⋯⋯⋯⋯⋯⋯186

略式組織再編⋯⋯⋯⋯⋯⋯⋯⋯200

連結計算書類⋯⋯⋯⋯⋯⋯⋯⋯153

判例索引

大　審　院

大判昭 2・7・4 民集 6 巻428頁〈百選 7〉（百選
　7）…………………………………………………31

大判昭 7・4・30民集11巻706頁………………197

最 高 裁 判 所

最判昭30・10・20民集 9 巻11号1657頁…………48

最判昭33・10・24民集12巻14号3328頁〈百選 5〉
　（百選 5）………………………………………27

最判昭35・10・14民集14巻12号2499頁…………97

最判昭35・12・9 民集14巻13号2994頁…………29

最判昭35・9・15民集14巻11号2146頁…………50

最判昭36・3・31民集15巻 3 号645頁…………172

最判昭37・4・20民集16巻 4 号860頁…………50

最判昭38・3・14民集17巻 2 号335頁…………112

最判昭38・12・6 民集17巻12号1633頁…………33

最判昭39・12・11民集18巻10号2143頁〈百選62〉
　（百選61）〔名古屋鉄道事件〕………………115

最判昭40・9・22民集19巻 6 号1656頁〈百選65〉
　（百選64）〔富士林産工業事件〕……………117

最 大 判 昭40・9・22民集19巻 6 号1600頁〈百選
　87〉（百選85）………………………………185

最判昭41・7・28民集20巻 6 号1251頁〈百選15〉
　（百選15）………………………………………47

最判昭41・12・23民集20巻10号2227頁…………26

最判昭43・11・1 民集22巻12号2402頁〈百選34〉
　（百選32）…………………………………72，73

最 大 判 昭43・12・25民 22巻13号3511頁〈百 選
　58〉（百選58）〔三栄電気事件〕……………112

最判昭44・2・27民集23巻 2 号511頁〈百選 3〉（百
　選 3）〔山世志商会事件〕………………………9

最判昭44・3・28民集23巻 3 号645頁〈百選67〉（百
　選66）……………………………………………92

最 大 判 昭44・11・26民 集23巻11号2150頁〈百 選
　71〉（百選70）〔菊水工業事件〕……………103

最大判昭45・6・24民集24巻 6 号625頁〈百選 2〉

　（百選 2）〔八幡製鉄政治献金事件〕…………13

最判昭46・3・18民集25巻 2 号183頁〈百選42〉（百
　選40）……………………………………………83

最判昭46・6・24民集25巻 4 号596頁…………63

最判昭46・7・16判時641号97頁………………172

最大判昭46・10・13民集25巻 7 号900頁〈百選57〉
　（百選57）〔仙石屋事件〕……………………113

最判昭48・5・22民集27巻 5 号655頁〈百選72〉（百
　選71）…………………………………………120

最判昭48・10・26民集27巻 9 号1240頁〔日本築土
　開発事件〕……………………………… 9，10

最判昭49・9・26民集28巻 6 号1306頁〈百選56〉
　（百選56）〔日本毛糸事件〕…………………111

最判昭50・4・8 民集29巻 4 号350頁…………169

最判昭50・12・25民集116号845頁……………113

最判昭51・12・24民集30巻11号1076頁〈百選39〉
　（百選37）…………………………………73，80

最判昭52・10・14民集31巻 6 号825頁〈百選50〉（百
　選48）……………………………………………96

最判昭54・11・16民集33巻 7 号709頁〈百選45〉（百
　選43）……………………………………………80

最判昭57・1・21判時1037号129頁，判夕467号92
　頁，金判644号 8 頁〈百選46〉（百選44）〔福
　岡小型陸運事件〕……………………………106

最判昭62・1・22判時1223号136頁〈百選83〉（百
　選81）…………………………………………228

最判昭61・2・18民集40巻 1 号32頁〈百選75〉（百
　選74）…………………………………………124

最判昭62・4・16判時1248号127頁〈百選73〉（百
　選72）〔宇野鍍金鋼鉱業事件〕……………119

243

最判平 2・4・17民集44巻 3 号526頁〈百選43〉(百
　　選41)‥‥‥‥‥‥‥‥‥‥‥‥‥‥‥‥‥‥‥‥‥84
最判平 5・12・16民集47巻10号5423頁‥‥‥‥‥‥173
最判平 6・1・20民集48巻 1 号 1 頁‥‥‥‥‥‥‥117
最判平 6・7・14判時1512号178頁‥‥‥‥‥‥‥172
最判平 9・1・28民集51巻 1 号71頁‥‥‥‥‥‥173
最判平16・7・1民集58巻 5 号1214頁〈百選79〉
　　(百選77)‥‥‥‥‥‥‥‥‥‥‥‥‥‥‥‥‥‥150
最決平18・9・28民集60巻 7 号2634頁‥‥‥‥‥144
最判平19・3・8民集61巻 2 号479頁〈百選16〉(百
　　選16)‥‥‥‥‥‥‥‥‥‥‥‥‥‥‥‥‥‥‥‥50
最決平19・8・7民集61巻 5 号2215頁〔スティー
　　ルパートナーズ対ブルドックソース事件〕

‥‥‥‥‥‥‥‥‥‥‥‥‥‥‥‥‥‥‥‥‥‥‥‥178
最判平20・2・26民集62巻 2 号638頁〈百選47〉(百
　　選45)〔協栄製作所事件〕‥‥‥‥‥‥‥‥‥107
最判平20・7・18刑集62巻 7 号2101頁〈百選77〉
　　(百選76)‥‥‥‥‥‥‥‥‥‥‥‥‥‥‥‥‥160
最判平21・1・15民集63巻 1 号 1 頁〈百選80〉(百
　　選78)‥‥‥‥‥‥‥‥‥‥‥‥‥‥‥‥‥‥‥150
最判平21・7・9金判1330号55頁〈百選54〉(百
　　選52)‥‥‥‥‥‥‥‥‥‥‥‥‥‥‥‥‥‥‥99
最判平22・7・15判時2091号90頁〈百選52〉(百
　　選50)〔アパマンショップHD事件〕‥‥‥101
最判平24・4・24民集66巻 6 号2908頁‥‥‥‥‥173
最判平24・10・12民集66巻10号3311頁‥‥‥‥‥206

高 等 裁 判 所

東京高判昭58・4・28判時1081号130頁‥‥‥‥‥106
東京高判昭61・2・19判時1207号120頁〈百選37〉
　　(百選35)‥‥‥‥‥‥‥‥‥‥‥‥‥‥‥‥75，76
東京高判平 2・1・31資料版商事法務77号193頁
　　〈百選90〉(百選90)‥‥‥‥‥‥‥‥‥‥‥‥209
大阪高判平 2・7・18判タ734号218頁‥‥‥‥‥108

大阪高判平 2・7・18判時1378号113頁‥‥‥‥‥110
東京高判平17・1・18金判1209号10頁‥‥‥‥‥105
東京高決平17・3・23高民集58巻 1 号39頁〔ライ
　　ブドア対ニッポン放送事件〕‥‥‥‥‥‥‥178
東京高判平22・10・27金判1355号42頁〈百選92〉‥
　　206

地 方 裁 判 所

東京地判昭30・2・28下民集 6 巻 2 号361頁‥‥209
東京地判昭52・2・22判時857号110頁‥‥‥‥‥13
東京地判昭56・3・26判時1015号27頁，判タ441
　　号73頁〈百選55〉(百選55)‥‥‥‥‥‥‥‥108
大阪地判昭59・8・17判タ541号242頁‥‥‥‥‥120
東京地判平元・7・18判時1349号148頁〈百選94〉
　　(百選94)‥‥‥‥‥‥‥‥‥‥‥‥‥‥‥‥‥216
東京地決平元・7・25判時1317号28頁〔忠実屋・

いなげや事件〕‥‥‥‥‥‥‥‥‥‥‥‥‥‥‥‥169
横浜地判平 3・4・9判タ768号227頁‥‥‥‥‥149
東京地判平 8・6・19判タ942号227頁‥‥‥‥‥120
東京地判平 8・6・20判時1578号131頁‥‥‥‥‥105
東京地判平 8・8・1商事法務1435号37頁‥‥‥106
大阪地判平12・9・20判時1721号 3 頁，金判1101
　　号 3 頁〈百選〔初版〕60〉〔大和銀行事件〕
　　‥‥‥‥‥‥‥‥‥‥‥‥‥‥‥‥‥‥‥‥‥‥99

══════ 執筆者紹介・執筆分担 （執筆順，＊は編者）══════

＊高橋　英治（大阪市立大学大学院法学研究科教授）　はしがき，第1編，第2編第1章

道野　真弘（近畿大学法学部教授）　　　　　　　　　　　　　　　　　第2編第2章

伊藤　吉洋（近畿大学法学部准教授）　　　　　　　　　　　　　　　　第2編第3章

高橋　幸平（梅田総合法律事務所弁護士）　第2編第4章1節・6節・7節・9節

坂本　達也（静岡大学大学院法務研究科教授）　　　　　　　　第2編第4章2節

洪　　済植（島根大学大学院法務研究科教授）　　　　　　　　第2編第4章3節

小柿　徳武（大阪市立大学大学院法学研究科教授）　第2編第4章4節・5節・8節

池田　　聡（加藤＆パートナーズ法律事務所弁護士）　　　　　　　第2編第5章

原　　弘明（近畿大学法科大学院准教授）　　　　　　　　　　　　　第2編第6章

佐藤　　誠（京都産業大学大学院法務研究科教授）　　　　第2編第7章～第10章

牧　真理子（大分大学経済学部准教授）　　第2編第11章，第3編，第4編

設問でスタートする会社法

2016年4月10日 初版第1刷発行

編　者　　高　橋　英　治

発行者　　田　靡　純　子

発行所　　株式会社　法律文化社

〒603-8053
京都市北区上賀茂岩ヶ垣内町71
電話 075(791)7131　FAX 075(721)8400
http://www.hou-bun.com/

＊乱丁など不良本がありましたら，ご連絡ください。
　お取り替えいたします。

印刷：西濃印刷㈱／製本：㈱藤沢製本
装幀：谷本天志
ISBN 978-4-589-03764-0
ⓒ2016 Eiji Takahashi Printed in Japan

JCOPY　〈(社)出版者著作権管理機構 委託出版物〉

本書の無断複写は著作権法上での例外を除き禁じられています。複写される
場合は，そのつど事前に，(社)出版者著作権管理機構（電話03-3513-6969，
FAX03-3513-6979，e-mail: info@jcopy.or.jp）の許諾を得てください。

藤田勝利・北村雅史編

プライマリー会社法〔第4版〕

A 5 判・350頁・2900円

制度の概要と会社法の全体像を理解するうえで定評のある教科書の改訂版。論点やコラムで本文の説明を補足し，アクセントを与える。2014年改正に対応して記述を見直しつつ，第3版刊行以降の重要判例等を盛り込んだ。

山下眞弘編著

会 社 法 の 道 案 内
―ゼロから迷わず実務まで―

A 5 判・200頁・1900円

学生だけでなく，実務で会社法の修得が必要な人のために改正法の全体像と実務に役立つ基礎知識を整理。学習課題の確認，「キーワード」や「一歩先に」，「Q&A」など具体的に考える素材を提供する。協同組合等の組織にも言及。

加藤 徹・相原 隆・伊勢田道仁編

新会社法の基礎〔第3版〕

A 5 判・256頁・2700円

初学者を対象に，通説と条文を中心に簡潔な記述で会社法を概説する教科書の改訂版。2014年改正の重要なポイント（取締役会の監督機能や資金調達における企業統治、多重代表訴訟制度等）を漏れなく解説。

菊地雄介・草間秀樹・吉行幾真・菊田秀雄・
黒野葉子・横田尚昌著〔αブックス〕

レクチャー会社法

A 5 判・304頁・2700円

充実したリファレンスと，理解をさらに深める応用知識への誘導（Step Ahead 箇所）など，読者の理解を促す様々な工夫が盛り込まれたテキスト。自習用にも資格試験にも対応したオールマイティな1冊。

北村雅史・高橋英治編

グローバル化の中の会社法改正

A 5 判・474頁・9800円

会社法改正の二つの柱である「企業統治」と「親子会社」に関する諸問題の実務的・比較法的検討を通じて，日本の会社法制がグローバル化のなかでどのように変容しているのかを論究する。藤田勝利先生古稀記念論文集。

――法律文化社――
表示価格は本体（税別）価格です